| 识干家®· 博瑞森图书 |

企业阅读 本土实践

流程经理
10年案例笔记

王焕东◎著

THE PROCESS MANAGER CASE NOTES FOR 10 YEARS

天津出版传媒集团
天津人民出版社

图书在版编目（CIP）数据

流程经理10年案例笔记/王焕东著. --天津：天津人民出版社，2020.5
ISBN 978-7-201-15855-6

Ⅰ.①流… Ⅱ.①王… Ⅲ.①企业管理-业务流程 Ⅳ.①F272

中国版本图书馆CIP数据核字（2020）第043490号

流程经理10年案例笔记
LIUCHENG JINGLI 10NIAN ANLI BIJI
王焕东　著

出　　版　天津人民出版社
出 版 人　刘　庆
地　　址　天津市和平区西康路35号康岳大厦
邮政编码　300051
邮购电话　（022）23332469
网　　址　http://www.tjrmcbs.com
电子邮箱　reader@tjrmcbs.com

责任编辑　王昊静
策划编辑　李俊丽
装帧设计　仙　境

印　　刷　河北宝昌佳彩印刷有限公司
经　　销　新华书店
开　　本　710毫米×1000毫米　1/16
印　　张　18
字　　数　223千字
版次印次　2020年5月第1版　2020年5月第1次印刷
定　　价　68.00元

导 读

流程管理工作者在从事几年流程管理工作后，往往会进入一种惯性状态，不愿意去思考和折腾了，日复一日重复着老的经验和做法，也就难以有新的突破和成长。

有时会产生如下疑问：

流程管理存在的意义到底是什么?

流程人的职业发展规划在哪里?

我应该对标哪个企业的流程管理实践?

目前开展的流程管理路径和方法是否适合未来企业的发展?

产生这些疑问说明你正在探究真理。正如德鲁克先生说的，一切的管理学真理都来自实践，实践才是检验合适与否的标准。

我研究生毕业后进入潍柴动力。公司规模三万人以上，产值两千亿元，在那里担任流程主管的岗位。

第二家公司雷沃重工我以流程专家的身份进入。它是一家员工两万名，产值两百多亿的民营公司，这使我有机会从流程体系搭建到流程优化全生命周期的实践中摸索成长。

第三家公司是歌尔股份。它是一家员工总数五万人以上，产值三百亿，发展迅速的上市民营企业，也是一家很温暖、很有人情味的科技公司。这里让我有了想法，有了创新的土壤，开始将自己的知识不断沉淀下来。

本书的案例及观点基本都是笔者在阅读大量流程管理著作，结合前人理论经验的基础上，通过上述自身的流程管理实践与心得体会总结出来的。这些案例和体会具有一定的代表性，相信很多企业也都碰到过，而书中提供的一些思想、方法或工具，重在启发大家的思考，可供流程管理实践者进行借鉴。书中的部分观点、方法与一些特定企业的行业环境、发展阶段、应用场景等密切相关，有的内容主要针对具体企业或具体情况，仅供大家参考和启发。

按照流程管理模块划分，本书共分为七篇。

第一篇是介绍流程基础理念，通过生活、培训及实践中的感悟和心得帮助大家更清晰地理解什么是流程和流程管理，并介绍了流程相关的一些核心理念。

第二篇至第五篇是本书流程的核心主逻辑，从流程的设计执行、流程检查与绩效及变革、优化等角度全面解读流程管理的主要内容，也是日常流程管理占精力最多的部分，需要我们不断地思考和验证，其中的很多方法及案例在其他企业都可以直接拿来应用推广。

第六篇、第七篇是流程团队文化与流程治理篇，对核心主体起到了加速器和黏合剂的作用，在日常开展流程管理工作中，没有这两篇内容的协助和支撑，流程管理的路将会走得非常艰辛，甚至可能难以长久和成功。

本书的出版既是自己对过去的一个经验总结，也是一个从头开始折腾的新起点。本书与其他市面上出版的流程管理书籍最大的区别就是，实践性特别强，贴近业务现场，而不只是空洞的理论说教。书中的全部心得体会，源于实践，而又高于实践，不枯燥而又发人深省。时代发展太快，知识的更新迭代也已加速，我们不要沉迷于过去的经验，而是要勇于探索未来，给别人创造标杆。

由于笔者能力有限，文中可能会有不足之处，敬请批评指正！

序　一

实践是方法的源泉，方法应服务于目的

多年前，我就为我的自媒体公众号“流程＋研习社”（BPM321GO）向王焕东先生约稿，因为我发现他一是有大量的流程管理实践经验，二是热衷于思考、提炼和分享。

我也是一名热衷实践的人，因为实践是所有方法的源泉，而且方法一定要服务于目的，方法要根据当前需要解决的特定问题而做创新或调整。

职场上，很多人都是专业方法的收集者，喜欢收集各类方法，好像知道的方法越多自己就越厉害，其实不然，在管理实践上，对问题本身研究的重要性远远大于对专业方法的研究。不同企业、不同行业、不同规模、不同发展阶段、不同员工专业能力水平、不同管理成熟度、不同的痛点瓶颈、不同利益诉求者的侧重点等要素都是有差异的，所以不存在标准化的解决问题的方法，要围绕特定问题随需定制方法，唯一不变的是问题本身，把问题理解透是解决的根本。

很多企业家都是优秀的管理者，就是因为他们每天都要面对和必须解决很实际的问题，很多问题的解决是基于常识和坚持，而不能期望找到一把拿来即用的完美方法的钥匙。

在流程管理领域，很多人看过我写的书，这些书也有幸被认为是流程人的案头书，其实这些无非是实践的一些总结提炼而已。很多人和我

交流时，经常说："我如果像金老师一样掌握很多流程管理方法就好了。"其实他们真误解了，在写这些书之前，我也不了解多少流程管理专业方法，但我仍可以成功地组织推动很多重大管理变革项目，我做管理改进工作最重要的三点经验是：投入你的激情、保持同理心以便真正站在业务部门视角并协助他们全力以赴解决问题、水滴石穿地坚持，专业方法反而是其次，方法是实践后的提炼，以便更好地指导实践，但绝对不是没有方法就无法工作。

过去十多年，我与很多企业流程团队做过交流和合作，我所见的卓越流程团队共同的特点就是：勇于实践、多折腾事、持续学习。而且，他们一般会原创很多令我惊叹又非常务实的专业方法，因为他们在行动，是绝对的实践派。他们和你交流，张口闭口都在探索做什么以及怎么做才能做出价值来，而方法收集者则喜欢了解有啥新奇的新理论新方法，以及炫耀自己掌握了多少专业方法，其实这反而不专业也不务实。

我很喜欢王焕东这本书，可以看出这本书是他多年实践的总结，全部是干货，而且从价值理念到PDCA方法非常完整，绝对值得大家好好研读。作为读者，千万不可站在专业方法评价者的角度，囫囵吞枣地翻阅，要把自己当成一块海绵，看看最多能吸取多少养分为你所用。实践案例一定是不完美的，但是又是最完美的方法，因为案例包含了问题场景，能原汁原味地告诉你解决这一类问题的完整过程，它是一个实例但又是一个可以让你设计出自己可用方法的可变模型。你要看懂每一个案例背后的东西。比如案例背景，哪些因素决定了作者采取这个方法？这个方法可以如何灵活应变？自己企业实际业务场景应该如何借鉴和进一步改造方法？当然，在实践中你可能还会碰壁，碰壁是很正常的，碰壁是成长过程的必经之路。有一些卓越流程团队，在工作策划上也会走一些弯路，我一般不会打击但会给一些建议，因为不经历过，人就不会相信也不会成长，勇往直前不停折腾的激情才是最宝贵的也最值得鼓励的，很多工作策划起点并不完美，但拥抱实践的人会在过程中及时修正和完善方法、确保目标，而方法收集者从一开始就没有对准问题本身，一般也不会有什么好结果。

希望更多人多做一些实践分享，实践就是力量！

金国华
2020 年于东莞

序　二

一转眼从事流程管理工作已经十个年头，俗话说“十年磨一剑”，此书也算是我对自己十年流程工作的一个总结。我始终认为没有什么事情是偶然发生的，任何所谓的偶然事件，前期都“潜伏”了一些不明显的必然因素在里面。就如同本书的出版，在有些人看来是偶然，但在我看来却是必然，原因有三：

第一，一个梦想指引着我。在我上研究生期间，经常一个人跑图书馆看书查资料，当时就想“等哪天我也可以出一本自己的书，让别人来查阅，那将是一件多么自豪的事情。”出一本书的想法就在那一刻在我的心里埋下了种子。毕业后依然坚持每天看书，偶尔在公司厂报或论坛上发表文章，潜移默化中我的梦想似乎在牵引着我的行为。

第二，一个故事启发了我。很久以前看过一个《和尚挑水和挖井的故事》。故事讲的是，两个隔壁山的两个和尚每天都去山下挑水喝，但过了几年，其中一个和尚不再下山挑水，因为不管多忙他都会利用别人休息的时间，每天坚持在山上挖井，靠着坚持不懈的毅力最终挖出了泉水，从而不必每天下山挑水。这个小故事中的挑水就如同你现在的工作，而挖井我认为就是人生的 Plan B。所以说，不要被日复一日的惯性磨灭了我们前进的斗志，要时刻保持危机意识，规划自己未来的路。

第三，一句话点醒了我。因为喜欢看书，热爱流程管理工作，所以国内现有的流程管理书籍已被我几乎阅读了一遍。但是，一个朋友的一句话却在我扬扬得意时点醒了我，他说：“你阅读了那么多流程管理的书，开展了那么多的流程项目实践，你的经验如何体现？你这么多年沉淀的知识输出在哪里？”这句话让我反思良久，最终使我下定决心，开始对之前积累的工作经验一点一点地复盘。

一个梦想，一个故事，一句话让我有机会把自己这十年的流程管理经验呈现在大家面前。有些内容针对具体企业和适用场景，因此希望通过我的一些实践能更多地带给大家一些启发，让大家养成一种“博学之，审问之，慎思之，明辨之，笃行之”的做事态度。

此书的出版也算圆了自己的梦。尽管整个写作的时间比较久且辛苦，不知熬过了多少个孤独的夜晚和安静的周末，但正是因为有家人及朋友们的鼓励与督促，才让我在前进的路上坚持了下来。

首先，感谢我的家人，因为你们的支持，我才得以有时间看书、写书，而这个过程也正是我的小孩孕育、出生和慢慢长大的全家最忙的时间，自然也少了很多陪伴他们的时间，心里也时有愧疚，但请记住：你们永远是我不断拼搏的源泉。

其次，感谢博瑞森创始人张本心老师及李俊丽编辑，是你们在孤独的沙漠中照亮了我，用你们的慧眼帮我实现了一个愿望，也是你们的努力，本书才得以面世。

最后，感谢那些曾经帮助过我、鼓励过我、支持过我、鞭策过我的恩师、朋友和小伙伴们，你们一句不经意的赞赏、简单的微笑、恨铁不成钢的严格要求等，对我的成长都是一笔宝贵财富。

人生漫漫，我知道自己目前还处于起航阶段，希望在以后的人生旅程中依然有你们的陪伴和支持，让我们一起成长，止于至善。

目录 Contents

第六篇 流程团队与文化建设心得 / 191

第七篇 关于开展流程治理的一些看法 / 227

第一篇

什么是流程管理

1. 什么是流程

提到流程，自然就会让人想到生活中的一些例子，例如买菜做饭、医院看病、结伴旅游、办理证件等，皆是通过多人协作来完成。所以说，其实流程客观存在于我们的日常生活中，即使它没有名字，甚至不管理不梳理，并不代表流程不存在，只要存在协作就存在流程。这让笔者想起鲁迅曾经说过的一句话，“地上本没有路，走的人多了也便成了路”。而流程恰恰相反，“只要存在协作，就处处有流程”。不过这里我们要聊的大部分还是工作中相关的业务流程——“建立在业务基础上，对业务的一种过程管理”。

如果要对流程下个定义，一千个读者眼中有一千个哈姆雷特，可谓众说纷纭。流程鼻祖迈克尔·哈默在其著作《企业再造》中的定义揭示了流程的内涵，“流程是把一个或多个输入转化为对客户有价值的输出的活动。”此定义中涵盖了流程的六要素：输入资源、若干活动、活动间相互作用、输出结果、客户、价值。因此，我们认为工作中满足这六个要素的就是业务流程。

迈克尔·哈默的定义中也道出了业务流程的核心，就是为客户创造价值。那业务流程的客户是谁呢？谁关注业务的效率和效果，谁就是流程的客户，这里的客户不仅指产品和服务的直接购买者或顾客，还包括供应商、股东、上下游员工、政府/社区等其他利益相关者。

因此，要管理业务流程，首先应识别出业务流程客户及利益相关者，并将其添加到业务流程中。其次，还需要识别出客户的价值诉求有哪些。迈克尔·哈默认为的快速、正确、便宜、容易，基本包含了客户的全部价值增值。

拿生活中的京东购物来理解下，每个网购者都希望购买的商品快速到达，当然质量要好，物美价廉，而且购买体验及操作要方便，整个京东购物的流程设计就遵从了客户的价值需求，也正如它的宣传口号：多快好省。所以说，我们在流程设计过程中，应该从客户的价值需求出发，真正为客户创造价值。

流程也是现代管理的一种思想体现，是目前国内企业一种全新的开放式管理视角，强调端到端，即从客户的需求开始到客户的需求被满足结束，区别于段到段。

以公司中的纸张需求采购为例，从需求部门提出纸张需求到采购下PO（采购订单）订单，再从仓库收货到需求使用部门领用，整个过程是一个端到端的流程，而其中纸张请购申请流程中的提出申请—申请主管审批—采购部门主管审批—Sourcing（供方开发岗）接收指令寻源，这个过程则被认为是一个段到段的流程。

我们不必过分纠结于端到端流程的定义，它更是一个柔性的概念，是看待问题的一个视角，重视的是做事的结果，提倡我们用系统、全局性的思维来看待流程。端到端的流程理念在流程的分类分级、流程设计、流程绩效指标搭建及流程优化等环节都存在灵活运用。

有的公司以前是以体系为主搭建了公司的文件管理架构，也基本满足了客户及相关标准的要求，对流程管理存在很多质疑和不理解，因此认为不需要流程。但随着公司战略落地的需求，体系对战略的承接则显得有些力不从心。体系与流程是两个不同的概念，是企业不同发展阶段的两种不同管理思想，没有优劣之分。存在这种观点的人可能是对流程管理和体系管理的辩证关系存在一些误解。

我们从以下三个方面来解读流程与体系的差异：

第一，在战略的衔接上，流程站得更高、看得更远，能够与公司的商业及运作模式相连接，承接战略的落地要求；而体系一般为满足标准要求的门槛，有时为外部认证而编写，在战略承接落地方面“心有余而力不足”。

第二，在管理模式上，流程倡导价值导向，力求实现多维标准的“一张皮”管理模式；而体系则会根据不同侧重点制定多样的标准文件，容易出现重复或冲突的“多张皮”现象，不利于基层员工的执行。

第三，在管理侧重点上，流程是分类分级的，有管理的侧重点，也有资源的倾斜投入；而体系关注某一领域的实现过程，且各模块的地位均等，无法集中核心资源进行最优配置。

流程将始终坚持以“为客户创造价值”的本质作为出发点，以终为始，真正让流程服务业务，用端到端流程的思想及方法解决业务中存在的问题，甚至引导业务发展的目标。最终通过流程使企业达到落实战略、固化经验、规范运作、提升效率的目的。

2. 为什么要实施流程管理

一个肥胖的年轻人为什么会突然有一天觉醒，决心要开始锻炼身体减肥呢？我们猜测可能是因太胖找不到女朋友，或平时行动不便，或伴随产生了其他疾病，或不想被嘲笑等。那直接减少用餐或吃减肥药不是更快，为什么会选择锻炼身体减肥呢？可能其他方式也用过，但效果不理想，而锻炼身体是最健康的一种减肥方式，不仅能让自己摆脱肥胖病带来的困扰，而且能让自己变得更好，让别人认为自己很棒，这就是原因和价值所在。

同样，在目前国内的企业管理过程中，为什么会有越来越多的企业选择运用流程管理来提升企业的管理水平呢？原因正如上面案例所揭示的，解决业务和管理问题，让“自己”看起来更好。

随着企业的发展壮大和不断成熟，产生了一些大企业病，如机构越来越臃肿，跨部门沟通越来越困难，岗位职责分工越来越细，技能单一、视野受限，只关注自己的“一亩三分地”，各自为政，不从公司整体角度考虑解决问题等。正因为这些问题的存在，各企业试图苦苦寻找“药方”来解决目前及未来阻碍自己发展的困境问题。而流程管理的“以客户为中心”“为客户创造价值”“端到端打通”“流程管理就是业务管理”“用流程管理打破部门墙”等理念，正好契合了当下中国企业的实际，能够为他们答疑解惑，产生价值。

流程虽然天然存在，但如果我们不细心管理，结果就如一片栽培的草坪上长满杂草，会严重影响它本有的美观和使用价值。

说个身边的小故事可能更便于大家理解。

堂弟大四那年去我们镇上一家企业实习，在一个月后的聊天过程中，我问他通过实习能学到什么，他说什么也学不到，遇到不懂的就问师傅，师傅忙时自己就闲在那里没事干，各部门只有个别的规章制度，内部管理也比较混乱。其实，那家企业在我们当地也算小有名气，发展已十几年，但一直不温不火，仍沿用之前靠销售个人经验拉订单的做法。企业发展到一定阶段遇到了瓶颈，没有用系统化的管理思想提升内部管理水平，缺乏沉淀最佳经验的机制，所以一直很难突破，没有实现跨越式发展。

类似案例中的现象在国内不在少数，那我们如何通过引进流程管理来为企业创造价值，实现管理的最大化提升呢？我们可以从以下几个维度来理解优秀的流程管理能为企业产生哪些价值。

第一，能够识别、聚焦价值最大的业务流程改善。为完成公司年度计划目标，我们可以通过流程管理中的流程架构（即业务逻辑），逐步将公司战略层层分解落实到具体业务流程上，然后根据业务成熟度及重要度，有所侧重地识别出当年最应该提升和优化的业务流程，并投入关键预算及资源努力达成，防止资源分散浪费。

第二，能够确保组织的资源利用最大化。公司的资源都是有限的，有时为了全局利益，可能会损害部分或个别部门的利益。因此，我们需要运用流程端到端的思想从全局高度拉通跨部门之间的沟通与协调，实现公司所有可用资源的共享与价值最大化的目的。

第三，能够通过流程责任人机制推动各级主管的主动担责意识。沿着流程架构搭建不同的流程责任人体系，通过建立与运行流程责任人机制，让不同层级的流程责任人对所辖层级领域的流程具有绝对的立法与监督职责，驱动流程责任人主动优化流程。

第四，既能够固化最佳实践，又能够保持持续优化。华为在流程管理变革的实践中一直倡导“先僵化，后优化，再固化”的模式，不仅没有将最佳实践永远地看作“神灵”一般跪拜，而且还希望根据企业的发展方向及业务变化进行灵活地调整，不断去适应环境，及时满足客户的价值要求。

通过优秀流程管理实践产生期望的价值，是每个企业努力的方向。如何才能够成为某行业乃至全国流程管理的标杆企业，唯有实践！只有不断地实践、尝试、试错，才能探索出适合自己的流程管理之路，蹚出一条别人膜拜的发展路径，否则只能是跟在别人后面“邯郸学步”，忘记了自己当初引进流程管理的目的，忘记了为客户创造价值的初心。

3. “端到端”是流程管理的核心理念

对从事流程管理工作的人来说，“端到端”是一个非常熟悉和重要的概念，即从客户的需求开始到客户的需求被满足的过程，是一个看问题和解决问题的宏观视角，它区别于段到段。但在实际工作开展过程中，就有业务部门经常抱怨或不理解，认为端到端只是一个概念或杜撰出来的词语，在实际工作中难以匹配与应用，让大家摸不着头脑。那端到端在实际业务流程工作开展中到底有没有用，或者它是否只停留在概念阶段呢？下面我们通过三个反面的实际案例来为大家解读端到端思维在业务工作中的重要性和必要性。

案例一：部门狭隘思维损害公司整体利益——内部员工调岗流程

小王是某事业部的一名物料计划专员，平时主要负责事业部内部的物料计划与齐套工作，但一直对市场销售很感兴趣，有过外单位两年的市场营销工作背景，而且本身也是营销专业毕业，心中一直有内部调岗的打算。某日，小王看到公司内网人力资源部发布了市场支持岗内部招聘通知，于是小王应聘了此岗位，并顺利通过了市场部负责人的面试。

进行内部调岗流程时，却遭到了原部门主管的反对，几经周折协商未果，最终小王调岗失败，不得已以辞职结束。

分析：故事讲完了，不知道大家有没有发现流程中存在什么问题。我们先来简要看下这个公司调岗流程现状（图 1－1）：

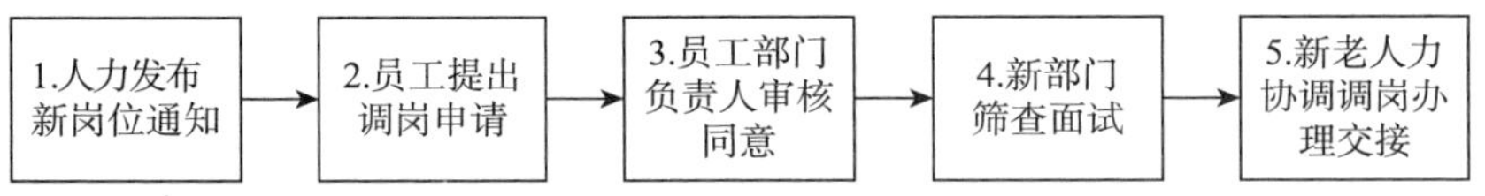

图 1－1 调岗流程现状

如果我们从端到端的视角审视整个流程会发现，小王的调岗流程并没有闭环管理，从他提出调岗到面试通过只是整个流程的一段。

有人可能会问，为什么小王不先经过 3 节点的员工部门负责人审核同意，因为按照公司惯例及历史调岗经验会发现，大部分原部门主管会因人手问题拒绝员工调岗，所以员工都是在 4 节点通过后，返回 3 节点跟原主管协商沟通。

当员工调岗在原部门与新部门出现协商未果的时候，双方人力资源部如果本着人尽其才的原则出面协调处理的话，问题也可以解决，但原部门人力此时一般会站在原部门主管的立场。

整个调岗流程中因原部门主管及人力为了本部门的利益考虑，宁愿公司员工流失也不同意其调岗至新岗位，缺乏公司端到端全局意识。

案例二：未充分拉通公司资源——《短途物流车调用流程》

A 事业部为公司的内部供方，经常在本地各事业部间进行货物短途运输。

A 事业部在内部的一次流程检查时发现原《订单交付流程》缺少物流调运及运输环节，没有形成业务闭环。于是 A 事业部人员编制了《A 事业部短途车调用流程》，作为《订单交付流程》的后端流程进行衔接，提交总部申请下发。

公司总部流程管理部门发现，目前公司平台物流部门已统一下发了

《短途物流车调用流程》，供各事业部调用，而且A事业部此文件的部分条款内容与公司《短途物流车调用流程》相违背，不符合公司政策，于是驳回申请，决定直接调用公司的《短途物流车调用流程》即可，实现A事业部流程与公司流程的端到端衔接。

案例三：杜绝因事建流程的现象——行政类流程

审计部最近对行政部门的流程进行了遵从度和符合度业务审计，检查出一些问题，行政部对此也积极应对整改，迅速制定了一系列流程/制度予以弥补，并提交至流程管理部门进行审核。但经流程管理部门发现一些问题，如：

增加的《社团活动费用申请流程》为业务某个点上的修补，未实现从社团活动成立资质审查、经费申请、活动举办、奖励优秀等全业务角度进行端到端思考；

提报的《内部三轮车使用管理规定》，未与公司现有的《车辆管理规定》进行融合，出现“因事设文件”的现象，导致公司文件泛滥，交叉或重叠；

新增的《会议室保密规定》，未考虑补充到现有的《会议室管理规定》中等。

案例二/三分析：此案例的两个部门能主动修补流程的缺失非常值得赞赏，但是缺乏从公司整体资源的端到端角度审视/借力流程，没有充分利用公司的流程资源，只是站在部门的狭隘视角设计流程。流程管理产生的价值之一就是从公司端到端的角度协调整体资源为我所用，形成1+1>2的全局改善效果。

从以上三个案例我们可以得出，流程端到端的理念在实际工作中是真实存在且可利用的，如果利用得当则能达到事半功倍的效果，但如果利用不好则会损坏公司的整体利益。端到端理念是一种系统性、全局化的思维方式，注重资源的横向拉通与整体利益最大化，在流程管理工作中广泛应用于流程架构搭建、流程设计、流程绩效指标设计、流程变革/优化等环节，而且在我们的日常生活中运用也比较广泛，是一种普适性极强的系统性思维方法。

4. 用核心业务流程解读企业赚钱逻辑

俗话说流程即业务，流程是业务的承载和再现。当我们在开展流程变革/优化时需要先明白公司业务的基本运作逻辑，只有了解了公司的核心价值链，明白了公司赚钱的业务逻辑，才能在此基础上开展相应业务的梳理改善和优化。

下面我们就以某制造行业儿童电话手表的代加工为例，从客户开始产生想法到最终卖出产品收回货款的端到端流程，解读企业核心价值链的赚钱逻辑，让大家对制造业的整体运作有个基本的了解。整个端到端过程可以用 MTL（从市场到线索）流程 + LTC（从线索到合同）流程 + IPD（集成产品开发）流程 + OTD（从订单到交付）流程来进行衔接。

目前社会上存在很多拐卖儿童的现象，于是家长们就想能不能发明一种可以让儿童随身携带的东西，方便小孩在关键时刻及时联系家长或定位，减少家长们的担忧。通过公司市场人员的走访或市场洞察研究迅速捕捉到了这个市场潜在线索需求，但到底哪个客户愿意投资生产这种尚不确定的东西呢？

A 公司通过 Sales（销售）的不断努力终于寻找到了愿意投资的大

客户，并开展了线索跟踪和管理。Sales（销售）将此客户的信息传送到公司内部进行客户信用评估合格后，便进行商机评估，评估完成后才可以开展商机立项。此时便进入到与其他竞争对手开展方案解读、投标拿单、产品报价的过程，如果方案优、价格合理，那么这个单就能投标成功，客户也会与公司签订正式合同或协议。

与客户签订合同算是双方合作的起步，但客户到底想要什么样的东西来方便联系和定位，我们和客户双方目前其实都处于一种模糊状态。IPD 集成产品开发流程的第一阶段便是 Concept 开发，也就是“概念”的阶段，在此阶段如果认为这个东西有价值，将会组建和任命开发团队，进入产品的评估与立项，评估产品的风险、资源及计划到位等，确保产品后续能够产生盈利才能正式进行产品立项。

立项结束，各相关研发工程师通过与内外客户不断地沟通开展产品的设计开发，这个时候才慢慢开始有了产品的图纸。当然也仅仅停留在产品的雏形阶段，不能称之为产品，还需要经过 EVT（工程验证测试）、DVT（设计验证测试）、PVT（小批量过程验证测试）等阶段，然后是 PP（小批量生产），最后全部通过才可以进入正式的 MP（量产阶段）。

当儿童电话手表研发达到可以进行量产的条件后，客户就可以开始正式下订单了。但我们不能兴高采烈且盲目地接收客户的所有订单，此时我们需要根据产能与物料可得性情况进行综合平衡和订单评审，然后给客户一个相对满意的交付承诺。由订单管理员组织销售人员、生产计划人员、物料管理人员、采购管理人员、库存管理人员及运营经理等召开 S&OP（销售与运营计划）会议，最后在各方协商的基础上生成 MPS（主生产计划）。

我们将结合产能评估输出的 MPS 输入到 ERP 系统，根据 ERP 系统的 BOM（物料清单）和库存等信息输出生产计划单，再由生产计划单释放W/O（工单）和PR（采购申请），物控管理员将PR（采购申请）转给采购执行人员，转成PO（采购订单）给供应商，得到供方的交付承诺；而生产会根据W/O（工单）和物料的齐套性进行日排产计划和制造执行，最后将生产的儿童电话手表检验入库，并通过物流按要货计划发送给客户，后续开展与客户的货款结算回收。

至此，从客户有想法到货款回收的端到端流程就整体结束了，虽然只是一个大的框架，但通过这个浅显易懂的故事可以让我们明白整个企业赚钱的业务运作逻辑，为大家后续了解企业核心价值链及开展流程变革/优化提供了一定的业务流程基础。

5. 流程与体系融合，实现“一张皮”

- **背景**

某企业是国内一家大型制造企业，公司多年来的管理体系基础一直是以ISO9001质量体系为主，另外还有环境、健康、安全EHS体系、两化融合体系及TS16949等多体系并存。其中，ISO9001质量体系和TS16949体系主要由质量部负责，EHS体系由安保部负责，两化融合体系由信息化部负责，其他体系由相关责任部门或各事业部分别负责，公司的体系并存状态可谓是“百家争鸣”。但这恰恰也反映了公司体系间的“铁路警察各管一段”的“多张皮”现象。

伴随公司战略转型的需要，此时迫切需要一种新的管理方法来指明一条阳光大道，解决目前标准杂乱、政出多门的“多张皮”。流程管理自20世纪初从西方引进，经过近20年国内理论与实践发展，造就了一批如华为、海尔、美的等优秀企业，也符合当前公司各级领导的认可，因此被“临危受命”引入公司。如何将“新鲜”的流程体系与原有的多标准体系进行融合，成为当下及未来两三年公司需考虑的重点。

- **现状与核心问题**

如果公司原有以质量体系搭建的管理体系与当下因战略转型需要引入的流程管理体系并存的话，就会容易产生如下问题：

（1）政出多门，执行混乱。目前公司沿着流程架构搭建梳理的流程文件体系，与原有的质量体系因内在逻辑及要求上存在不同的侧重点，导致各部门及事业部在执行时不清楚到底该执行哪套标准。

（2）不同体系间内容冲突。流程体系侧重于横向业务的拉通，质量体系侧重于各业务质量标准的符合，无论在内容表述还是规定要求上都存在不一致或冲突的地方，体系文件的权威性大大降低。

（3）各层级组织对接效率低。目前总部流程职能与质量体系职能分属不同的部门管理，且各部门都有自己的管理要求，而在事业部的流程与质量职责有的是一个部门，有的是两个部门管理，在对接总部业务时却出现了两个部门的两拨人，造成了管理沟通成本的上升。

（4）文件的管理职责交叉。原有的质量体系文件在公司内网有统一的展示页面及日常更新维护机制，而新体系的搭建同样需要进行文件的编制下发及维护管理，到底以什么形式，以及哪个部门主责进行管理，目前存在管理职责的交叉现象。

- **建议融合方案**

为真正实现流程与体系的融合，打破原有同样的业务由不同体系文件描述冲突的现象，保持一个公司一份体系的权威性，公司领导经过慎重考虑，最终决定主要从以下三个方面进行整合：

（1）组织架构融合。将原有负责质量体系的相关人员及职责整体迁移至流程管理部门，组建新的流程与体系部，从组织架构上融合，消除了原有跨部门沟通不便及职能切分不清晰现象。同时，由总部牵头负责各事业部相关流程与体系职能及人员的整合，调整至一个部门进行统一管理，实现平台部门与各事业部流程体系部门组织架构的上下一致性，提升了沟通交流效率。

（2）文件管理融合。在文件管理方面以流程架构搭建的流程体系为主，质量及其他体系的相关业务要求融合进流程体系文件中，实现公司内网流程文件的统一管理。同时，将公司的流程体系文件进行统一设定为三种类型：

第一种，保留原有各体系的手册不变，确保符合内外部审核的要求；

第二种，重新梳理规范了所有流程文件的编制模板及要求，描述格式按照谁，什么时间，在哪里，做什么，以及怎么做的形式；

第三种，对流程文件无法涵盖的内容以制度文本形式展现，规定该做什么，不该做什么，以及一些规则、要求等的静态描述。

（3）职责及工作方式融合。除了进行组织及人员的融合外，在内部人员的职责分工上也进行了穿插融合，流程和体系人员日常仍以各自专业为主，但在内部分工上则按照对接部门维度分别由不同人员对接，既包含流程业务也包含体系业务，这种模式就使得每个流程与体系人员都会承担双重角色，开展熟悉交叉业务，在工作方式上实现了统一融合，也培养了多能工。

- **优化效果**

经过近一年的融合实践，流程人员逐渐了解了相关体系的标准和审核要求，体系人员也慢慢熟悉了流程管理的一些理念及方法工具，双方人员无论是在意识还是业务上都达到了当初流程与体系融合的目的，为后续更深层次的融合打下了坚实的基础。

对其他企业的启发点/亮点：

（1）流程与体系的融合不只是文件的融合，更是组织、职责及人员的融合，只有多剂良药的多管齐下，才能治愈久存的“头疼”。

（2）管理体系文件的分类分级需根据每个公司的特点对症下药，量身打造，切忌拿来主义的“照猫画虎”，否则只会适得其反。

6. 找准流程切入点，提升业务价值

从事流程管理工作的人都知道，日常工作中需要涉及的知识面非常广，需要流程专业人员具备不同领域的专业知识，才能应对业务出现的各种问题和状况。不仅要有发现问题的敏感度，更要具备分析及解决问题的逻辑思维与技巧；不仅要站在客户角度思考解决方案，更要具备良好的内部沟通协调能力；不仅需要具备讲师资格上台演讲，也需要能制作出让领导点赞 PPT 水平的能力；不仅需要具备战略思维及架构搭建能力，更需要脚踏实地深入现场发现细节问题的水平等，不可谓之不杂，绝对是公司综合性人才培养的摇篮。

既然对流程人员的素质要求这么高，需要处理的事务理应“日理万机”，那么各级流程管理人员应该也会非常忙碌。但在与各事业部的流程人员沟通交流时发现，部分流程人员竟然抱怨发现不了问题，流程优化不知从何处下手，因不熟悉业务导致业务部门不配合等现象。这从一定程度上反映了公司流程人员在主动发现问题及与业务部门开展工作过程中存在一定的方法误区，缺乏“眼里有事”的意识。下面介绍三个工作过程中发现流程优化项目的案例，希望可以对您有所启发。

案例一：道听途说 + 问卷验证的信息获取

任何一家公司都存在新员工的入职与老员工的离职，这些人曾经可能是你的朋友，也可能是你经常对接联系的业务人员，或者就是你本人。你

会经常听到这些周围的同事抱怨公司人力的招聘和离职流程太烦琐，人力资源部似乎每年都会要求填一次个人信息提报表，反反复复，让人厌烦。

针对这些可能的抱怨和问题，流程管理人员为验证其真实性，可开展一次公司范围针对行政管理类流程问题的调研问卷，用数据结果验证这些道听途说假设的真实性，流程管理部门也顺势将其纳入了后续的流程优化计划中。

案例二：董事长信箱

为了更好地获取员工反馈企业问题的第一手资料，总裁办公室在公司内网开通了“董事长信箱”专栏。员工可以在上面将日常工作中遇到的问题及时反馈，经后台信箱管理员筛选后，自动将任务分配给对应责任部门，并要求给予答复和限期整改落实，此方法得到了员工的一致称赞。

针对员工在董事长信箱反馈的流程问题，流程管理部门可时刻由专人监控，并对收集的问题迅速调查后及时给予答复，必要时成立流程优化专项解决。

案例三：部门新成立时主动“投怀送抱”

×部门为A公司新成立的事业部，虽然之前已经有此业务，但一直“寄人篱下”在其他事业部内部孵化。随着业务体量的剧增，公司决定将其作为新事业部进行独立运作。

作为公司“新宠”的×事业部，其基础管理水平却较为薄弱，可谓“百废待兴”，急需公司平台各部门给予大力支持。流程管理部门了解到此困难后，主动与×事业部的部长进行沟通，愿意提供相关流程体系搭建及梳理方面的工作协助，为流程管理理念及实践在×事业部的开展奠定了良好的基础和开端。

对其他企业的启发点/亮点：

（1）流程管理部门在日常工作开展过程中要主动深入业务发现问题，要有一颗“没事找事”的心，只要你善于观察，主动作为，总能发现业务流程中的问题。当某一天公司不存在业务流程问题时，流程管理部门也就没有存在的必要性了。

（2）流程管理工作存在的价值就是为内、外部客户创造价值，而日常出现的业务问题就是一个很好的切入点和契机，它能够迅速提升领导的重视，为公司带来实实在在的价值。

7. 从大楼结构探析部门墙的厚度

随着×公司规模的不断壮大，各部门人员数量及会议也变得越来越多，公司办公场地捉襟见肘，已明显不能满足当下日常工作的需要，经公司高层领导决定，建设新的办公大楼，解决公司面临的场地与人员供需不匹配的问题。

接下来公司基建部门便开始着手进行场地的选址、规划及图纸设计等工作。其中，对办公大楼的层高与办公区域划分选择尤为关键，直接影响以后公司部门墙的严重程度，为什么这么说呢？我们将大楼建筑类型简单分为四种，下面我们分别来分析每种类型的特点及对部门墙的影响。

第一种是高层小部门制类型。这种类型的大楼形状如图1－2所示，主要特点是楼层高且窄，甚至是当地的标志性建筑，每一楼层仅一两个部门，类似以前的“衙门”。这种类型办公大楼充分利用土地的上下空间，用地效率较高，为公司节省了土地成本，但却为各部门以后的沟通带来极大不便。由于各部门分设在不同楼层，员工联系业务、开会、传递资料等都不方便，有时懒得走动，导致各部门之间的沟通大多依靠即时通信工具或邮件，使当面沟通的机会减少，效率降低，为部门墙的产生埋下了种子。

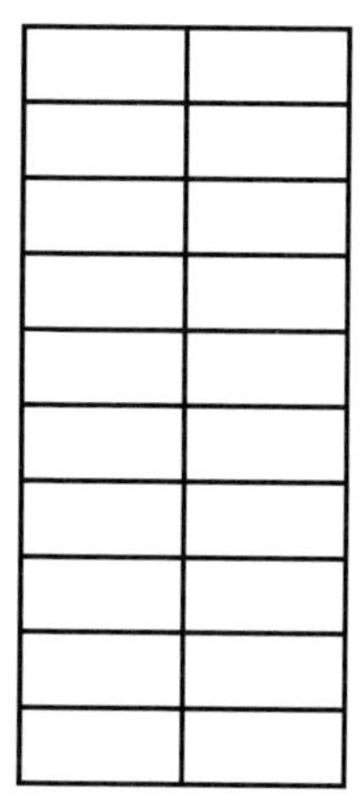

图 1－2　高层小部门制类型大楼形状

第二种是高层大部门制类型。这种类型的大楼形状如图 1－3 所示，主要特点是楼层既高又宽。不同于第一种类型的是，每一楼层有多个相近部门，各部门之间没有隔断，视为大部门，一般为一个分管领导管辖或者是一个业务领域的几个相近部门。这种类型办公大楼用地效率也较高，在每一层单一领域相近部门之间的沟通效率很高，但一涉及跨领域、跨楼层沟通及业务联系时，马上就面临着第一种类型的情况，在跨领域业务上下之间沟通时部门墙就产生了。

图 1－3　高层大部门制类型大楼形状

第三种是低层小部门制类型。这种类型的大楼形状如图1－4所示，主要特点是楼层低且宽，每一楼层存在较多部门，但各自有自己的独立单元，类似一个一个的“格子”。这种类型办公大楼上下空间的利用率方面比前两种较为逊色，由于各部门之间距离被人为横向隔开，所以横向沟通效率也一般，但员工上下楼层之间的沟通效率却比前两种强，部门墙在同一楼层间是存在的。

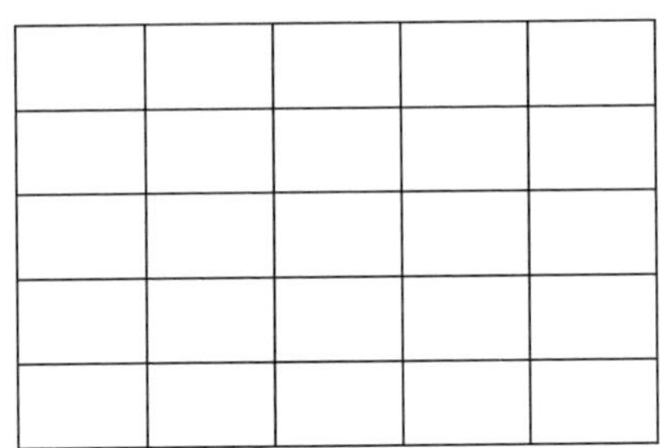

图1－4　低层小部门制类型大楼形状

第四种是低层大部门制类型。这种类型的大楼形状如图1－5所示，主要特点是楼层既低又宽，每一楼层有多个相近部门且没有隔断，一个分管领导管辖或者是一个业务领域的几个相近部门都在同一楼层。这种类型办公大楼无论是在纵向还是横向沟通效率方面都较前三种更优，虽没有充分利用楼层上下的空间利用率，但减少了后续部门墙的隐患，提升了公司无形的管理效率。

图1－5　低层大部门制类型大楼形状

整体来看，第四种低层大部门制类型是我们比较推崇的。因此，反观我们标题中所说的部门墙与公司盖办公大楼之间存在一定联系，从公司大楼形状推断部门墙厚度的说法也是有一定道理的。

另外，为提升客户满意度，减少因部门墙让客户在公司各部门间及楼层来回穿梭的麻烦，笔者以前待过的一个公司曾经将统一对外的业务部门全部设置在一楼，且各部门在一个虚拟的服务大厅集中对客户办理不同业务，一站式服务极大提升了客户体验度，减少了客户来回多个大楼多个部门奔跑的麻烦，得到了客户及供应商的一致好评。

部门墙的消除不能仅靠简单的物理位置打通手段，通过依仗建设办公大楼的形状而一劳永逸，那简直是天方夜谭。打通部门墙更多的是需要我们不断培养各部门员工的流程思维意识和做事方式，站在公司利益角度，心里装着客户，实现上下左右链式的无障碍沟通，才能杜绝思想上的部门墙。

8. 流程管理工作中的那些不合作

企业中的业务流程是天然存在的，有流程就存在协作。在你开展日常的流程管理工作中是否遇到因为一项工作需要其他部门协助，当你特别着急或担心时间不够时，对方却漫不经心，表现出一种事不关己高高挂起的姿态，用“打太极”的招式来应对你的情况呢？笔者想答案应该是不言自明。

笔者在日常的流程工作中对于类似现象碰到的还挺多，有时恨不得替他们把工作赶紧都做了，免得自己难受。下面我们通过两个真实的案例来一起吐槽下流程工作中的那些揪心事。

案例一：收集各领域流程架构时的各种不配合

笔者曾经主导过一个流程变革项目，其中一项内容是对各领域的流程架构进行重新审视与修订。为了确保项目按期交付，在保证截止时间不延误的情况下，由各业务领域自己制定完成计划时间，并提报流程管理部门备案，流程管理部门负责过程的指导和跟踪。临到各领域流程架构提交日期前，流程人员开始与各领域对接人询问流程架构搭建进度状态或询问困难时，此时“非暴力不合作”的众生相开始“丑态百出”地陆续登台。

部门一：自己制订的计划形同虚设，早已将此事抛到九霄云外，所以无法按时提交很正常，已经司空见惯，时间观念极差。

部门二：各种忙，各种理由，能拖就拖，似乎有一项更伟大任务非他做不可，没有他公司似乎无法运转。

部门三：玩失踪，电话不接，微信不回。

部门四：干等着你投怀送抱，人家还挺委屈的：“你们也不早催一下，资料有点复杂没看懂，您能再给我讲解一下吗?”这是典型的装糊涂型。

部门五：确实按时提交了，但是质量太次，明显的应付型。

案例二：一个“监控车间温湿度”的工作职责无人认领

有一次，公司新启动了一个××系统变革项目，启动会过后项目经理开始对相关模块寻找任务认领部门，便于开展后续的现状调研和蓝图设计等工作。其中一项监控车间温湿度的职责难住了项目经理，无法确定具体的责任部门。于是项目组向公司变革部门寻求帮助，希望可以借助变革力量明确责任部门，将此任务工作进行落地承接。变革和项目组人员对职责边界模糊的三个部门分别予以沟通，得到了如下的答复：

部门一："这个车间温湿度监控职责，公司应该有统一的标准和要求，我们说了不算，你还是问问其他部门吧。"

部门二："我们部门虽然是与各事业部车间改善联系密切，但是公司没有赋予我们管理这方面业务的职责，所以我不能随便接，除非公司明确说给我这份职责，否则我不接。"

部门三："我们是负责公司整体外部温湿度及排放环境标准的部门，你这个是车间内部的温湿度，明显不是我们的职责所在，而且我们也从来没管过。"

上面两个案例中几个部门的不合作和扯皮反应，让谁碰到也会非常无奈和生气，但这也恰恰反映了日常工作中的常态。出现这些现象的原因无非有三：

第一，格局不够大，存在部门意识思维，处处以维护部门墙内部的利益为第一原则，一旦触犯了他的利益，立马蜷缩成刺猬，谁碰扎谁；

第二，将流程或自身工作之外的事情统统当成了额外的负担，工作中存在"多一事不如少一事"的病态心理，没有从自身能力提升的角度思考过这个问题；

第三，与自己没有切身利害关系，做了没有好处，但不做也不会有任何的处罚。

综合以上三个原因的分析，其实背后就是人的思维方式的不同。如果我们换一种视角来思考，不要把这些感觉跟自己目前职责无关的"额外"工作当作一种负担，而是当作一种职业发展阶段中成长的代价和磨炼，是上帝来帮助我们提升能力的一种"馈赠"会不会更好呢？

笔者在给别人做流程培训时，为了强调培训的重要性和解释来参加培训的意义时，经常会引用乔布斯的一句话，“你要坚信，你现在所经历的，将在你未来的生命中串联起来。”同时，曾经的奥斯卡获奖电影《贫民窟的百万富翁》，通过主人翁根据自己亲身经历回答问题的过程，最终拿到了百万奖金，也揭示了“一切经历皆财富”的人生哲理。你明白这个道理后，你还会拒绝你遇到的每一次提升自己的机会吗？

9. 运用黑匣子思维诠释流程管理教训

黑匣子是飞机专用的电子记录设备，常用于飞机失事后的调查分析。而黑匣子思维即为一种经常可以对失败后的教训展开调查并从中学习的态度。黑匣子思维的核心思想观点有：

（1）失败并不可怕，而且蕴含着更多的机会。我们要以积极的心态去面对失败，并从失败中磨炼自己学习的意志及不断创新的精神。

（2）如果忽视失败、掩饰错误，我们就毁掉了宝贵的学习机会。

（3）如果没有问题、没有失败、没有缺陷、没有挫折，创新将毫无用武之地。

这种思维方式能指导人们建立一种机制，让人们从错误中学习，而不是被失败吓到，是一种审视失败并从中吸取经验教训的积极态度。

在日常流程管理工作中，我们可以运用黑匣子思维指导我们的工作，主动正视问题，并从失败中学习。我们拿流程实践中的两个案例运用黑匣子思维进行诠释。

案例一：压路机碾压报废物料，损失千万

背景：20世纪80年代，海尔新任董事长张瑞敏“砸冰箱”的事迹可谓家喻户晓，这一砸砸醒了海尔人，也奠定了海尔未来长足的发展。

历史总是惊人的相似。A公司某事业部上半年因产品不合格导致客户退厂或返修，以及内部质量等原因引起的直接报废物料达数千万元，员工辛辛苦苦半年加班制造了几千万元的报废品，令人寒心，也影响了公司在客户心中的良好形象，震惊了公司高层。

经过公司高层EMT（经营管理团队）会议的慎重考虑，决定将报废物料集中收集，用压路机进行一次彻底的碾压销毁，为公司不作为的中高层管理干部敲响警钟，并要求此事业部负责人在公司范围内做一次深刻地反省和检讨。

分析：通过事后的原因分析，我们发现此事件的发生存在一定的必然性。

当初因客户量产需求紧急，使得研发对部分新物料未充分验证便大胆使用，流程关键控制点未评审即通过，入厂检验物料存在部分瑕疵就让步放行使用，计划人员采购下单未按流程执行，车间串料混料司空见惯，操作一线人员变动频繁导致业务生疏引起报废率居高不下……

反思及措施：此反面案例在公司范围内进行了广泛宣传，相关负责人也按照公司相关规定得到了处罚，对公司全员起到了一定警示作用。我们运用黑匣子思维提出以下措施供其他项目引以为戒：

（1）提升全员的质量意识。清楚质量是设计并制造出来的，而不是检验出来的，只有每个项目成员都做到“第一次就做对”，那么最终的产品才是合格的。

（2）各业务负责人要主动担责，权责归位。产品生产过程中只有研发问题、工艺问题、制造问题、运输问题等业务问题，并不存在真正的质量问题。质量是业务的帮手，是为解决业务问题而存在，业务部门不能将业务范围内出现的问题全盘推给质量，那是懒政、懈怠的典型表现。

（3）严肃流程的权威性，严格按流程执行。将流程奉为公司员工做事的最高准则和红线，对触犯红线者严惩，抬高违反流程的成本。对流程中的关键控制点及决策点需认真评审，并制订评审规则，做好评审记录，让后续出现的问题可往前追溯责任人。

案例二：设备需求评估不充分，导致设备中途砍单、退货

背景：小李是一名设备采购管理员，近期因被 C 事业部两台已下单的设备退货而困扰。本来从设备的需求提出，各部门的需求评估，再到设备的寻源、下单及定金支付，整个过程都符合公司的相关流程。但偏偏在供方将要制作完成即将交付时，C 事业部却提出因客户订单减少，对前期已下单采购的两台设备暂时取消采购。对于小李来说这件事情就麻烦了，因为定金已付，合同已签，而且设备也快马上交付了，订单说取消就取消了，此时要么按期接收设备让其闲置，要么取消订单承担几十万元的定金损失与赔偿。

分析：通过案例我们发现，从设备的需求提出，到评审，再到下单，整个环节都是按照流程执行，没有任何问题，但仔细想想你会发现各环节都可能会是风险，例如：

设备提报需求时，项目经理能否通过产量的变化预测到客户的订单可能会减少呢？

设备需求评审成员是否评估可通过现有闲置设备调配来满足生产需要呢？

采购部门是否评估了设备购买的必要性及紧急性呢？

通过不断追问，我们发现每个环节都有可能是问题来源。说明我们在流程设计时还是考虑得不周全，缺乏详细的评审规则及后续出现问题的追责措施。

反思及措施：此案例中取消设备采购订单给公司造成的损失已经发生，不可挽回，而且目前公司也确实在流程设计方面存在一些漏洞，我们需要积极面对和承认问题，找到有效的解决方法和途径，防止后续类似事件不再重复发生。通过运用黑匣子思维，我们可以从此次案例的教训中提出如下解决措施：

（1）作为典型案例教训予以宣传。在公司内部将其作为教训进行宣传引导，让全体员工正视公司目前设备需求评估过程中存在的流程及管理问题，要求大家引以为戒，不要在以后的工作中重复犯错。

（2）建立设备需求评估团队。在设备采购前期的需求评估阶段邀请需求部门、设备管理部门、采购部门、工艺部门、生产部门等组成专家评审团，对设备需求数量、产能要求、工艺标准等各方面进行充分评估，并建立评审项目查核清单，输出评审意见，降低成本浪费。

（3）搭建公司闲置设备的统一调配机制。各事业部统一将闲置的设备提报至总部设备管理部门，由总部整体把控公司现有设备的利用与闲置状况，统一调配使用，实现设备资源的利用最大化，避免重复和无效购买造成资源的浪费。

（4）搭建设备退货追责机制。明确因设备需求评估职责缺失，造成的设备退货责任归属划分，如因产能或订单预测不准导致退货，由需求部门承担责任；如因工艺标准要求过高，导致采购设备能力过盈，由工艺部门承担责任；如因谎报设备产能等虚假数据，导致采购过量闲置，由生产部门承担责任等。同时，根据设备损失金额大小，对相关责任人按照一定比例进行相应的经济赔偿。

对其他企业的启发点/亮点：

（1）面对流程中存在的各种问题，我们不能躲、藏、掩，而是要大胆正视并承认它，然后制定预防措施，避免类似事件再次发生。

（2）反面典型案例是作为变革触发点的最好素材，容易在思想上引起共鸣。

（3）运用黑匣子思维可以使我们从失败或错误的事件中总结经验教训，不惧怕掩盖事实，主动拥抱错误，才能从失败中不断成长。

第二篇

流程设计要注意这些细节

1. 玩转流程设计

公司搭建流程体系，开展流程设计工作时，经常会碰到一些基层员工抱怨，如“日常业务都是按照惯例走的，大家心知肚明，为什么还要整什么流程文件?”“设计出流程文件就能解决我业务面临的问题吗?”“设计这些流程文件太耗时间了，我们平时工作很忙，没时间搞。”“这些流程符号跟火星语一样，根本看不懂”……

对初次接触流程，要求他设计一份流程文件的员工来说，这的确是一项比较具有挑战性的工作，部分员工存在偏见和抱怨也是在所难免。在笔者看来，员工不会设计流程，其问题并不在员工，而在于我们流程管理人员没有向他们解释清楚设计流程的目的和意义是什么，以及怎么设计流程才算一份好的流程文件。员工不明白背后的意义和目的，自然也就缺乏配合设计与执行的动力与热情，也难以实现“力出一孔”“利出一孔”的目的。那我们设计流程能为公司创造什么价值呢?

（1）承接战略落地，将战略规划按照目标树层层分解为具体可执行的流程任务或活动，使基层员工有章可依，执行有保障。

（2）固化经验，将优秀的管理成果和个人经验固化，内化为一种普适性的做事方式和逻辑，全面提升经营业绩。

（3）业务流程显性化，为流程优化提供基础，将复杂的业务用直观流程的形式抽象出来，便于在后续开展流程优化时了解业务现状，迅速找出问题，节省调研了解 AS－IS 的时间。

（4）整体审视业务全貌，尽管流程设计不一定马上可以解决当下业务出现的问题，但从整体上拉通了跨部门业务的运作逻辑，解决了部分工作中的推诿扯皮现象。

原来流程设计可以这么有意义。既然如此，那么我们在与业务部门一起开展业务流程设计时，应该如何开展才能确保设计的流程是我们需要且符合优秀的标准呢？下面我们将隆重向大家介绍流程设计四步法，依照此“秘籍”修炼，即可玩转流程设计，给那些被流程设计困扰的小伙伴们带来福音。

第一步，思考目标流程的价值及边界。

古语有个成语叫“画龙点睛”，那么明确流程的价值就是我们将要设计流程的眼睛，是最值得我们思考的一个价值点。我们在描述流程目的时一定要想清楚为什么要设计此流程，通过此流程的设计我们想实现怎样的绩效结果，这个是流程设计最核心，最应该想明白的事情。如果这点没有想清楚，那么这个流程就可以暂时放一边了，因为你不知道它的价值所在，即使设计了也是浪费时间。

想清楚流程的价值后，接下来我们需要确定本流程设计的前后边界。从高阶流程来看，流程是端到端的，但在低阶流程中，流程之间都是事先切分好的段到段，它与自己的上下游及其他业务流程之间有自己的边界和业务逻辑关系，需要我们事先识别出来，并明确流程的输入及输出物。需要提醒各位的是，流程的名称也直接反映了流程的边界，因此流程名称不可随意命名，过大或过小都会误导使用者。笔者比较认可流程专家金国华老师的“范围＋类别/属性＋业务＋动词”的形式命名流程名称，让使用或查找该流程的人从名称上就能够选择正确，知道这个流程要讲的内容是什么，如“国内生产设备采购申请流程”。

第二步，识别并整合各业务活动，绘制流程图。

在明确了流程价值及边界基础上，我们就需要各领域的业务专家主导设计流程图了。在实际工作中会发现很多部门会将此部分工作交给新来的或比较闲的员工，主要考虑也是他们的时间灵活，而业务专家都在具体项目中忙于救火，但是真正的好流程是需要业务专家和流程专家共同来完成的。业务专家具有丰富的业务实践经验，而流程专家具有系统全面的流程思维及工具、方法，通过流程专家的引导，将业务专家脑海中缺乏系统的业务活动、决策点、控制风险点等按照流程逻辑抽象化出来，最终形成每个员工都能够看得懂、标准统一的流程图，并遵照执行。

从业务专家经验中萃取出来的业务活动、决策点及控制点还比较粗糙，需要进行一定的加工处理——整合与分拆。每个节点的设置可以参照如下原则：

第一，两个连续活动为同一角色开展实施的，尽量合并为一个；但对于两个连续活动之间需要其他角色提供支持才能完成的，在中间补充其他角色的支持活动。

第二，对于在不同系统间操作的活动，尽量分拆为多个活动节点，避免引起歧义。

第三，对于生成关键表单的角色活动，尽量单独作为一个活动节点描述。

另外，在一个相对独立的业务单元内，所有相关流程文件中的同一角色/岗位应该尽量保持叫法统一，防止出现一个角色/岗位因不同的人编制而出现名称不一致的现象。这个工作可以放在设计整体的业务时统一汇总整理和规范，形成某一领域内的角色库标准一致。

第三步，补充完善流程说明及流程绩效指标等其他信息。

通过流程图可以直观、简洁地了解整个业务的运行逻辑，但缺乏详细的内容描述，仍不能具体指导业务的开展，因此流程说明作为对流程图的补充就显得尤为重要。在描述流程说明时，我们需按照5W2H的原则尽量将此活动可能涉及的事项描述清楚，如，对于“填写并提交流程需求”活动可以这样描述：“每月5日前，由各部门流程管理员按照《流程优化流程》中《流程优化需求表》的格式填写月度流程优化需求申请，同时需检查表中流程提报人、流程问题描述、原因分析及优化建议等信息的完整性和清晰度，并通过BPM系统进行直接主管审核，然后系统自动传递至流程管理部门专员处进行存档备案。”

流程文件设计的再好，如果没有一定的流程绩效指标进行监控和衡量，实施效果也会大打折扣。我们在设计流程绩效指标时可以对整支流程的绩效指标设定，也可以对关键控制点的绩效设定，需根据具体流程而定。

流程绩效指标的设定一般从质量、成本、效率、服务及规范性五个维度进行综合考量，即QCDSR指标，但设置数量不宜太多，建议每支流程最多设置1～3个指标即可，避免“眉毛胡子一把抓”而迷失了重点。

第四步，内、外流程整体评审。

流程文件设计完成后需组织内、外部相关角色人员进行评审，涉及的评审人员主要由流程Owner（流程责任人）、业务专家、流程专家、体系专家、流程相关角色、流程上下游客户代表等组成。只有确保人员的全面性，才能实现文件的充分性和可落地性。流程评审过程中可参照角色扮演的形式，从流程开始信息输入到过程流转，再到最终输出物结束，确保业务流、信息流及相关输入输出物完整顺畅无断点。

流程评审过程中，各相关角色主要从流程顺畅性、体系规范性、业务完整性、价值实现性、边界合理性等角度综合评定，最终经各角色达成一致后形成《××流程评审会议记录》，并让参会评审人员“签字画押”，一个完整的流程设计过程就算告一段落。

任何一个流程文件的设计过程都可以按照以上四步开展，但流程设计发布完成后仍需要组织相关角色人员及客户进行培训和宣贯。流程设计只是流程管理工作的起点，后续还需要开展持续的流程监控及检查和流程优化来不断完善，最终达到一种尽善尽美的状态。

将流程设计进行“套路”化，可以作为后来者开展流程梳理工作时的参考和模板，不至于失去章法，能较大程度地节省寻找与思考的时间。

2. 设计流程不能违背的原则

前文讲到，通过流程设计可以起到承接战略、固化经验、了解业务等作用，所以说流程设计很重要。但是，在日常我们的流程管理工作中却存在大量对流程设计的误解。

有人说：“流程就是一堆废纸，画完就束之高阁，根本无人执行”；

有人说：“流程设计就是画流程图，让新员工对接一下流程部门就行”；

有人说：“流程岗位没啥前途，类似文员，不如调岗”等。

面对这些问题，笔者就想跟你唠唠：“施主，你道行太浅，需要修行。”

流程设计是门学问，也有门道，设计好了不仅不是一堆废纸，而且对指导了解业务后续优化改善提供了基础；流程文件的设计也不是仅仅画几张流程图那么简单，它背后体现了业务的逻辑思维和经验的沉淀传承；流程的设计不是几个初出茅庐的新员工就能应对的，它需要“道行”极深的业务专家才能撑住场面，还原业务现实；流程人员也不是前途渺茫，根据近几年行业发展趋势分析，他们的“钱途”和仕途都是可期的。所以说，流程设计好了对支撑业务的发展至关重要，那如何才能设计出既符合实际又具有一定前瞻性的业务流程呢，笔者认为需要遵循以下四个原则：

第一，客户导向原则。先要搞清楚，设计此流程的客户有谁，他们的诉求是什么，如何设计才能满足甚至超越客户的要求。客户不仅指我们产品的直接购买者、终端使用者、环保局等政府部门、公司股东，还包含流程的下游客户及流程执行者。流程设计要充分考虑他们的需求便捷性，让他们充分参与流程的评审，并给出真正有价值的实际建议，只有真正使用的人才知道它的问题和推行阻力在哪里。

第二，价值创造原则。只有能为客户创造价值和对业务有辅助支撑作用的流程才是值得设计的流程，也是客户愿意付费的流程，否则就没有存在的必要性。为客户创造价值是流程的本质，也包含流程中各活动环节。为了检验流程各活动或任务是否为本流程或客户创造了价值，我们通常借用ASME表来检验，通过对流程节点的展开，分析每个活动状态的类型，如增值类、运输、等待、必要辅助等，然后再测算每个活动的实际用时，最后剔除无价值和浪费节点，达到流程最佳设计的目的。

第三，端到端原则。在流程设计过程中不能只围绕本流程的边界和范围而写，还应考虑与其上下游流程及其他流程的接口和边界，确认是否有重叠和断层，连接点是否清晰，要从端到端整个链条上审视流程设计的合理性。在运用端到端思考流程设计时推荐两个常用的检验工具，即 SIPOC 图（Supplier 供应者，Input 输入，Process 流程，Output 输出，Customer 客户）和流程视图。这两个工具的好处就是能有效地将业务从宏观角度进行前后贯穿，将整体业务视角拉通。

第四，可执行落地原则。流程设计的再完美，如果不能落地执行，那就成了前面提到的废纸一堆。因此，我们在设计流程时既忠于现实，又高于现实，达到抬抬脚就可以够到的状态，断不可天马行空。例如：对于某个活动输出物存在多部门不同表格形式的现象，我们需要统一标准；对于事件的触发条件必须明确，要么时间触发要么事件触发，否则活动执行人不知道什么时候该发起；本流程指标的设置不能与上层流程端到端的大指标相违背，同时要满足本流程在效率、质量、成本等关键指标的要求。

如果能坚持以上流程设计的四个原则，我们以后设计的流程质量就不会太差。然后再通过后续的不断优化完善，就能持续对业务和客户产生价值。现在，你还认为设计流程很简单、无价值，从事流程工作没有前途吗？

3. 流程角色如何填写才规范

平时与业务部门一起设计流程时，经常听到他们对公司流程的抱怨和不满，尤其是在流程活动执行角色的写法上，可谓五花八门。当出现争议时，执行人员即使查阅相关流程文件，也不清楚到底应该由谁来承担这个活动的责任。

出现这种现象的原因，就是流程文件的活动角色定义模糊，没有按照标准清晰的规则填写。一般流程图的左侧或上侧都会设置活动的角色带填写区，员工在填写角色时通常存在以下误区：

（1）填写部门名称。如果角色带中的角色以部门为颗粒度，容易造成组织架构一变更，就会有数不清的文件需做相应的调整，否则外部审核时就会出现与实际情况不符的现象。

（2）直接填写××部门负责人。部分业务骨干为图省事，在填写流程图的相关角色时，清一色的是各部门负责人，似乎所有部门内部的事情都是每个部门负责人的责任，那请问其他角色还有存在的必要吗？

（3）角色描述较粗放、不清晰。如生产管理人员，这个角色就可能包含生产计划管理员、物控管理员、生产现场调度员或仓库管理员等。

（4）同一角色不同文件不同命名方式。对于同一个角色，在不同的文件中有不同的命名方式，给人造成疑惑。

因此在角色命名时应把握好一定的颗粒度，既不能过粗也不能太细，过犹不及。为统一思想，使流程角色的填写规范，让大部分人阅读流程文件时不易产生歧义，笔者根据行业经验及自身实践将流程角色的写法总结为以下五种类型，跟大家一起分享下：

第一种，直接借用公司岗位序列。以公司内部人力资源部下发的统一岗位名称作为流程角色，不仅不会引起歧义，其颗粒度也比较合适，如机械设计工程师、软件工程师、IT 项目经理等。不管部门以后怎么变化，业务总会有相应岗位角色人员来承担。

第二种，××业务负责人/分管副总类似的行政职务。此种角色一般涉及签批时比较常用，需某业务的负责人或分管副总角色来处理，无论人员如何变化，只要担任这个角色就得承担此项活动的责任，如设备采购负责人、销售分管副总。

第三种，一般是动词＋名词形式，××人员。如计划调度员、物料检验人员，比较通俗易懂，且能够被大家一眼就知道所指的角色。在不清楚此活动承担的具体岗位名称时，可以参照此种角色命名方式。

第四种，××委员会/××评审小组。此种角色常用于集体评审或团体决策的情境，当流程图中出现此角色时尽量在文件前面的术语中给予一定解释，具体说明包含哪些角色人员，以避免产生误会。

第五种，供应商业务人员或客户代表。一般是公司外部的角色，作为与本流程相关角色之间的业务交互而出现。此种情况也符合流程端到端的设计理念，实现公司内部流程与外部流程的无缝衔接。

即使我们遵循了以上五种流程角色的命名方法，在一个业务领域统一了流程角色的标准格式，但当不同部门的不同业务专家在编制流程文件时，仍会出现同一角色因不同编制而出现不一致写法的情况。为了尽量让一个部门单元内部的角色写法达到标准化的目的，我们有必要对相关角色进行统一管理，具体可参照如下步骤：

第一，由本部门推进责任人按照以上五种标准角色写法规范，收集下级组织内目前已有的标准角色，统一梳理后提交至流程管理部门。

第二，流程管理部门先进行一轮初步的筛选，将不同组织提交的重复角色项合并，同一角色写法冲突的在沟通后统一，然后再组织各相关部门共同评审汇总后的角色是否有遗漏或不当。

第三，将本部门整理评审的角色集在内部下发，后续要求各部门在编制流程文件及使用流程角色时，只能使用此角色库中的角色，杜绝出现不规范、超范围的角色。

通过规范化流程角色的命名，以及统一组织内部的角色词条，不仅规避了角色的错误写法，而且也可以提升流程文件的规范化水平，让组织内部的流程使用人员一看便知哪个角色的责任，避免后续无效的争议。

4. 完善流程细节，确保执行落地

流程文件作为业务流程落地的手段，属于目前国内企业一种比较常见的方式。它所包含的要素无外乎流程目的、术语解释、流程图、流程说明、权限职责表、流程指标、相关模板及表单等。在笔者大量的实践经验中发现，流程文件设计过程中，最占精力的是流程图和流程说明部分，基本占据了流程文件编制工作 80% 的时间，完成这两部分意味着流程文件基本定型，但这两部分的设计是需要业务专家投入较多精力认真思考和编写的，绝非易事。

对于流程图符号使用及画法会根据每个企业的特点呈现出不同的使用规则和要求，在此不再赘述。但对于流程活动的描述，几乎所有企业都有一个共性要求，就是对流程图部分的补充说明，要能够指导具体业务人员实际操作，落地执行。在实际流程设计过程中，对流程说明的描述常会出现如下不当现象：

（1）流程说明的描述与流程图的活动节点无异，仅简单的一句话，对于流程活动本身的注意细节及关键控制点未阐述。

（2）流程角色描述模糊，看不明白到底谁应该执行这个活动任务。

（3）流程活动仅简单的动作，但未有任何相关表单或模板进行信息传递和承载。

（4）流程活动应该参照的标准没有描述清楚，让人雾里看花。

（5）对于系统活动的操作描述太粗糙，缺少具体的系统操作指导书。

通过对业务专家的调研访谈发现，之所以设计过程中出现上面一系列的问题，与大家普遍认知的缺乏一套特定的方法和标准指导不无相关，不知道该如何描述，应该描述到什么程度，这就造成了公司流程设计初衷与业务专家流程描述低效之间的冲突。

为更好地发挥业务专家的价值，将自身业务经验和技能进行固化，我们有必要通过科学合理的方法，引导大家将知识按照符合逻辑形式显性化，且能够予以执行落地，指导业务人员具体操作。具体的流程说明描述方法需坚持以下三个原则：

第一，明确目的及标准。流程活动说明是对具体流程活动的详细说明和有效补充，我们描述流程说明部分时，需达到能够指导具体业务或新人开展业务的目的，让新人一看就懂，一学就会，没有任何误解和模糊现象。

第二，关键要素要清晰。不管流程活动多简单，流程说明的描述最起码应包含执行角色明确、输入/输出清晰、执行标准可衡量、重要表单可承载四部分。

第三，描述方法参照5W2H。业务专家对流程各活动的详细描述和说明可参照5W2H为标准，也便于后续的传承经验。

为了让大家更形象地理解，下面笔者以生活中给小孩吃药的案例做一个简单的引导。

有次，我们家8个月的宝宝感冒生病了，一直以来都是我老婆给小孩喂药，而恰巧我老婆第二天周末要出差。为了不耽误给宝宝吃药，也防止我对几种药的使用混淆，我老婆专门写了一个喂药操作指导，内容大体如下：宝宝该吃的药已全部放在茶几上，共三种颜色包装，红色、蓝色和绿色，其中，红色××霉素，每次二分之一包，饭后半小时吃，一天早、中、晚三次；蓝色××颗粒，每次一包，饭后45分钟吃，一天早、晚、两次；绿色××溶液，每次2.5ml，饭后一小时，一天早、中、晚三次。同时，每隔2小时给宝宝量一次体温，时刻关注宝宝体温变化，有发烧迹象可去附近药店买××降温贴，如果1小时及以上高温持续不退，直接去医院就诊。

是不是觉着写得很赞？正是因为有了这个喂药的操作指引，才成功地指导了笔者一天照顾宝宝喂药的过程。

我们再以工作当中“原材料入库管理流程”中的“2. 送检物料”节点作为案例描述流程活动说明的正确写法。

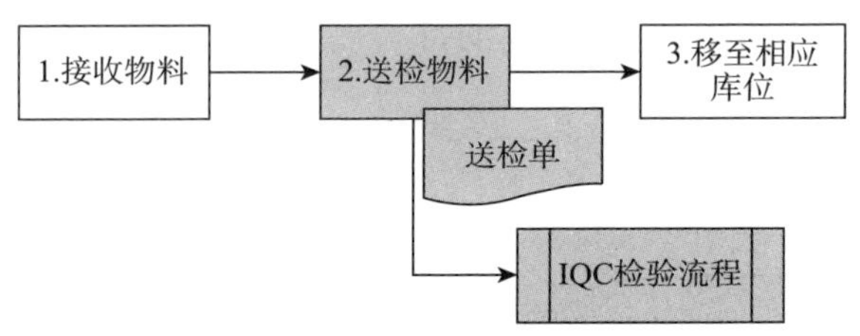

图2－1 送检物料流程

错误示范：将接收的物料送检后入库。

分析：如果只是这么轻描淡写的一句描述，你作为此岗位的一名新人，你知道具体怎么执行吗？我想答案应该很明显吧。

正确示范：仓库管理员对于待检区的物料，根据《送货单》上物料标识是否免检采取不同的措施。

（1）对于免检产品，由仓库管理员核对原材料数量及供方信息后直接入原材料合格品库，并在WMS系统（仓储管理系统）中做入库处理。

（2）对于非免检产品，仓库管理员需填写纸质版《送检单》，并在1个工作日内通知IQC（来料质量控制）检验员。具体参照《IQC检验流程》执行检验，由IQC检验员在《送检单》上做出物料属性判断，并在物料上张贴相应检验标识（合格品/不合格品）。其中，检验合格的物料进入 3 节点，并在 WMS 系统中做入库处理；检验不合格的物料，由仓管员负责将其移至不合格品区，并通知 Buyer（执行采购岗）联系供方进行处理（退库或做让步接收）。

如果我们能按照这个正确示例对每一个流程活动进行描述说明的话，相信任何岗位人员的离职或调岗都不会影响业务的正常开展。根据流程文件中的标准规范，对新人稍加培训即可上岗，并能够确保流程文件的执行落地。

另外，需注意的一点是，对于如上述示例中在系统中操作的 3 节点，如果 WMS 系统操作比较简单的活动步骤，可直接在流程说明中描述清楚即可；如果系统操作比较复杂，存在各种使用场景，且有一定的使用规则，此时就需要对 3 节点建立相应的系统使用规则或岗位操作说明书，建立线下业务流程与系统操作之间的无缝对接，使业务人员能将流程文件真正执行落地，而不至于到处是断点和盲点。

5. 流程设计引入 RACI 表的作用

1. 什么是 RACI

RACI 模型是一种常见的界定角色与任务之间关系的一种简单且十分有效的工具，其具体含义是：

（1）R（Responsible）谁负责：指的是对该活动起推动或主导作用，相当于该项任务或活动的主责人。

（2）A（Accountable）谁批准：指的是对该活动或任务有最终的同意或签批权，相当于该活动的 Owner。

（3）C（Consulted）咨询谁：对该活动或任务提供一定专业性意见的人，类似于业务专家。

（4）I（Informed）告知谁：将该活动或任务的结果通知此人，具有一定知情权的人。

2. RACI表的使用规则

RACI一般可以用Excel矩阵型表格形式呈现，左侧为各个流程活动或任务，上侧为每个活动的具体执行角色。在使用过程中需注意以下事项：

第一，一个活动一般只允许有一个R，说明它是活动执行的主责人。如果出现多个R，则意味着此活动颗粒度过粗，拆分不够细，需要继续拆解。

第二，一个活动一般也只允许有一个A，因为它是此活动的Owner。如果出现多个A，则可能导致后续责任混乱。

第三，如果一个活动缺少R或A，则意味着该活动没有主责人和Owner，就需要重新考虑该活动是否有存在的必要性。

3. RACI表在流程中的应用

设计流程文件占用时间和精力最多的虽然是流程图与流程说明部分，但如果对执行流程活动的角色定位不清，就容易引起流程执行时的扯皮。将RACI表引用到流程文件设计过程中，能充分验证各角色与活动之间设置的合理性，下面拿一个示例说明（表2-1）：

表2-1 示例

RACI表	角色1	角色2	角色3	角色4
活动1	A	R	I	C
活动2	I	A	R	I
活动3	R	C	A	C

续表

RACI 表	角色 1	角色 2	角色 3	角色 4
……	/	/	/	/

其中，活动 1、活动 2、活动 3 需与流程图及流程说明部分的活动名称保持一致，角色 1、角色 2、角色 3、角色 4 也需要与流程图中角色相吻合，否则容易使执行人迷糊，搞不清楚谁该干什么。

（1）活动 1 由角色 2 主责完成，过程中需向角色 4 咨询意见，最终经角色 1 批准完成，并将结果告知角色 3。

（2）活动 2 由角色 3 主责完成，过程中不需要咨询谁，最终角色 2 批准，并将结果告知角色 1 和角色 4。

（3）活动 3 由角色 1 主责完成，过程中需咨询角色 2 和角色 4，最终角色 3 批准，此活动的结果不需要告知任何人。

（4）角色 1、角色 2、角色 3 分别在流程的不同活动中承担了不同的 R 和 A 的责任，角色 4 则起到了对整个流程辅助支撑作用。

RACI 表在流程中的引入，实际上是将流程与职责进行了有效关联，也符合流程型组织中沿着流程调职责的实践应用。同时，RACI 表也是一种纵横交错的二维矩阵表，这种形式在我们日常工作中也具有极为广泛的应用价值，如员工任务分工表、业务授权表、项目管理矩阵、流程优化需求提报表等都能借鉴使用。

6. 防错技术在流程设计中的应用

- **背景**

防错技术是指通过对工作中易发生错误的关键环节进行识别与汇

总，进而有针对性地采用制动作用、报警、标识等手段，以减少失误发生的一种规则体系或方法，其目的是减少错误发生，提高工作效率。

防错技术在工业生产岗位中得到了广泛的应用，极大地提高了生产效率，减少了生产事故的发生。目前，在管理岗位中防错技术尚没有完全应用，仍处于缺位状态。在公司流程文件设计过程中，如何将防错技术应用于审核流程文件，提高各部门流程专员审核文件的质量与效率，便成为我们需要思考的一个问题。

- **现状与核心问题**

关于流程文件及流程图的编写规范，公司总部针对各部门流程专员曾开展了一系列培训赋能，旨在提高各部门流程专员的流程文件审核能力。但实际流程文件编制中，各部门反馈回来的文件仍存在一些重要信息遗漏、不规范及低级错误等，导致文件来回反复修改，增加了流程管理部门与各部门流程专员沟通的成本。

- **优化思路与方案**

（1）优化思路

将防错技术应用到流程文件编制与审核过程中，通过流程文件Checklist（检查清单）的“傻瓜”式设计，让各部门流程专员“一看就懂，一学就会”，其主要运用了精益求精思想与持续改进理念。

精益思想：可视化、标准化、消除浪费；

持续改进：“出错保护”的思想、减少返工现象。

（2）优化方案

根据公司对流程文件的规范性要求，及各部门流程专员在文件审核中反复发生的易出错点，公司总部流程管理部门设计了流程文件审核Checklist供各部门流程专员使用。后续各部门在提交流程文件时，首先逐条比对Checklist，检查文件是否符合规范性要求，这样就可以节省大量沟通成本。表2-2为案例。

表 2－2　流程文件审核 Checklist

文件模块	检查要求/标准	是否合格 Y/N
流程图部分	1. 流程编号是否为五位代码，如：4.3.2.1.3	
	2. 流程责任人是否为角色或岗位名称，且与流程文件部分一致	
	3. 各活动承担者是否为角色或岗位，而不能为部门名称	
	4. 整个流程活动的走势是否为从左上到右的一种顺序	
	5. 流程活动之间的连接是否遵循左上为进，右下为出的逻辑	
	6. 流程整体是否闭环，符合流程目的及范围要求	
流程说明部分	1. 关键控制点的描述是否清晰，按照 SMART 原则	
	2. 流程活动名称是否与流程图及 RACI 表中的完全一致	
	3. 流程描述是否按照 5W2H 原则开展	
	4. 流程角色是否与流程图中一致，是否填写完整	
	5. 系统中的活动是否写明了相关系统名称	
	6. 本文件生成的相关流程表单是否特别标注	
RACI 表及流程绩效部分	1. 每个活动是否只有一个 R	
	2. 流程绩效是否填写，是否进行定量或定性描述	

- **优化效果**

（1）提高效率：通过流程文件 Checklist 的建立，极大减少了各部门来回反复修改的沟通成本，流程文件规范性错误率降至 0。

（2）减少犯错概率：Checklist 从防呆角度减少了流程专员犯错的机会。

（3）流程文件审核能力的迅速提升：该方法起到了承上启下的作用，使各级流程专员尽快提高工作质量，促进了流程专员的快速成长。

对其他企业的启发点/亮点：

（1）通过借鉴其他岗位中的思想，解决流程工作中遇到的难题，提高了文件审核的效率与质量。

（2）Checklist不仅可以应用在流程文件审核中，同样可以应用在新员工培养、系统开发上线等各岗位中，具有广泛的推广和应用价值。最后，推荐阿图·葛文德的《清单革命》一书。

7. 流程文件在哪一层管控更合理

随着各部门流程建设工作的推进，公司平台质量部也开始着手梳理公司相关的质量业务流程，但在梳理过程中部分流程遇到了与各事业部质量部门之间的边界切分问题。如：《工程变更管理流程》到底是由公司平台质量部统一搭建，还是由各事业部的质量部门根据自身业务特点单独建立呢？各质量部门主管级以上领导多轮会议沟通仍没有达成一致。

原本悬而未决的事宜，因为新任质量总监的一句话打破了僵持的局面，“后续公司平台质量部门要起到统筹规划的作用，因此《工程变更管理流程》需建在平台。平台质量部拥有此文件的制定权，其他各事业部参照执行。”此话一出即确立了平台质量部的定位与流程的边界切分问题，并安排专人负责拉通相关事业部的质量部门统一制定《工程变更管理流程》，至此，此流程谁来负责的风波算是暂时告一段落。

流程的制定权虽确定统一了，但流程运行一段时间后问题又来了。因为各事业部间业务的差异性较大，发现《工程变更管理流程》的流程设计与执行存在一些问题，具体如下：

（1）因为各业务形态差异较大，导致流程设计中各活动节点的描述较为烦琐。如描述“发布 ECN”环节时，×事业部是 A 角色执行，Y 事业部是 B 角色执行，Z 事业部是 C 角色执行等，单看执行角色就很难统一，导致此文件的具体操作执行需各事业部的 20 多个附件来支撑。

（2）流程虽然形式上统一了，立法权也收归平台管理了，但是每次涉及事业部相关工程变更流程的修订，都需要各事业部提请至公司质量部，由公司质量部再统一走签批下发，导致各个事业部每次修改就找平台，大大增加了平台质量部人员的工作量，导致此文件在不到一年的时间内修订就达 8 次。

（3）平台质量部拥有此文件立法权，但真正的执行与优化一直在各事业部，为避免频繁地提交平台变更，部分事业部甚至出现了未受控的“内部文件”，作为内部员工的执行操作规范，严重削弱了公司流程制度的权威性，不利于公司整体流程的统一管理和经验传承。

（4）因各事业部对《工程变更管理流程》反馈意见较大，一年后此流程“寿终正寝”，经各部门开会讨论达成一致，后续由各事业部自行制定和管理，平台质量部只提供必要的业务指导和跟踪监督职责。

无论是将此文件放在平台统一管理还是各事业部分别制定，其实本身没有对错之分，关键是看目前哪一层具备相关的能力能管住对方，处在哪一层管理都能得到好的结果。

当然，我们也可以换一个维度来思考解决这个问题。针对此类流程，平台质量部能否从流程架构的层级思考，建立一个通用的层级较高的管控要求或者是相对宏观一些的流程，这个层级的流程脉络是适用于各事业部的，而由各事业部制定具体比较细化执行的底层流程，即所谓的“顶端统一，低端差异”的流程建设原则，通过此种方式同样可以解决上述案例中遇到的问题。

流程文件是由平台统一管控好，还是由事业部自行制定好，需根据业务情景和特点设定，不能一概而论。

8. 一个案例引发的对流程执行的思考

熟悉流程管理的人都知道，流程/制度设计、固化完成后，并不代表流程管理的工作就万事大吉，而只有将流程/制度贯彻执行到位，并产生应有的价值，才是我们设计流程制度的初衷和本质。

实际工作过程中，如何让流程/制度按照我们设计的要求遵从执行，一直是困扰着流程工作者的难题。我们经常用到的常规做法是，文件下发后识别变化点，并组织相关角色人员在一起学习，但这种做法的弊端是相关人员识别不一定全面，而且较难集合统一。

下面通过笔者在上班路上观察到的一个案例，来透视流程/制度执行之美、之妙。

那是一个寒冷冬日的早上，笔者住处离单位较近，习惯了每天走路上班，当经过公司附近的一个十字路口时，正好直行的绿灯亮起，笔者发现旁边未佩戴头盔的电动车车主和摩托车车主开始直行，而留下的那些人基本都是带着头盔的电动车车主和摩托车车主。但当左拐的绿灯亮起时，他们都发动了电动车和摩托车左拐，而这个方向正是我们公司的位置所在。这个现象很有趣，也引起了我的思考，我边走边考虑这个问题，直到走到公司门口时，我才恍然大悟。原来公司为控制员工上下班途中的交通风险，强制骑电动车和摩托车的员工必须佩戴头盔，否则不允许进出公司，而且我发现在车棚旁边放置了一个扩音机，在上下班人员进出公司高峰期间，扩音机不断循环播放着公司要求骑电动车和摩托车的员工佩戴头盔的要求。

这个案例给我们的启发就是，不是员工不执行流程，而是我们选择的方式和方法可能需要调整，当流程设计完成后，寻找或设置员工不得不执行流程的防错机制，因地制宜采取策略。

当发现员工不按流程执行时，我们应该首先反思流程的设计是否合理？流程设计过程中有无听取征询过执行人员的意见？流程下发后我们是否对员工进行了流程宣贯和赋能指导？当流程签批效率不高或执行不力时是否考虑将其固化到 IT 系统中，规避执行不力的情况？所有这些问题都是需要我们流程工作者思考的。我们辛辛苦苦召集相关人员，耗费大量时间精力设计的流程/制度文件，如果不能很好地执行落地，那我们就是在浪费公司的资源，也没有产生价值，这就需要我们自己时刻站在经营者的角度去反思。

另外，还有一次笔者去参加事业部的一个会议，在爬楼梯的时候发现楼梯的上下切面垂直部分赫然张贴着一个流程宣传的标语，如图 2 - 2 所示：

图 2 - 2　流程宣传标语

这个标语和形式让我眼前一亮，心想：人民的创意是无限的，流程宣传还可以见缝插针地这样玩。

通过这两个案例不禁让我想吟诗一首，总结一句话“流程宣传不分地方，不分时间，只要能让大家按流程办事，形式别在意，花样千百遍。”

9. 按流程执行未必产生好结果

俗话说：“没有监督的权力必然导致腐败。”

当流程设计完成，并召集相关角色会议评审达成一致发布后，就进入各业务部门的流程执行阶段。如果我们只是依靠各部门的高觉悟来执行流程，那么结果可能会令我们失望。那既然这样，我们也配合开展一些流程检查，用督促的手段让各部门按流程执行，这样是不是就可以产生比较理想的结果呢？答案依然未必！

我们先来看个流程执行检查中的实际案例，等之后再来回顾可能就明白了。

案例：生产工单执行流程中的虚虚实实

流程管理部门根据月初制订的流程检查计划，对某事业部的《生产工单执行流程》开展了执行力检查。检查人员通过对流程中关键控制点、风险点及重要交付物等进行了审核，检查结论是业务部门遵从流程步骤进行了操作，符合流程活动描述要求。

但当检查结果一经在全公司发布，IT 部门和财务部门立即向流程管理部门反馈此流程存在重大问题。IT 部门反馈，生产计划员并没有按照系统中的操作严格执行流程活动；财务部门反馈，在车间物料盘点时发现了上百万金额的账实不符，流程检查的结果令人怀疑。根据两个部门的反馈，流程管理部门迅速成立了专案小组跟踪落实，最终搞清楚了问题背后的原因所在。

（1）IT 反馈的生产计划员没有按照系统操作执行活动，其原因是在流程图及说明描述中并没有详细规定系统操作步骤或缺失系统活动的操作指导手册。当车间人员发生变更时，因工作交接不清楚，导致接替者对系统操作频繁失误，从而引发了 IT 部门的投诉。

（2）财务部门反馈的关于上百万物料的账实不符，是因为车间根据系统损耗率设置多领的物料，在当日工单未完全消耗的情况下并没有及时退回原材料库，而是将这部分物料存放在自己的车间“小金库”中，弥补后续订单物料不足的风险，但在系统账务上体现不出来，长年累月就出现了上百万物料账实不符的现象。

从案例中我们可以看到，即使你按照流程文件的要求严格执行了，但结果可能也并不是你想要的。我们的目的其实并不是机械地让大家执行流程，而是想通过流程对经验的固化，按照流程执行产生好的效果和质量，达到我们降成本、提效率、防风险的目的。

流程管理作为一门专业性较强的学科，像其他管理要素一样，并不能靠一己之力解决企业面临的所有问题，而是需要管理者运用多种管理手段和要素综合治理。

因此，现在我们思考下开头提出的问题是不是开始有点理解了。流程不是万能的，它也有其自身的缺陷，需要管理者们运用管理手段或结合其他管理要素一起解决企业面临的各种问题。否则，如果只是埋头执行流程而不考虑执行的效果，就会出现如卓别林电影《摩登时代》中的场景，机械地沉浸其中，而无法自拔。

10. 如何萃取业务流程专家的经验知识

（1）What是经验知识萃取

什么是经验知识萃取，怎样才算好的经验知识？我们认为可以结构化的，简单的，可复制的，能指导其他人学习和模仿提升效率或业绩的一种知识获取方法。例如，芭芭拉·明托的《金字塔原理》中对序言的写作结构可以参照SCQA模型，即背景—冲突—疑问—答案，为那些被序言/背景写作困扰的人找到了一条屡试不爽的“捷径”，这便是一项好的经验知识萃取案例。

（2）Why需要业务专家的参与

业务专家是一线最了解业务运转，并具有多年丰富实践经验的业务人员，他们的经验知识都储存在大脑中，而未被提取。流程管理工作需要业务专家的经验知识作为载体，来确保持续满足和超越客户的需求，也只有萃取了一线业务专家的最佳经验知识，才能实现公司行为的标准化和规范化，确保最佳实践经验的传承，并予以指导新员工迅速开展业务，为公司和客户更快和有效地创造价值。

（3）How激发业务专家的积极性

当下是一个知识爆炸的时代，任何一个人都很难掌握所有行业的专业知识，因此，为确保业务专家的经验知识与流程的有效融合，按照“业务专家+流程专家”结合的方式不失为一种好的搭配方法。在萃取过程中，可以通过头脑风暴、工作坊、德尔菲等方法，流程专家运用流程思维引导业务专家将最佳实践经验知识进行提取，从而达到符合企业可重复利用，予以传承和标准的结构化知识体系。

那我们如何激发一线业务专家的积极性，让他们愿意并主动萃取经验知识，打消他们的后顾之忧呢？我们可以借鉴以下三种方法：

第一种，得到主管领导的重视。在开展经验知识萃取前，先与其业务专家的直接主管进行沟通协调，从公司和业务角度分析利弊，获取其对萃取工作的认可，从而实现从上到下的重视，让业务专家从心里认为这是领导安排的一项重要工作，并积极配合流程专家进行经验知识萃取。

第二种，确保业务专家对经验知识的署名权。一定要向业务专家说明，后续此经验知识的任何呈现载体所有权都会进行署名和标注，让业务专家愿意和盘托出，对自身工作有种责任感、自豪感和认可感。

举个署名权的例子。笔者曾经组织梳理过某公司的流程架构搭建项目，每个领域的 L1 流程架构都经过了内外部业务专家及各级负责人的多轮评审和研讨，为了尊重大家的劳动成果，在后续将公司流程架构整理成册印刷时，笔者在每个流程架构后面增加了相关的评审人员名单，顺便也提高大家的荣誉自豪感和贡献值。

第三种，可进行适当的外部激励。当业务专家完成了培训课件、流程文件、岗位说明等经验知识传输时，可按照价值大小给予一定的现金激励或晋升优先权，鼓励一线业务专家积极主动地进行价值萃取。

举个激励的例子。为了完善公司现有的流程机制文件，使其更适合公司变革及模式的调整变化，笔者曾组织部分流程专业线人员组建小团队，开展对流程文件的重新审视与修订，并对主责写文件的人员进行了一定的现金激励，鼓励大家积极贡献自己的知识和经验为企业所用。

（4）How 萃取

依据萃取的可重复、结构化特点，我们可以按照 TTSS 的模式对业务流程知识进行有效地萃取，即目标（Target）—任务（Task）—场景（Scene）—故事（Story）。

第一步，需要明确萃取的内容及想要达成的目标。任何的萃取工作都会花费一定的时间和人力成本，所以在萃取业务流程经验知识时，流程专家一定要提前思考每次萃取的内容与目的想达成什么目标，计划在后续流程工作中如何运用等问题。若目标不清晰，就会造成资源的浪费和萃取工作的失败。

第二步，根据目标需求切分任务。为了达到我们此次业务流程萃取的目标，我们可以按照MECE（相互独立，完全穷尽）原则将目标切分成几个任务，即所谓的目标分解切块化。

第三步，针对每个任务区分不同的场景。业务专家在开展每个任务时都会面临不同的应用场景，并依据不同场景实施不同的策略与应对措施，因此我们要区分常见的应用场景。

第四步，让业务专家根据场景描述故事。业务专家通常都是经验丰富的一线实战人员，他们虽然文字表达能力不一，但讲故事却是人类与生俱来的本能，此时就需要流程专家按照故事的背景、出现的问题、运用工具与技巧的解决措施、过程关键注意事项等进行流程性引导，避免无逻辑或遗漏重要信息。

按照以上TTSS的萃取模型，一般就可以有效地萃取到业务专家的经验知识，然后经过流程专家后续的加工处理，通过业务流程PPT培训课件、流程文件、宣传小册子、活动规则及岗位操作说明等形式进行呈现和传承，实现经验知识的传承和最大化利用。

最佳经验的萃取可能会存在很多方式，本文介绍的方法也只是冰山一角，更多的工具方法需要我们在实践中不断地摸索和总结，从而最终指导我们的业务规范化、流程化。

第三篇

流程检查及绩效监控这样做

1. 流程监督是流程管理部门的事

流程责任人签发完流程并发布后，就需要各相关业务人员按照流程严格执行流程，做到我们所谓的知行合一。如果按照麦格雷戈的 Y 理论来说，员工是积极对待工作的，我们要相信他们对自我的约束是能够按流程执行的，可在目前的中国实际执行情况来看，结果常常事与愿违。因此，我们要同时参照 X 理论认为员工对待工作是消极的，需要我们实施必要的监督手段，辅助流程的落地执行。

在当下中国，有许多企业老板或业务负责人理所当然地认为流程监督是流程管理部门的职责所在，职责边界清晰，责无旁贷。有这种思想或说这种话的人可能对流程监督还没有一个全面的认识，说法有些偏颇，不可否认的是流程管理部门确实有流程监督的部分职责，但不应该是全部。为了更好地让大家理解流程监督的内涵和职责划分，下面我们就聊聊，看到底流程监督是不是流程管理部门的事。

我们一般意义上理解的流程监督，仅指的就是检查流程的各相关角色有没有按流程规定的活动或模板执行，及评价执行的效果如何，即我们所指的流程执行及绩效检查，主要对流程执行的遵从度、关键控制点、流程效率和效果评估等的检查。检查的方式既可以是组建检查小组形成定期（每周/每月）检查机制，也可以从系统中直接抓取相关流程或部门的绩效数据作为基础，对于效率较差或效果不理想的，责令相关问题部门进行限期整改。通常来说，这部分工作理应是流程管理部门的日常工作。

但凡都有例外，笔者就拿曾经遇到过的一个案例来说说。

A公司为巩固OTD流程变革项目成果，将OTD流程执行率设为公司的年度考核指标，作为衡量公司流程管理部门工作业绩的一项重要标准。为实现年度目标，落实和分解公司指标，总部流程管理部门组织各事业部流程部门开展对本事业部OTD流程的月度执行符合及效果检查。

正当各部门开始制订计划进行下一步行动时，×事业部提议本事业部今年的流程检查工作是否可以暂由内部刚成立的供应链部门承接，原因有二：其一，此任务在年初已经在事业部内部列为专项，已由BU长安排供应链部门在牵头开展日常的流程检查工作；其二，供应链部门虽为新成立部门，但从公司内/外招聘了一批优秀的领域专家，对OTD业务较为熟悉，具备一定的业务基础和经验。

经协商，三方达成一致意见如下：×事业部的流程执行检查工作今年先由供应链部门主导，但总部和事业部流程管理部门协助推动检查，待明年业务熟悉后，再将此业务领域的流程执行检查工作转移至事业部流程管理部门。

通过以上案例让我们明白，流程执行及检查工作一般情况下可以认为是流程管理部门的职责，但也需根据企业实际进行灵活调整。同时，广义的流程监督则还包含流程适用性审视及流程执行审计两部分内容。

流程适用性审视是由各业务部门按照公司要求，每年自主对所辖业务流程开展的全面例行性审视，主要审视目前的流程是否符合企业当下及未来的业务实际，对于不切实际的需要优化修订，对于已经取消的业务需要评审作废等，并制订相应的完善行动计划。这部分职责由各业务部门自行承担，也是对业务部门最基本的要求，即写的、做的和说的保持一致。

笔者曾工作过的一个公司，每年年初都会组织对全公司的流程进行一次拉网式的普查，全面审视现有流程有效性及适用性，保持流程的持续更新和优化。

流程执行审计则主要由第三方审计部门，按照年度业务审计计划，采用抽查的方式进行检查。流程执行审计可以针对某个业务领域的流程，也可以仅针对业务领域内的单个流程，重点是发现流程本身设计或执行过程中的问题并推行改进，一般具有较强的威慑力，各部门也比较重视。

即使各相关部门都履行了流程监督的职责，但仍有一个角色对流程执行的结果负有不可推卸的责任，那便是流程责任人。流程责任人对流程文件具有绝对的立法权，同时需对流程执行的结果和质量负责，是流程执行落地的第一责任人。所以，在流程文件下发完成后，需要流程责任人协同各方监督、推动流程执行落地，共同形成尊重流程、按流程办事的企业文化氛围。说到这里，你还认为流程监督只是流程管理部门的事吗？

2. 流程执行力检查策划方案

- **背景**

美国在 1787 年宪法确立了三权分立的制度，即立法权、行政权和司法权分别隶属于国会、政府和联邦法院三个独立部门，三种权利相互独立与制衡。

在流程管理领域同样存在三权分立，即流程Owner拥有流程的立法权，流程相关角色负责执行流程，流程管理部门负责对流程的设计与执行进行监督检查，三者共同构成了流程管理协同与制衡的运作机制。其中，流程管理部门对流程的监督检查主要有流程执行力检查、流程绩效评估、流程满意度评估及流程审计四类。

今天我们要谈的是多体系并存条件下的流程执行力检查，即侧重于流程执行过程符合性的检查。

A企业的管理体系是在原有质量、安环、汽车等体系并存的基础上搭建的，可谓是“多维”向“一维”成功转型的典型案例。在遵循现有新流程体系的架构下，如何确保同时也符合其他相关体系的要求是我们需要探讨的重点。

- **目的、范围及方式**

流程体系搭建试运行时，要求各部门负责领域文件的宣贯及培训到位，同时为验证流程符合公司内部各体系的相关要求，流程管理部门决定联合相关体系专家，在上半年开展一次全公司范围的流程执行力检查。

（1）目的

①检查流程设计的有效性和员工的流程执行力。

②检查流程的业务覆盖度，看是否有遗漏。

③验证流程与其他体系的融合度与符合性。

（2）范围

①流程范围：公司范围内已完成下发的所有流程。

②部门范围：包括所有职能部门及BG/BU（分子公司除外）。

（3）人员组成及检查方式

①人员组成：流程专家+业务专家+各体系专家。

②检查方式：重点抽查+全面检查，即总部流程管理部门抽查总流

程中20%的关键流程进行重点检查，各级流程管理部门对自身领域范围内的流程实施全面检查。

- **实施策略**

整体流程实施方案按图3-1所示四步走：

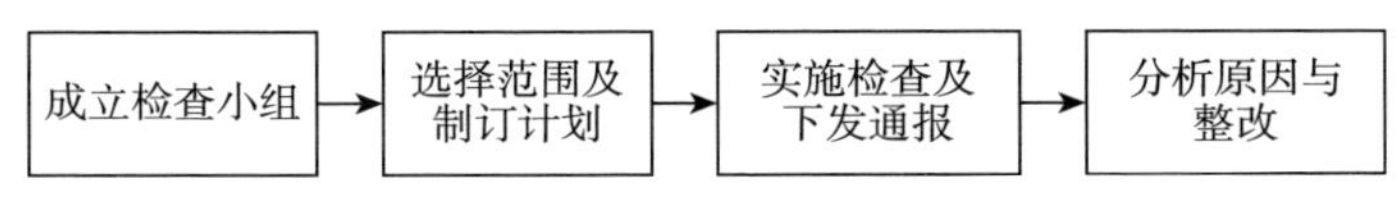

图3-1 整体流程实施方案步骤

（1）成立检查小组

为确保流程检查的质量和进度，根据检查流程范围成立多部门组成的联合检查小组，作为有效的组织保障。流程检查小组主要由决策层、推动层及执行层组成。

①决策层主要负责方向的把握，分配资源及做出重要决策，如批准流程检查计划及对检查结果通报的下发等。

②推动层确保检查目标与计划的符合性，做好人员调配及时间安排，监督检查进度及质量。

③执行层由流程人员、业务人员及体系人员三方从不同视角审视流程执行的实际效果与标准的符合性。

（2）选择范围及制订计划

①选择抽查范围：各部门根据已发布流程，按照重要度与使用频率维度建立流程分类矩阵，并从中选取20%关键流程提报至流程管理部门，流程管理部门再做一次全面的识别评审，从公司角度选择流程的抽查范围。

②编制计划与规则：流程管理部门按照现有可调配人力进行分组抽查，结合抽查范围，每组每月安排固定数量的流程检查计划。流程检查前从业务、流程及体系等维度分别筛选出检查的规则，便于各组检查人员有统一的标准，避免检查的主观性。

（3）实施检查及下发通报

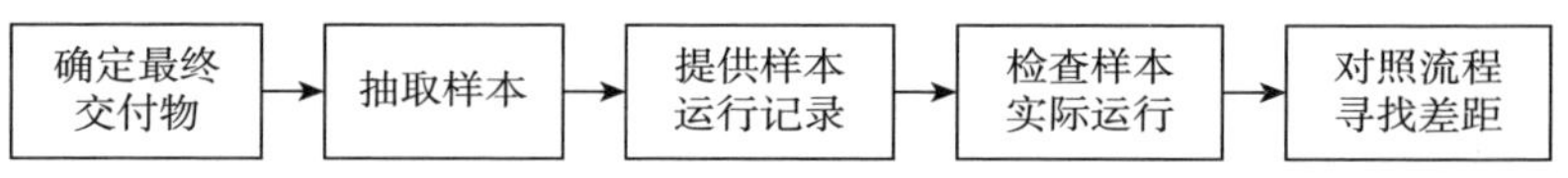

图3-2　实施检查及下发通报流程

①现场实施检查：我们在流程检查过程中可参照财务审计中的穿行测试方式，通过现场观察、查看记录、实际操作等方式对流程进行全过程测试，验证流程的执行效果。过程如下。

注意事项：检查人员不能是本部门人员，实行交叉验证；检查以客观事实为依据，以持续改进优化为目标，杜绝为检查而检查。

②编制并下发检查通报：流程检查完成后，各小组编制检查通报与被检查部门沟通确认完成后再下发，通报内容必须客观真实，有理有据，对执行较好的部门进行表扬，对表现较差的部门责令整改。检查结果的通报样式同单一体系下流程检查的模板一致，在此不再赘述。

（4）分析原因与整改

对于由流程管理部门抽检的流程，流程管理部门自己进行跟踪验证闭环情况。而对于由各部门自己主导的流程检查，各部门流程负责人需将检查及验证结果反馈至总部知悉，便于总部开展相应的指导。

①对于不清楚流程的情况，需加强对流程角色人员的培训与宣贯。

②对于流程不合理的情况，组织相关角色人员对流程重新评审，并积极进行改善。

③对于不愿意执行流程的情况，对不执行人员进行再次培训说明或调岗，或将烦琐流程进行E化及防错。

- **创新点**

（1）频率降低：将流程检查与各体系检查进行合并，降低检查频次，减少因多次检查给业务部门造成的困扰。

（2）多维视角：从流程、体系及业务多维视角透视，验证公司

“一张皮”的适用性。

（3）全面兼顾：按照20/80原则，既有重点抽查又有全面检查，较好地处理了关键与全面的关系。

（4）重在改善：本次检查重在查漏补缺与预防管理，为流程优化提供改进的方向。

对其他企业的启发点/亮点：

（1）运用多维视角全面看问题，不能只盯着一件事或一个任务，充分利用事物的相似性建立联系，突破思维创新方法。

（2）流程专家讲得最多的是流程与体系的融合，但却未体现融合后如何检查，本文从另一个角度探索出一种可行的方案。

3. 流程执行力检查实战纪实

- **背景**

某企业是一家大型汽车零部件公司。两年前，在外部咨询顾问的协助下完成了流程架构及清单的搭建与梳理，去年也在各部门的通力协作下，完成了各L1领域相关流程体系文件的设计工作。

为更深入地开展流程管理工作，夯实流程体系的落地成果，公司分管副总裁要求流程管理部门加大对流程执行的检查，曝光那些不按流程执行的部门和相关责任人，达到“说、写、做”一致。同时，通过流程执行力的检查结果也为后续流程优化提供有效的问题输入和数据支撑。

- **流程执行力检查的目的和意义**

“流程设计得再好，如果执行不到位，则等于零。”因此，流程设计完成后，为了确保大家都按流程执行，需要开展必要的检查监督，那流程执行力检查的目的和意义是什么呢？

第一，检验流程设计的质量，是否存在流程设计的过于理想和超前，而与业务实际脱节的现象。

第二，如果流程设计没有问题，那流程各角色是否严格按流程执行？流程角色的能力是否存在不足？流程是否已经宣贯培训到位？流程的相关配套措施是否调整到位？这些都需要我们进行验证和查找原因。

第三，对流程优化的持续反思，对于操作烦琐、浪费时间较大的活动是否可以借助IT或其他方法进行提效？对于常发问题是否可以采取一定的防错机制？平衡流程的稳定和持续改进之间的关系。

- **优化思路与方案**

流程执行力检查的整体策划内容如下：

（1）建立公司流程监督评估的长效机制，通过开展现场实地调研，从机制和文化上保障流程执行力的持续提升。

（2）每月编制调研计划，由流程管理分管副总裁批准后执行。流程调研对象的选择按照重要性、实施难易度、客户抱怨度等维度进行重点选取。

（3）为加强各部门对流程检查的重视度及严肃性，流程管理部门每月联合监察部、总裁办及相关业务部门组成联合检查小组展开调研，并及时发布调研报告，客观真实地披露发现的问题，提出优化改善建议。同时，依据调研检查结果也会对相关责任部门进行经济处罚，上报至运营管理部落实每月扣款执行。

（4）针对发现的设计缺陷，及时组织流程Owner对流程进行修订完善；针对执行缺陷，组织责任部门限期整改，在下期调研时对整改问题进行复查验证，对于整改不到位的，按照《主管问责规定》提出考核意见；对于人员能力问题可加强岗位技能培训或调岗；对于浪费时间的活动，及时与IT或精益小组沟通，成立专项小组给出最佳优化方案，提高流程运营效率等。

为便于大家更直观地了解流程执行力检查的过程，现以《设备安装、转固与验收流程》调研策划为例，供大家借鉴参考。

（1）调研时间：××年××月流程调研计划（需公司分管副总裁OA签批）。

（2）调研小组：流程管理部+监察部+总裁办+业务归口管理部门。

（3）调研流程：近期各部门抱怨较大的《设备安装、转固与验收流程》。

（4）调研方式：调研小组现场对各部门某一阶段的历史资料与数据进行随机抽取，比照现有流程相关规定中的关键控制点进行符合性验证。

（5）调研前准备：①按照流程设计调研的重点及需检查的提纲；②熟悉相关流程的业务逻辑、规则及模板；③提前一小时通知被调研部门，实行突击检查，防止作弊造假。

（6）流程检查完成后及时编制《流程检查调研报告》。具体示例如表3－1所示：

表3－1 流程检查调研报告

<table>
<tr><td>调研对象</td><td>财务部、技改部、制造部、信息化部</td><td>调研时间</td><td>/</td></tr>
<tr><td>调研流程</td><td>设备安装、转固与验收流程</td><td>小组成员</td><td>/</td></tr>
<tr><td colspan="4">调研的主要内容：
（1）对于安装投入使用的设备，技改部是否都进行了组织验收工作；
（2）开展设备验收时，参加验收人员是否都签字，并形成了验收报告；
（3）对投入使用的设备，是否在三个月内进行了转固；
（4）在转固的同时，技改部是否编制了《设备转固与验收整改计划》；
（5）计算机类设备在购置后，是否按照规定进行了验收转固。</td></tr>
</table>

续表

调研发现： 调研小组与财务部、技改部、制造部及信息化部相关人员就《设备安装、转固与验收流程》执行情况进行了充分沟通。重点对各部门生产设备及计算机转固情况进行了抽查，发现以下问题： 1. 技改部未按规定组织转固及整改工作 调研发现：流程要求“企业设备投入正常生产使用后，3个月内必须转固”，调研组对20××年至20××年已办理预转固的设备进行抽查，截至目前，仍有大量设备固定资产未能办理正式转固手续。如：A部门共计约1000万元，B部门共计约2亿元。不符合《设备安装、转固与验收流程》50节点的“对于投入使用但未完成验收的设备资产，企业实现限期转固：投入正常生产使用后，三个月内必须转固；同时技改部组织制订《设备转固验收整改计划》”的要求。 2. 部分设备投入正常使用或已完成终验收后，仍未能及时转固 调研发现：部分已经投入使用或已经完成终验收的设备，技改部未能及时组织转固。如：B部门加工车间由××机床厂生产的××和××组合机床，20××年××月××日完成终验收，截至目前，3个多月仍未完成转固；同时，部分标配类设备，以及具备转固条件设备，技改部未能组织验收与转固，如：B部门总装车间××生产智能气动标记机，20××年××月份开始使用，至今仍未办理验收转固；××摇臂钻（标配），20××年××月进厂，至今仍未办理验收转固。 不符合《设备安装、转固与验收流程》规定中“投入正常生产使用后，三个月内必须转固”要求。 3. 大量的计算机类设备没有及时转固 调研发现：20××年××月前购置的计算机类设备，信息化部已将《设备移交验收单》移交到技改部，但截至目前仍未进行转固；20××年××月后购置的计算机类设备，信息化部尚未填写《设备移交验收单》。据统计，20××年度至20××年度，企业未转固的计算机类设备中：C部门有3000台，D部门有200台，E部门有400台。 不符合《设备安装、转固与验收流程》“经验收、调试后的计算机硬件，信息化部须填写《设备移交验收单》转技改部，技改部在接受计算机《设备移交验收单》后联合制造部和财务部会签后，于15个工作日内办理固定资产转固手续”的流程要求。
优化建议： 1. 由技改部牵头，对投入生产的预转固设备，以及投入使用和完成终验收的设备办理转固手续，20××年××月××日前制订转固计划。 2. 信息化部负责将20××年××月后购置的计算机类设备按要求填写《设备移交验收单》移交到技改部。 3. 技改部将20××年之前购置的计算机类设备尽快办理转固手续。20××年××月××日前整改完成。

续表

<table>
<tr><td>上期流程调研的问题复查情况
对上一期《样试零部件控制流程》所发现的以下问题进行了复查：
1. 相关单位样试零部件开发评审不够充分，计划准确性不高
技术中心等单位对样试零部件的提报计划已指定专员进行严格审核。
2. 部分单位不按规定的采购周期提报采购需求
经核查，3月份尚未发现不按采购周期提报的采购需求，后期将继续跟踪调查。
3. 样试零部件的合格率偏低
经核查，样试零部件3月份的整体合格率比前两个月有所提升，后期将继续跟踪调查。
4. 产品试验积压物资处理不及时
截止20××年××月××日，A区域B机已处置给C公司50台，全部处置完毕；老厂区B机正在处置过程中。B机配件目前正在评审过程中，待技术中心反馈明细表后立刻组织招标。</td></tr>
</table>

全公司下发流程调研报告，并根据各相关部门违反情况的严重程度，每月向运营管理部门提报处罚名单，对责任部门及责任人处以50～500元不等罚款。

- **优化效果**

（1）提高了流程执行力

通过与监察部联合开展的每月4期的流程调研，平均一年可以随机抽查48份流程文件设计与执行问题，从而提升公司各部门整体的流程执行力。其中，48份流程文件的选取原则主要为核心价值流程、内外客户抱怨程度大及高层领导比较关注的流程等。

（2）主动优化意识增强

《流程调研报告》在公司的影响力不断增强，各部门也积极主动地求助流程部门开展流程问题的诊断与优化工作，创造了一种公司内人人谈流程优化的氛围。

- **工作反思**

（1）刚开始实施流程检查时，各部门带有一定的抵触心理，检查效果不是很理想，但通过与公司权威部门“监察部门”的合作，增强了流程检查的权威性和重要性，慢慢地各部门也开始重视起内部的流程管理工作，提升了全公司的流程执行意识与行为。

（2）流程调研机制成立初期只是为检查而检查，忽略了流程检查的本质是提升流程的价值，加强各部门的流程执行力和为流程优化提供输入。通过反思后的调整，针对流程调研情况，一般类问题由责任部门自行改善为主，但对于跨部门、影响较大或有较大改善价值的流程问题，由公司流程管理部门牵头成立跨部门流程优化专项进行统一实施。

对其他企业的启发点/亮点：

（1）学会借用公司内部其他部门的影响力，与流程执行力检查进行结合，能起到一种震慑作用，如案例中的“监察部门”与“运营管理部”。

（2）不能为了流程检查而检查，一定要创造价值，因此在流程调研表中设计了优化建议和上期整改情况，既可以为发现的问题提供解决思路与方案，又可以对上期问题的整改形成有效的闭环管理。

4. 一次业务流程例会体验

为了完成公司生产运营目标，如订单按时交付率、库存周转率、呆滞库存率、客户满意度等指标，各事业部运营中心每周都会召开无数大大小小的协调及沟通会议。

但“两会”务必一定要重视，且不能缺席的，即S&OP（销售与运营计划）会议和E&O（呆滞库存）评审会议。其中，S&OP会议是由订单管理员组织拉通前后端，协调各方资源达成一致，确保后续订单按时交付及客户满意的产前协调沟通会；而E&O评审会议是由库存管理员负责每周拉通物料计划员、生产计划员及订单管理员，组织对现有原材料、半成品及成品的呆滞情况进行评审的产后处理会，它的质量决定着各事业部季度库存周转率及呆滞库存率的达成。因此，这两个会议一直是运营及流程部门关注的重点。

为了检验“两会”的运行情况及召开质量，流程管理部门作为公司流程的监督、检查部门，在没有与业务部门事先沟通的情况下，“秘密”地参加了一次业务部门每周四召开的 S&OP 例会。S&OP 会议是该事业部每周定点、定时、定人召开的重要会议，甚至需要各 BG 长参与给予重视。

会议名称：S&OP 流程会议

会议时间：每周四上午 9：00－12：00

会议地点：一楼××会议室

会议组织：OC（订单管理岗）

参会人员：事业部运营负责人、OC（订单管理岗）、PC（生产计划调度岗）、MC（物料计划控制岗）、Buyer（执行采购岗）、ITBP（IT 业务伙伴）等运营相关角色。

流程输入：客户订单及预测、产能负荷报告、CPL（关键物料清单）可得性、半成品/成品分类矩阵、产品的 PLC（产品生命周期）报告等。

流程逻辑：OC 根据客户的订单及预测信息，转化为内部的产品序列需求，并更新 PLC 报告和半成品/成品分类矩阵；PC 需要拉通生产、工艺等部门测算人力、设备、产出率等整体产能负荷情况；MC 需根据关键物料清单出具可得性报告；OC 根据以上信息输出初版的 MPS（主生产计划），然后各岗位检查产能满足情况及原材料/半成品/成品的预计库存，由 OC 组织内部相关部门评审 MPS 是否可执行，经由运营负责人审批后，OC 发布更新的 MPS，作为运行 MRP（物料需求计划）的输入。

流程输出：批准的MPS，作为运行MRP的输入。

流程KPI：ITO（年化库存周转率）≥10次。

开好S&OP会议的前提是做好两个评审，四条曲线，其中两个评审指的是需求评审和MPS评审，四条曲线包括Waterfall（瀑布）曲线、PLC（产品生命周期）曲线、缓冲库存DOS（供应天数）曲线、预计产能利用率曲线。通过这次秘密的流程摸底检查体验，我们也发现了流程执行上存在的一些问题，具体如下：

（1）对客户原始需求进行了二次加工，非客户原始需求评审。OC对客户最初给出的订单及预测信息，根据内部管理需要进行二次加工和处理，容易曲解或演变客户的原始需求及预测，产生不必要的“牛鞭效应”。

（2）产品PLC曲线判断偏主观。流程要求根据客户定期给出的Waterfall曲线滚动需求及历史产品出货计划，以横向平均和纵向平均的方式统计出产品的发展趋势，判断此产品处于Ramp up（爬坡）或Mature（成熟）或Ramp down（斜降）生命周期的哪个阶段，从而采取相应的采购及库存的保守与激进策略。但实际执行时，OC没有依据“前看看，后看看，中间做判断”的原则分析产品处于PLC曲线哪个阶段，而是凭借经验和感觉，对项目阶段未来的预判存在风险。

（3）流程角色职责混乱。未严格按照流程中的角色分工开展相互协同，部分角色存在将职责外工作“顺手”就完成了的现象，或历史遗留问题迟迟不解决。如产能负荷报告的输出需要PC、PE和IE协同合作，而实际是因习惯问题，PC做了一些IE和PE的工作，容易导致数据传递过程中的失真。

（4）对存在的问题未做深层次原因分析。针对客户前后变化较大的订单需求数量，讨论只是停留在如何应对变化满足需求上，而没有深层次分析变化背后的原因和逻辑，如是否是客户的促销活动导致订单突然增大，抑或是因为突发的公关事件导致需求急剧下滑等，分析问题原因浅尝辄止，疲于应付，未深入挖掘深层次根因。

流程运行的好坏，不仅需要流程设计符合业务实际，更需求流程执行到位。执行到位不是泛泛地按步骤操作就可以，而是需要高质量、有价值地产出和执行过程。流程执行检查也不限于按部就班地制订计划、组建团队，一次不经意的“走访”也许更能得到执行过程的真实数据。

5. 流程绩效管理策划方案

- **背景**

伴随 A 企业流程体系工作的搭建完成，公司的流程管理能力也从规范级向度量级水平跃进。其中，对于度量级流程管理能力的显著要求是流程具有绩效指标可统计、测量，并能将客户的要求融入流程绩效指标中，持续改进业务绩效，不断提升客户的满意度。

同时，按照公司中长期流程战略规划，后续公司的流程工作重心也将转向以流程优化为主。为确保流程优化的持续有效开展，流程绩效监控水平也将为流程优化提供输入。

- **意义**

（1）搭建流程绩效指标体系，为流程绩效监控和改进奠定基础。

（2）作为贯通公司组织绩效与个人绩效之间的桥梁，发挥整体协同作用。

（3）塑造公司内部按流程做事的文化及风格，提升流程的价值创造作用。

- **整体思路**

根据公司目前的业务成熟度及流程管理发展水平，按照先试点后推行的策略，分阶段逐步升级公司的流程绩效管理水平。

第一阶段，指标选取跟踪，试点运行：选取业务模块成熟，流程管理能力及意识较强的领域试点推进，待试点成功后再扩展到其他业务领域。

第二阶段，借助信息化手段实现全面监控：借鉴标杆，通过BPM系统工具的上线运行，对业务流程逐步E化，实现全面监控。

第三阶段，绩效考核阶段：搭建公司统一的绩效管理体系，实现组织、流程与个人绩效的协同，并最终达到与个人工资挂钩的目的。

- **第一阶段推进实施方案**

（1）选取试点范围

①时间范围：××年1月～××年12月，试点为期一年。

②组织范围：精益推进部、流程&IT部、订单部、采购部、物流部五大流程理念及意识较强的职能部门。

③流程范围：选取上述五大部门中易于监控和衡量的一、二级流程绩效指标作为试点，三、四级流程绩效指标则由各部门自行分解监控改善。其中，对于未纳入监控的一、二级流程指标，执行月度反馈跟踪机制。

（2）搭建流程绩效指标

需按照公司流程架构及清单对现有的流程绩效指标进行重新选取和梳理，选取原则为：①重要度及成熟度偏高；②可以有效衡量并监控；③通过努力，目标可以达成。

下发对各相关部门提报流程绩效指标及目标值的通知，并将提报的数据与公司绩效指标进行对应，由流程部门连同相关部门进行评审完善与下发。

（3）实施监控与评估

对流程绩效指标库中的数据进行月度跟踪反馈，并于次季度 10 日下发季度流程绩效指标评估报告，对异常问题进行整改落实。具体操作如下：

①月度跟踪反馈：各部门对月度流程绩效指标的实施运行情况进行日常监控，并将结果反馈至流程管理部门，同时，各部门根据一、二级流程绩效的异常情况对三、四级流程问题进行改善。

②季度评估通报：根据各部门每月度提报的流程绩效指标数据整理分析季度评估材料，并于各部门进行确认沟通数据准确性，编制公司季度流程绩效指标评估报告，用红、黄、蓝不同颜色标识流程绩效的运行状况。

③整改落实：对数据正常的指标持续监控，对数据异常的指标组建流程优化改善项目小组进行原因分析与落实改善。

（4）结果应用

通过第一年的流程绩效指标监控的试点运行，在公司范围内建立流程绩效监控的长效运行机制及文化氛围。同时，通过监控流程指标能够识别常见问题集中爆发区域或集中点，为后续的流程优化提供了数据基础。

6. 跟我一起设计流程绩效指标

为达到企业业绩目标，如何度量各级组织及员工的绩效水平呢？大家先想到，接触最多的是组织绩效指标、部门绩效指标和个人绩效指标，而对于流程绩效指标的监控度量相对来说比较新颖，但它却为后续的流程优化提供了有效的数据支撑。

在开展流程体系建设过程中，经常有学员问道："老师，后面的这个流程绩效指标怎么设计？感觉跟我们部门的KPI不太一样，又感觉有点重复。"关于绩效指标，我们需要澄清组织绩效指标、部门绩效指标、岗位/个人绩效指标与流程绩效指标四者之间的区别与联系。组织绩效指标与部门绩效指标和岗位绩效指标之间是逐步分解、承接的关系，是从纵向角度对公司战略的业绩达成情况负责；而流程绩效指标也是来源于组织绩效指标，但它依附于流程，是从横向角度对流程运行效率或结果的度量，同时又是对部门绩效指标和岗位/个人绩效指标的补充完善。

对于这四种绩效指标之间的详细关系非常复杂，毫不夸张地说开一天专题讨论会也不一定说得清楚，辩得明白。因此，下面我们只重点介绍流程绩效指标设定这个主题，一方面让流程绩效指标可以有效承接组织绩效指标，实现一脉相承，而不至于重复和混乱；另一方面让流程绩效指标牵引各流程执行人员达到按流程做事的目的。下面我们一起按照五步法，开始我们的流程绩效指标设计。

第一步：选定目标流程，明确产出。

在我们初步开展流程设计时，为加强以后对流程的执行监控，通常在文件中会考虑设置一定的流程绩效指标，但运行一段时间后发现流程绩效指标的执行与监控效果并不理想。

对于刚开始尝试搭建流程绩效指标的企业来说，全面铺开并不是一种明智的选择，失败的概率较大。因此，在刚开始我们可以选定与公司年度计划密切相关的流程试点设置流程绩效指标，主要从与战略或计划的关联度、影响度、实施成本等维度考虑。小范围试点，待成功后再逐步推广，类似于小岗村的"家庭联产承包责任制"。

首先选择试点领域或范围，从公司的流程清单中找出这些关键流程，然后明确每支流程的最终输出物或关键输出物是什么。如“生产计划排产流程”的输出物主要是每日生产计划表、配料任务单。

第二步：将产出与相关者诉求对应。

流程绩效指标也需要从“为客户创造价值”的角度设定，因此我们需要识别出每支流程的客户和利益相关者有哪些，一般会从股东、供应商、客户、政府、上下游客户等内外部范围寻找。如在“生产计划排产流程”中对应每日生产计划表、配料任务单产出的相关者主要是股东和流程的下游客户，股东的诉求是计划准确性要高、计划及时下发、物料及时供应并齐套，下游客户的诉求是 PC（生产计划员）计划及时下发、配料单准确齐套。

第三步：将相关者诉求与流程绩效指标维度对应。

我们需要澄清的是，流程绩效指标不同于部门绩效指标，它不是为了考核而设定，而是为了监控流程的运行效率和效果。流程绩效指标的设定可以从过程指标和结果指标两方面考虑，过程指标主要是为了监控中间关键控制点的运行情况，从而保证最终结果的达成；而结果指标是为了衡量流程的最终效果，确保指标对整支流程的结果负责。

流程绩效指标的设计主要从质量、成本、时间、规范、安全等维度考虑，即 QCDSR 模型，确保思考和设计的全面性，防止出现片面和遗漏。如在“生产计划排产流程”中，针对股东诉求可能的指标有计划准确率（质量）、计划按时下发率（时间）、物料齐套率（规范），针对下游客户诉求可能的指标有计划按时下发率（时间）、配料单准确性（质量）。

第四步：筛选流程绩效指标。

通过第三步设定的流程绩效指标在数量上可能比较杂乱，为了更有效地对设定的流程绩效指标效果负责，我们需要从中筛选出少而精的关键指标作为后续跟踪监控的对象。对前面制定的流程绩效指标筛选可以通过两个维度：一个是重要性维度，看初步选出的流程绩效指标与公司战略、标杆企业差距、现状问题强相关或有巨大差距的指标作为候选对象；另一个就是数据的可获取性维度，选择数据容易获得的指标，如果设定的指标非常重要，但是数据不可获取或没有获取途径，那么这个指标暂时也不纳入监控，没有实际意义。我们最终选择的流程绩效指标一定是既重要，且数据可获取性又高的。

流程绩效指标设定后并不是一成不变的，它们也会随着客户要求及公司战略的调整而不断变化，我们要持续定期审视检查，使流程绩效指标的设计不断与公司战略相吻合，缩小与竞争对手差距，并能够解决现阶段比较突出的问题。

第五步：制作流程绩效指标卡片。

按照以上四步对流程绩效指标设定完成后，为便于后续的监控和管理，我们需要为每支流程制定一个流程卡片。流程卡片的内容主要包含了流程名称、流程绩效指标名称、指标维度、计算公式、目标值、统计周期、责任部门等模块。

表3－2为示例。

表3－2　流程绩效指标卡

流程名称	流程绩效指标	指标维度	计算公式	目标值	统计周期	实际值	责任部门
生产计划排产流程	计划准确率	质量	正确行数/已下发行数	100%	周度	98%	BU 制造部

根据流程绩效指标卡片上的统计周期，就可以对这些流程的实际运行效果进行定期数据收集与检查。对于指标数据持续表现较好的，可以作为观察项，暂不采取任何措施；对于持续表现较差，且未达标的指标，则由流程 Owner 主动识别分析原因，并开展流程优化进行改善。

流程绩效指标体系的搭建也并非一朝一夕，不可求全求大，需要试点推广，稳扎稳打，运行效果好再逐步推广，效果不理想就需要调整思路，但我们需要始终坚持“为客户创造价值”的核心理念不变。因此，流程绩效指标的数据需要持续地监控，为后续流程优化提供数据输入。

7. 利用 OA 系统实现无纸化办公

- **背景**

×公司是一家传统的国有制造企业，在日常的跨部门签批流程流转中原先多为书面的纸质化签批及传递模式，效率比较低下，与公司最新倡导的向管理要效益的理念相违背。为提高办公效率，降低管理成本，充分发挥新上 OA 系统的信息化支撑作用，实现公司签批流程的自动化、无纸化和精益化，流程管理部门主动担负起了将线下纸质签批流程迁移至 OA 系统的任务。

- **现状与核心问题**

（1）OA 系统未充分发挥最大价值，审批流程大部分为线下签批，没有充分与系统融合，借用系统固化落地，规范企业管理运作。

（2）原有纸质文档的传递及审批模式，难以实现异地协同办公，制约了审批效率。

（3）大量纸质文件的存在，时间久了储藏也是一个问题，不符合精益管理的要求，也造成了办公印刷成本的浪费。

- **优化思路与方案**

按照以下五步，实施了对审批流的线上迁移：

第一步，明确要求，确定标准。先以公司名义下发关于在 OA 系统推行办公自动化的通知，明确开展项目内容、标准及相关要求等，发放至公司所有部门。

第二步，收集需求。收集梳理各部门提报的跨部门审批流程，尤其是分析跨部门审批流程的签批路径及表单，进行初步筛选。

第三步，评审需求可实现性。根据各部门提报的需求，协同 IT 及业务部门共同评审论证业务审批流程上线的必要性、可行性及价值点，并在现有流程逻辑基础上提出合理的优化建议。

第四步，系统实施上线。业务流程梳理优化后，对具备满足优化条件和上线价值的流程，由流程管理部门统一组织相关业务人员提报系统上线申请，开始线上流程的系统开发设计。

第五步，测试验证。IT 将业务流程系统开发完成后，由流程 Owner 和关键用户进行集中测试，检查系统流程运行的符合性及客户体验度，对测试有 BUG 的及时修补完善。

- **优化效果**

（1）对于具备纳入上线 OA 系统的签批流程，系统都实现了固化与落地，提升了企业业务运作效率。

（2）通过信息系统支撑，满足企业办公签批流程的自动化与异地化需求，实现了跨区域办公。

（3）通过信息系统，减少大量纸质单据及文件传递，实现企业办公无纸化、精益化，降低企业办公费用。

对其他企业的启发点/亮点：

（1）当各层级员工都普遍意识到公司管理效率低下，而又找不到合适的流程优化切入点时，线下流程系统化是一种不错的速赢项目。

（2）在日常工作中遇到类似繁杂、跨部门多、纸质签批较慢的业务流程时，思考是否可借助 IT 手段帮助提升工作效率，达到固化经验，有利于业务按流程执行的目的。

8. 通过 BPM 系统监控流程绩效

- **背景**

随着越来越多企业对信息系统的重视，各个业务领域的专业系统软件也纷纷上马，如提升生产运行效率的 ERP 和 MES 系统，加强客户关系及信息管理的 CRM 系统，提升内部设备资产管理水平的 EAM 系统，增强供方协同的 SRM 系统，完善物流运输效率的 TMS 系统等，在一定程度上提高了各业务领域的运转效率。但对于那些专业管理软件未涵盖或不擅长的偏管理类业务流程，审批效率却不高，没有得到有效地解决。

虽然公司发出了向管理要效益的口号，但各部门只停留在口头上，未真正落实到实际工作中。为提高整个公司及各部门的流程签批效率，流程管理部门计划借助 BPM 系统的绩效监控功能来促进流程审批效率的提升。

- **目标、范围、频率及方式**

（1）目标

以当前流程绩效监控值为基数，计划在半年内将 BPM 系统中的签批流程效率整体提升 20% 以上。

（2）范围

①流程范围：包含目前 BPM 系统中已固化且稳定的审批流程，但试运行阶段的流程暂不纳入监控范围。

②部门/人员范围：BPM 系统流程中签批的部门和个人。

（3）频率及方式

每月末，由公司流程管理部门从系统后台统计上月各部门及负责人的平均审批时间数据，以邮件形式向公司全员推送《签批流程运行效率通报》，在公司文化上形成各部门的流程效率赛马机制。

- **主要内容**

（1）流程绩效监控维度

①公司整体流程维度：针对全部BPM系统中的流程进行绩效监控，从而能够从整体上对流程绩效指标有一个全局把握。

②部门角度：在设置指标参数时，以部门为单位进行指标监控，统计每个部门的流程签批效率，进行公司内部排名。

③单个流程角度：以单个流程为指标参数，监控每支流程的运行效率，深入分析是流程设计还是执行问题，从而采取针对性优化措施。

④单节点角度：每个部门为了监控评估内部人员的审批效率，可以统计每个人审批流程的平均用时。

（2）原因分析

通过对BPM系统中签批效率较低流程的调研，发现问题的主要原因有：

①流程跟催滞后。流程提报人提交BPM系统流程后，因需求不紧急或遗忘等原因，未持续跟催流程各个节点的进度，导致整个流程签批时间延长。

②未及时登陆BPM系统。很多流程签批人因工作较忙或不常在工位等，没有经常登陆和查看BPM系统的习惯，导致流程签批滞后。

③流程上线前未做充分的评估优化。流程在上BPM系统前，未做好充分的业务需求评估和优化，导致系统上线时业务人员只是简单地将流程现状搬到了线上，流程设计本身存在问题。

④过于依赖线上签批，不重视线下评审。很多部门以为只要流程在BPM系统中实现了系统签批就行，不需要线下的评审环节了，导致大量流程因前期评估不充分而退回或不断加签现象。

（3）解决措施

①及时跟催，线下解答。申请人从提报系统流程后，要及时关注各节点审批人的签批及时性，当时间较长未签批时，可适当邮件或电话沟通是否流程存在问题，并予以及时解决，防止流程反复退回浪费资源，影响签批效率。

②实施管理手段，要求每天登录系统。流程管理部门以公司名义要求员工每天至少登陆 BPM 系统两次，上下班节点及时关注，日清日结，防止流程过夜签批导致的无效延后。

③重新审视优化问题流程。对于流程节点较多或签批时长 TOP5 的流程，由流程管理部门与流程责任人共同对流程进行审视，给出提效方法，纳入后续优化重点。

④线下评审，系统签批。首先要纠正一种错误的思想，线上的流程签批代替不了线下的评审，不能依靠系统层层签批而代替线下专业评审，有问题提前与线下评审沟通，可以节省大量线上折返跑的现象。

- **优化效果**

（1）签批效率提升 30%。通过连续半年对全公司各部门 BPM 系统流程绩效的通报排名，各部门领导高度重视签批效率。在各部门的共同努力下，第三个月的公司流程绩效水平就已经达到了当初设定的 20% 的目标，个别部门甚至超过 70%，提升了公司整体的运营效率。

（2）提升了各级流程责任人的主动优化意识。通过 BPM 系统中签批流程的提效倡议，也促使各级流程责任人对自身工作中的其他业务流程开展自身的检查与优化工作，一定程度上培养了员工按流程办事的意识。

对其他企业的启发点/亮点：

（1）流程绩效监控指标要多维化，从不同角度审视流程，发现优化空间。

（2）此案例中的流程绩效提效方法同样也可以运用到其他应用系统，具有一定的推广价值和意义。

（3）流程绩效指标的好坏不要单纯只看一支流程的快与慢，而要从端到端的视角，通过与其他系统的集成，提升整体的端到端业务流程效率。

9. 多管齐下“治”流程签批效率低

- **背景**

×公司为提高整个公司的运营效率，花重资将运行多年，技术落后的 OA 系统升级为最新的 BPM 系统。升级换代后的系统功能明显比以前更为强大，实现路径也更加多元化。但是，由于多年来公司员工的工作习惯及流程意识淡薄等原因，使得流程审批效率持续不高，较之前水平无明显提升。

- **现状与核心问题**

×公司作为已成立几十年的大型国企，在流程审批过程中存在的一些问题，同样也是目前国内其他企业的一种普遍现象。下面我们就以“管中窥豹”的姿态来一起分享下企业面临的主要问题：

（1）签批 E 化程度不高。虽然针对研发、供应链及销售都有比较专业的系统软件，但仍有较多行政或管理类的业务需要进行签批，由于习惯了纸质签批时的当面汇报，造成目前整个公司在 BPM 系统中的无纸化审批流程占比不到总签批量的 20%。

（2）加签文化盛行。正常一支 BPM 系统审批流程的签批时效大概需要 1 天时间就可以完成，但由于部分环节人员的不专业或怕担责意识导致流程节点随意加签，最终导致流程签批用一周时间也不能保证完成，大大降低了流程的签批效率。

（3）官本位的集权思想浓厚。长期处于国企背景下的官本位思想造成了整个公司流程的层层向上签批，无论金额大小、业务类型，总需要相关领导给予指示，同时也体现了对领导的尊重。这种事事集权、层层向上汇报的官僚思想与当今迅速变化的市场环境严重脱节，给公司带来了巨大的无形管理成本。

（4）无效环节较多。由于前期系统上线任务紧，较多签批流程只是从原有 OA 系统迁移到了 BPM 系统，流程原有的运行思路及节点未进行重新审视与优化，造成部分流程的无效节点较多，流程较长，与当初实现无纸化办公的初衷相违背。

- **优化思路与方案**

（1）改变签批习惯。子曰："政者，正也，子帅以正孰敢不正"。从领导层开始要求逐渐减少纸质签批的习惯，对各部门所有文件中的线下与线上流程进行一次全面梳理，并将无纸化流程上线率纳入各部门的季度考核指标，牵引各部门逐渐将线下流程迁移至 BPM 系统及各专业系统中。同时，在流程文件展示系统中对于已实现系统化的业务流程，杜绝纸质模板的下载，逐渐引导大家在系统中签批。

（2）限制流程加签数量。首先，在系统中只允许个别节点可以加签，对其余节点限制加签的权限；其次，对部分环节加签人员数量由流程 Owner 部门进行系统设置，防止无限制的加签；再次，对于仅需知悉而无须签批的人员知情即可，减少加签造成的流程等待；最后，对于没有线下沟通好的流程，一律不准走系统，加强线下的专业评审，防止在流程中来回反复推诿，杜绝用线上审批代替线下的专业评审。

（3）落实签批授权。在风险可控的前提下，要求各部门按照业务类型、金额大小、重要程度等纬度进行分层授权，主要分为平台部门向各 BG/BU 授权，上级领导向下级或基层员工授权，A 角向 B 角授权等。对于能并行的流程绝不串行，对于一个部门层层签批环节较多的，可适当提高发起人层级，让发起人主动担责。

（4）减少低效重复审批。重新审视目前 BPM 系统中流程环节较多的流程作为重点优化对象，同级别能串行的改并行签批；针对跨部门业务流程，针对平台或专业部门，最多保留一个接口签批；运用端到端思维审视整体流程，尽量使风险及把控点前移，如对于领导在前端已审批通过的申请环节，可适当减少后端执行的签批数量，可以极大地提高流程效率。

但是，对于特别紧急的事项，公司允许先线下向相关领导汇报，然后再在 3 个工作日内补充线上走流程，作为后续流程绩效分析的原始数据。流程管理部门也会每季度定期对各部门的签批绩效进行通报，督促所有员工提升流程的签批效率和意识。

- **优化效果**

（1）E 化流程覆盖范围加大。从原有线上审批流程数量占总签批流程的不到 20%，6 个月内迅速提升到 50%。

（2）签批效率大大提升。原有 OA 系统每个节点的平均签批时间为 120 个小时，系统迁移运行一年后提升到了 25 个小时，提升效率达 80%，目前仍有较大的提升空间。

（3）流程效率意识提高。通过此次公司大范围的提升流程签批效率的行动，提升了公司各层级人员的流程效率意识，为后续业务流程的优化改善奠定了良好的群众基础和文化土壤。

流程签批效率是目前国内大多数企业普遍关注的焦点，当公司在如何提升业务流程效率问题上一筹莫展时，我们可以尝试以提升业务流的签批效率为突破口进行优化改善，通过运用流程优化思维、IT 系统工具、绩效通报等多种手段来综合“治愈”流程签批效率低的问题。

10. 业务E化，流程先行

为更好地提升业务流程的执行有效性，业界一直流传着一种说法叫“业务流程化，流程表单化，表单IT化”。它的意思就是，首先尽量要将我们的业务用流程的形式显性化，然后用表单信息承载流程的流转内容，最后将表单用IT信息化形式固化下来，便于大家执行。

有次，笔者在一次流程梳理优化后，为了让大家将原有的线下纸质签批表单改为走线上流程，曾经将原来在流程展示系统中可以下载的表单设置为“不可下载”状态，并在文件中明确说明了此流程具体走线上IT系统的某流程的详细路径和步骤，这就运用IT的防错机制杜绝了不按流程签批的情况发生。

既然将业务流程搬到线上效果这么“好使”，那业务部门是不是可以将自己目前部门内的流程一窝蜂地都抛给IT部门去实现IT信息化呢？回答这个问题前，我们先来看三个案例。

案例一：A事业部为了加强对内部人员系统账号权限的管理，减少跨部门协作的不便，向IT部门提报将线下的《账号权限变动申请流程》迁移至BPM系统的申请。IT部门经评估技术可行性没有问题，可以实现，于是安排专人进行了开发和测试，很快便投入使用，而且使用效果也非常不错，极大地提升了原有的工作效率。但从流程绩效结果发现，此流程环节达十几个节点，与公司目前倡导的三层签批的原则相违背，不得已只能返工大消减。

案例二：B平台部门为了加强对××采购需求流程的管理，向IT

部门提交了E化流程申请，经多轮的反复对接沟通、测试，顺利上线运行。天有不测风云，没过多久，此部门内部发生较大的业务模式及组织职责调整，此项职能由原平台部门划归至各事业部自行管理，因各事业部业务运行逻辑各异，导致刚上线不久的流程变成了“僵尸”流程。

案例三：C部门一直以来是公司的强势部门，为了加强对某流程的管控，直接要求IT部门在此流程的审核环节添加上C部门领导，IT部门迫于压力，也只能照做。但在一次后来的体系外审中，被外审老师评审为不符合项，“流程文件与IT系统流程不一致。”

通过以上三个案例，大家有没有发现什么共同点呢？答案就是，在业务部门和IT部门之间少了流程人员的“牵线搭桥”，正是因为流程人员的缺失，导致业务流程在E化后，效果都不尽如人意。

案例一中，如果在IT部门接收需求前添加流程人员的审核，提前识别上线需求流程是否符合公司原则，就不会导致流程的返工重新梳理。

案例二中，如果添加流程人员对业务的提前洞察和价值及频率分析，就不会导致IT部门花大量时间精力开发的流程沦为“僵尸”。

案例三中，如果在业务部门和IT部门中间添加流程人员提前审核，就不会导致因IT流程缺少流程文件支撑，而出现外审不符合项。

以上三个案例告诉我们，业务人员在向IT部门提报E化流程时，一定要先经过流程人员的审核把关。流程人员充当了业务部门和IT部门的需求检察官角色，审核需求E化流程有无流程文件支撑，业务流程运行逻辑是否合理，流程使用频率及价值如何，能否提升业务效率或降低运行风险等。

尽管大家都倡导流程E化，但不能盲目、跟风似的什么都往IT系统里面扔，前期流程人员一定要做好流程的业务梳理及价值分析。所以，我们可以豪言壮志地说：“业务流程E化，谁敢横刀立马，唯我流程人员。”

第四篇

流程优化理念与心得

1. 流程优化分几种

流程管理作为运营管理的一部分，按照PDCA循环划分，通常包含流程需求收集及分析、流程规划、流程设计与优化、流程执行与监控等。其中，最能直接为业务创造价值，且领导比较关注的环节当属流程优化工作。

既然流程优化能够为业务排忧解难、创造价值，那么这部分工作理应是我们流程管理人员的工作重点。但在实际业务开展过程中，许多人并不清楚自己的工作到底哪些属于流程优化，对流程优化的范围存在歧义。为了帮助流程人员明确自身工作方向和定位，我们还是将流程优化工作主要分为以下三类（图4－1）：

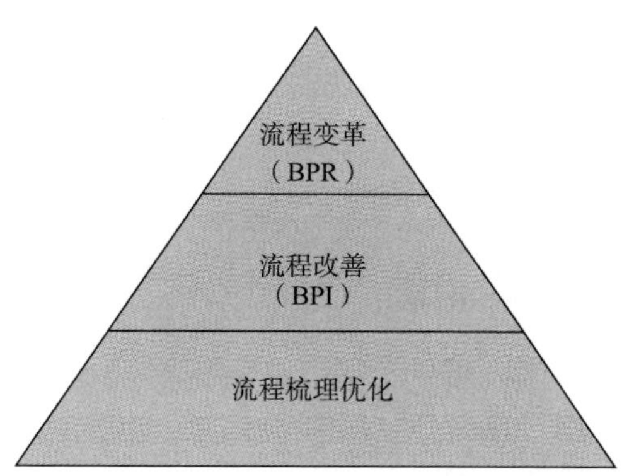

图4－1　流程优化分类图

第一种：流程梳理优化

这里讲的流程梳理优化主要是指将业务现状进行整体的梳理、抽象显性化，将现有业务梳理清楚，为开展进一步的流程改善做基础。因此，流程梳理优化是更高层级流程优化的基础。

很多人觉得这部分工作较简单，所以在思想意识上没有那么重视，但是实际开展中却并不像想象的那样容易。你要考虑你梳理规范的业务流程是否满足了端到端设计，流程衔接是否有断层或灰色地带，流程相互之间是否有交叉或重叠，流程角色职责是否清晰，梳理的流程是否是最佳实践的萃取……如果流程梳理要求要同时满足这些标准的话，是不是觉得流程梳理优化工作也没有那么容易呢？

第二种：流程改善（BPI）

流程改善（BPI）是我们日常工作中接触最多的一种流程优化形式。其特点是在现有流程基础上的优化完善和改进，实施范围主要集中在业务问题的点或线上，实施风险偏中低，主要围绕效率提升、成本节约、风险防范、服务便捷等维度展开。整体优化范围主要涉及L3以下的流程层面，并没有对现有业务造成伤筋动骨的影响，主要来源有领导安排的临时任务，业务部门反馈的流程问题，会议产生的待解决项，自主发起的流程优化改进等。

尽管BPI主要集中在业务问题的点和线的改善，但通过日常一点一滴渐进式地逐步优化，最终会使公司的改善产生质的飞跃，即所谓“不积跬步无以至千里”。我们不仅要有做重大流程变革的实力，更要对日常流程的改善认真对待，积累经验，脚踏实地的实践远比好高骛远的空想来的实际，且更容易实现目标。

第三种：流程变革（BPR）

流程变革（BPR）是迈克尔·哈默最初倡导的根本的、彻底的变革。它可能会涉及公司组织、职责、IT和绩效等方面的大的变化，牵一发而动全身。按实施范围大小可以是某业务领域或系统的模式调整，如集成供应链业务领域流程变革；也可以是整个公司层面的变革，如公司流程体系及架构搭建。无论哪种形式都会对组织职责、流程及运营模式、文化及人的观念意识等方面产生重大影响。因此，这部分流程变革是涉及变化要素较多或影响范围较大的流程优化，一般企业对此类流程变革的触发也是较为谨慎。如果有机会主导或参与这种大型流程变革项目，无论是对公司或对自己的成长都会有很大提升。

那我们在开展流程管理工作过程中，如何才能保证流程优化的成功及效果落地呢，给出以下三点建议：

第一，公司高层或一把手的支持是项目成功的保证。流程优化是一把手工程，如果没有上层领导的赞助，项目做得再完美，最后如果不被认可，等于做了无用功，这就是没有做正确的事，效能为零。

第二，项目团队必须将 AS - IS 问题分析及 TO - be 优化方案与业务部门达成共识。我们流程优化工作的目的就是要为业务部门和客户创造价值，因此，过程中必须得到他们的认可才能确保我们优化结果的最终落地，否则也只是一份飘在空中、无法落地的咨询报告而已。

第三，不断开展流程理念及文化的宣贯，让参与项目的相关干系人在意识上形成一致。只有大家认可了流程的相关理念和思想，才能共同推动项目的开展及落地，所以说持续的宣传赋能也是项目成功的保证。

其实，有时候我们也大可不必分得那么清楚，只要运用流程思维和方法能解决业务中的问题，给业务产生价值了，我觉得就是有益的。因此，流程管理人员需认真对待自己正在开展的每个流程优化项目，不管属于哪种优化类型，不管优化项目大小，本着为公司及客户创造价值的目的，都要全力以赴去实现目标。曾经听过一句关于何为能力的解释，“所谓的能力就是正能量的态度加全力以赴”。

2. 5W2H思想在流程优化中的运用

稍微有点工作或管理经验的人，应该都听过5W2H分析法吧，即Why、What、Who、When、Where、How much、How。它最早首创于美国军部，又叫七问分析法，是一种简单、易于理解，能够有效分析并解决问题的一种常用管理方法。

当我们遇到企业中的一些问题时，经常通过启动相应的流程变革及优化项目解决。那么如何让5W2H这个传统工具在流程变革和优化中发挥作用，给我们解决问题提供创新思路呢？下面我们就来看看这“七个葫芦娃”的威力吧。

- **多问几个为什么（Why）**

当我们与业务人员共同探讨分析问题及解决方案时，经常会被以各种前提或假设条件限制。

如，“这个问题是董事长之前说过的，不能随便改”，此时，我们可以尝试反问业务人员：“董事长是基于什么情景下说的不能随便改，什么时候说的，为什么不能改？如果现在环境发生变化或N年前说的，为什么现在不可以调整呢？”

比如，业务人员说：“这个优化点不行，可能违反公司的保密要求。”我们可以反问道：“为什么会涉及保密，保密要求具体怎么规定的？如果确实涉及保密，那为什么不可以找保密部的同事沟通确认下，能通过其他方式解决吗？”等等。

这些所谓的前提或假设真的就是不可逾越的吗？我们在开展流程优化时多问几个为什么，有时我们普遍认为的前提、假设、限制、困难等障碍也许原有条件早已消失，问题也就不是问题了。彼得·德鲁克在其《卓有成效的管理者》中曾经提到过：“当我们在解决问题时，不要先想到各种障碍，这样容易限制我们的解决思路，而是先根据事情应该是什么样来设计方案，然后再根据现实情况逐一解决困难，最终实现我们的目标。”

- **重新明确业务流程的活动，知道做什么（What）才能创造价值**

在开展业务流程优化时，我们要认真分析每一个活动的价值，搞清楚是不是这个业务必须存在的，是否可以删除这个活动？是否可以与其他活动进行整合？是否可以提高技术或能力增加本活动的含金量？是否可以通过变化活动顺序来提高整体流程效率？通过这样不断地追问，可以提供给我们源源不断的解决思路。

比如，当我们看到某个审批流程从申请到批准共 N 个节点时，我们就需要反问流程各节点人员：“你在这个节点签核什么？是否是必需的，能不签批吗？”通过这样与各节点人员的询问沟通，就可以删除或合并一些没有价值的节点，提高流程的审批效率。

- **重新评估谁（Who）来负责此业务可以更加有效**

我们从整个业务现状出发，分析目前的某个活动是否他来做就是价值最高的？是否可以由其他部门/人员来代替，可能更有利于组织绩效的提升？如，大家都知道戴尔是做电脑的，但它并没有自己的电脑零部件生产企业，而是选择外包给供应商来做电脑零部件的生产，自己只负责前端的营销和后端服务，遵从了专业的人做专业的事的基本原则，将自己不擅长的事委托或转移至其他人来做也不失为一种好的优化策略。

- **适当调整做事情的时间（When），优化效果也会很明显**

通过调整做事的先后时间/顺序也可以起到流程优化的目的。继续拿戴尔电脑为例，如果我们已经提前装配好 100 台电脑放在仓库里，可能只有30台能够符合大众市场的要求，而另外70台则因为个性化的客户需求而无法满足，最终成为呆滞库存，造成电脑积压而占用资金。如果让我们对这个业务问题开展优化，就可以考虑延后组装这100台电脑，前期只储备部分关键长周期零部件，对于易获得性的外壳、电池、键盘、鼠标等不做储备，当客户的差异化订单来了后再迅速采购组装，满足不同客户的不同个性化需求，在不影响交付的前提下可以节省大量资金占用，加速资金及库存的运转效率。

- **变换做事地点（Where），提升运行效率和客户体验**

如果目前的办公地点影响了我们的运营工作或客户体验，我们就可以考虑是否通过变换地点来优化提升。我们日常比较常见的案例就是供应商的VMI库，通过将供应商的供货地点“迁移”至公司附近，来确保物料的及时供应，从而达到提升供给效率和按时交付的目的。同时，人力资源部设置服务大厅集中办公模式处理员工日常业务，也是一种通过调整地点来提高办事效率的典型案例之一。

- **是否可以调整做事频率（How much）**

在质量界有一种比较流行的说法是，质量是设计生产出来的，而不是检查出来的。因此，为了减少生产过程中各环节的反复检验，我们可以通过提前设置预防或防呆机制解决，这便是一种调整做事频率优化流程的案例。

我们日常工作中还有很多通过调整做事频率优化的案例。如，通过加严管控预算，将风险前移，而不是靠后面各环节的反复签批来控制风险，减少流程执行的层层签批；将产品设计中通用功能模块化，减少多零部件的临时组装，提升交付质量和做事效率。

- **调整做事运作方式（How）来提高绩效**

通过调整做事的工具/方法/模式也可以达到流程优化的目的。例如，原来某个表单需要业务员线下经过N个不同部门的领导层层签批，甚至可能经常跨厂区来回折返跑，如果我们将其签批流程搬到线上进行E化，这样就可以节省大量时间成本。例如，为了在过程中激励项目成员的积极性，将原先在项目完成后才发放的激励，按比例分别调整至项目的前、中、后不同阶段按比例发放，可以有效地起到过程激励的作用。

通过以上分析，是不是觉得这个5W2H分析法对我们思考流程变革或优化解决方案非常好用呢？笔者始终认为，在解决企业日常问题的过程中，流程变革与优化就如同“吸功大法”，吸纳众家之所长为我所用，只要它能够帮业务部门解决问题，为客户创造价值就是可以的。所以，即使是我们日常经常用到的那些工具/方法，通过不断地创新和思考，同样也可以达到“旧酒装新瓶”的神奇效果。

3. 流程优化七步法

在我们开展日常的流程优化过程中，也希望身边有一套成熟、标准的方法来指导我们开展工作，尤其是对于刚进入职场的小白来说，当上级领导突然抛转过来一个流程优化项目，如果事先没有一套规范的方法论作为指引，容易乱打盲干，结果也就存在较多的不确定性。

下面我们介绍一种根据实践经验整理总结出的流程优化七步法，可以直接拿来套用，用以指导员工开展流程优化工作，用规则的确定性应对结果的不确定性，具体步骤如下：

第一步，明确客户的真实需求及问题。

有时候你获取或了解到的需求，并非客户真实的需求。举个例子：同学A问B：“你有卫生纸吗？”B获取的信息是A缺少卫生纸，所以B应该赶紧满足A的需求，即使B没有卫生纸，B也要给A寻找到卫生纸。但是在这个例子中，如果我们深挖A的需求会发现，其实A的真实需求是想要擦眼镜，如果此时恰好B有眼镜布，那么B就不用到处寻找A所说的卫生纸了，因为把眼镜擦干净才是A的真实需求。

所以，我们在获取客户需求时一定要多问几个“为什么”。也许客户跟你讲的只是他认为可能的解决措施，如果你多问一句，寻找到客户的原始需求，那么你就可能用N种方式解决客户的需求或问题。

第二步，确定优化范围及目标。

我们在开展流程优化项目过程中经常会遇到工作越做越多，即所谓的范围蔓延或镀金，导致项目不能在规定的时间内保质保量完成，这就犯了前期项目范围模糊的毛病。所以说在开展优化项目前，一定要与客户沟通好，明确项目范围，且项目的范围大小要与相关资源配备情况相匹配，避免范围过大而资源（时间、资金、人力等）不足，给项目后期留下风险。

任何的流程优化项目都有自己需要完成的目标，也可以理解为满足客户的原始需求，解决他们的实际问题。目标的设定最好满足SMART原则，即具体的、可衡量的、目标能够达到的、一定的相关性、有明确截止时间。模糊的目标描述容易留给实施人蒙混过关的空间，最终也可能导致项目的失败。

第三步，梳理现状及收集数据。

流程现状的梳理可以说是流程优化的关键一步，现状梳理清楚了，流程优化也就成功了一半。流程现状梳理环节有点类似于“警察”收集证据的过程，既然开展此流程优化项目，说明原先的做法可能是存在一定问题的，因此对现有做法的梳理就需要严谨。我们在进行现状描述时一般会用到SIPOC法、流程图法、黄纸帖法、ASME法等其中一种，无论使用哪种方法，都要做到客观真实，原汁原味地呈现事物本来的面貌，不可为了优化目的而捏造或歪曲事实。

对于数据的整理最好是从系统抽取或现场填制的原始单据中获得，而不是经过二次加工的汇总数据，因为任何加工整理的数据都会存在人的主观色彩，容易造成信息传递的人为过滤失真。

第四步，问题及原因分析。

通过对比梳理现状与实际目标之间的差距，找出目前业务存在的可能问题，有时候问题会非常多，所以我们需要学会抓大放小，大胆假设，重点解决客户急切关注或前 80% 的问题即可，没有必要面面俱到，要考虑资源、质量与效率的平衡。

对于找出的问题，我们可以运用精益或质量理念中的一些方法，如 5W2H 法、5WHY 法、鱼骨图法等查找问题的根因，问题的根因找对了，后续的流程优化工作也就顺畅多了。大数据理念曾提到一个观点是，找到尽可能多的问题即可，而不必分析原因，有时根因分析不是必需的。此观点的正确性有待商榷，需根据具体项目采用不同的策略，不可全盘接受或否定。

第五步，制定解决方案。

根据业务现状、数据支持、发现的问题及原因分析等信息，我们就可以来制订我们的流程问题解决方案了。这个阶段我们运用的比较熟悉的流程优化方法有 ESEIA 法、5W2H 法、头脑风暴法、ASME 等。通常我们的解决方案是综合的，而不单是从流程角度分析，也可能涉及组织/岗位、职责、IT 系统、人员赋能、KPI 等的调整，所以我们给出的解决方案经常是“流程 +”的综合解决方案。

另外，我们会按照不同的资源配置及条件给出两个及以上的不同思路的解决方案，并分析他们的优劣势，便于高层或管理者从中选择当下认为最合适的方案。

第六步，汇报与修订。

对于前期做完的工作，我们就可以按照公司标准格式整理形成正式的PPT或Word材料给领导进行汇报决策。需要提醒的是，在给领导汇报之前最好是与方案的相关部门进行充分地沟通并达成共识，看方案中是否有不妥或后续难以落地的环节，可以在领导决策前修改完善，避免提出的解决方案不具备可落地性，只是自己部门“柏拉图”式的理想愿望而已。

在与各部门及相关领导沟通汇报完成后，根据他们的意见进行相应的调整，并再次组织沟通汇报，直至方案通过。中间过程可能会反复修订，非常考验人的耐性，笔者曾经见过一个方案修订达上百次的案例。当然这个案例有点极端，但每一次评审修订的过程都是一次对业务解决思路深度思考的过程，对你的成长都有帮助。

第七步，文件与IT系统的固化落地。

流程优化项目要想真正地发挥作用，就必须落实到文件与IT系统中。流程管理界一直流传着一句话是“管理制度化，制度流程化，流程IT化”，流程文件是保证项目落地的立法依据，IT系统是文件执行的固化手段，流程从上往下规划，IT系统从下往上实现，两者密切配合，都需要抓住。如果只是固化到文件中，而没有相应IT系统支撑，则实施效果难以保证；如果只固化到IT系统中，而未制订相关文件支撑，则IT系统的落地就“师出无名”，缺乏权威性和增加日后随意改动的嫌疑。

以上流程优化七步法是经实践检验，比较完整的项目实施方法，对于初次接触流程管理的人来说，在开展流程优化项目时就可以直接拿来套用，节省较多的总结和思考时间，但在实际优化项目过程中会因项目复杂度不同可进行必要的裁剪和灵活处理。

同时，在各个企业开展流程优化过程中，可能会因企业文化或习惯做法等原因而使用不同的工具、方法，这都是可以的，正如邓小平说的

“不管白猫黑猫，抓住老鼠就是好猫”。因此，不管用哪种方法，适合自己且能够解决企业面临的问题，都是可以拿来借鉴使用的。希望大家能在后续的流程优化工作中，多问、多思考、多实践，活用流程优化方法为公司创造更大的价值。

4. 项目背景及目的决定流程优化思路

在我们日常的流程优化过程中经常会碰到这样一种现象，“明明前两年刚优化好的一个流程，为什么今年领导突然又要求优化？而且最终的优化结果与之前的预期相去甚远。”当出现这种情况时，大家不要惊讶和对自己之前的优化成果怀疑，这可能是因为公司面临的环境发生了变化，导致领导对公司的未来发展也出现了不一样的想法。

今天跟大家探讨的就是，当流程优化的背景和目的不同时，流程优化的思路和效果也会大相径庭。因此，在开展流程优化前一定要搞清楚目前业务优化的背景和目的，不仅仅是口头告诉你的需求，而是了解清楚优化背后客户的真实需求。只有把优化的背景和来龙去脉的实际目的弄清楚了，流程优化的最终成果才有可能达到客户的满意。

下面我们就以一个日常行政采购需求流程作为案例，来从效率和成本两个不同维度分别分析下，当背景和目的发生变化时流程优化会有什么不一样的思路和方法。

图4－2为优化前的《日常行政采购需求流程》：

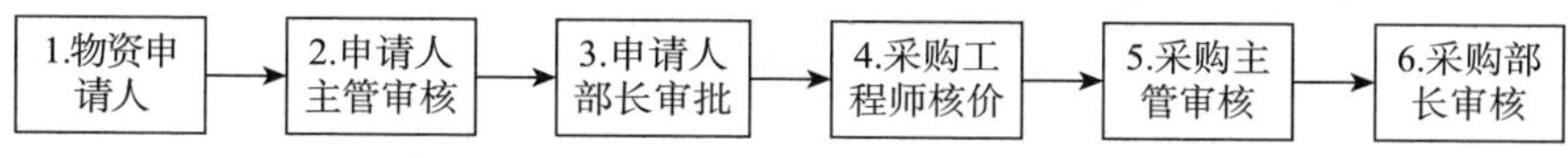

图4－2　优化前的《日常行政采购需求流程》

情景一：提升效率目的

（1）背景及目的

伴随公司规模及人员数量的不断扩张，日常行政办公物资需求数量也随之增长。采购部人员的工作量迅速增加，经常加班加点也难以按时完成任务，而且还导致各部门对行政物资的采购申请流程抱怨颇多，主要表现在采购申请流程烦琐，周期长，不能满足临时应急时间要求，内部客户体验感较差等。

在公司反复倡导向运营要效益的背景下，为满足内部各部门对日常办公行政物资的需求，流程管理部门计划从流程效率上着眼进行流程优化，提高客户满意度。

（2）优化思路及方法

方案一：在维持现有流程逻辑不调整的情况下，按照行政物品的采购金额进行授权/分权签批，但需根据历史一段时间的购买记录确定合适的切分金额。如图4－3所示：

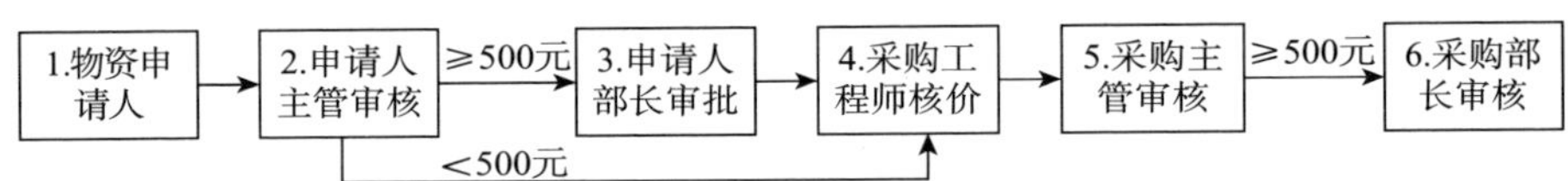

图4－3　授权/分权签批方案

方案二：本着回归业务实体决策的目的，让各经营实体自行把控力度，删减/简化采购部门的相关审批环节，尊重业务部门的决策。如图4－4所示：

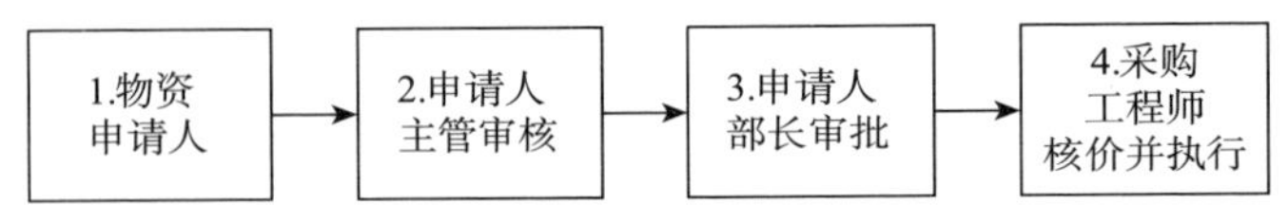

图4－4　业务自行把控方案

方案三：实施采购模式变革优化。可尝试与当地沃尔玛、家乐福等超市，或京东、天猫等网上企业合作平台建立 B2B 的战略合作关系，采用招投标方式，统一确定年度供方、采购物品种类、预测数量及价格等事宜，并通过 IT 信息化实现公司与供方之间的采购协同平台的衔接，员工可直接在协同平台网上选购日常办公物品，由公司采购部每月/季度末按照实际交易对账单及发票与供方进行统一结算，最终再进行内部费用的分摊。

情景二：降低成本目的

（1）背景及目的

受全球金融危机影响，公司整体业务也出现了大幅下滑，但公司内部原有的成本管控模式仍未及时调整，导致出现个别部门铺张浪费的现象，与当下公司面临的内外环境不一致，影响公司年度业绩的达成。

为适应内外环境变化，公司高层要求各部门从自身业务角度收缩成本，减少不必要的资金支出，并采取了一系列大刀阔斧的降成本运动。为响应公司号召，流程管理部门通过调研，计划从行政办公物资采购流程入手，从成本管控角度对现有流程进行优化，用行动实现与公司共度寒冬的决心。

（2）优化思路及方法

方案一：在现有流程基础上，增加月度/季度预算管控与超预算的加严审批环节，如图 4－5 所示：

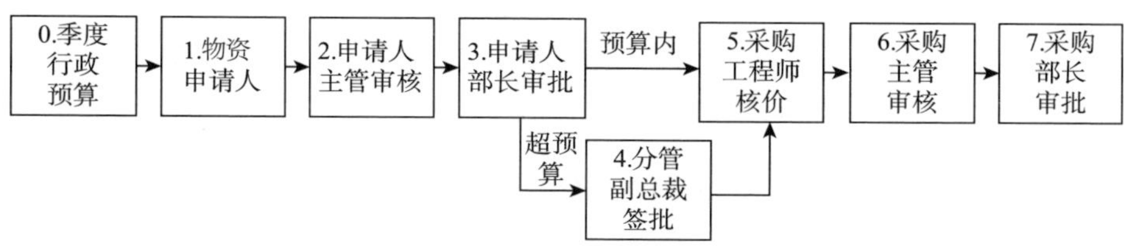

图 4－5　加严审批方案

方案二：采购模式变革优化。将所有部门行政物资的采购需求权收归至公司采购部，由公司采购部每月收集各部门需求后与供方集中采购，按照量大价低的规模化原则，依据年初与供方签订的协议/合同价格执行，同时按照不同的采购数量，年底统计总的金额或数量，在原有合同价格基础上再给予相应的折扣，降低整体的采购成本。

通过以上案例的分析发现，同一个业务流程因为优化的背景和目的不同，最终导致的解决方案也迥然不同。

提醒大家注意的是，当我们在提供流程优化解决方案时，提供的一定是“应该是什么样”的方案，而不是尚未验证和评审就先打折扣的方案。在制订优化方案时不要先考虑限制条件，万一完成不了怎么办，而是先考虑应有的状态，然后经过各方评审和验证，对条件受限而无法执行落地的优化点可以考虑变通、让步或绕行处理。但当下的内外环境和客户的需求目的始终是我们需要遵守的前提，是非常重要的考虑因素。

对其他企业的启发点/亮点：

（1）流程优化的思路和方法一定要适应当下的环境和目的。目的不同，结果也不同。

（2）流程优化设计方案最初一定是反映了最合理和应该做到的状态，然后才是经过评审验证受条件限制再进行裁剪的方案，不要被障碍或困难限制了我们的想象。

5. 从业务本质思考提升流程优化价值

- **背景**

近期，有员工反映在帮同事办离职手续时，认为离职流程签批节点较多，时间较长，体验较差，于是将此问题反馈至流程管理部门，希望能够得到优化。公司流程专员接收反馈需求并评审后，对员工离职流程进行了专项调研访谈，下面仅以部级以下非操作类的一般管理/技术人员离职流程为例展开优化讲解。

- **流程现状与核心问题**

线上签批流程现状如图 4－6 所示：

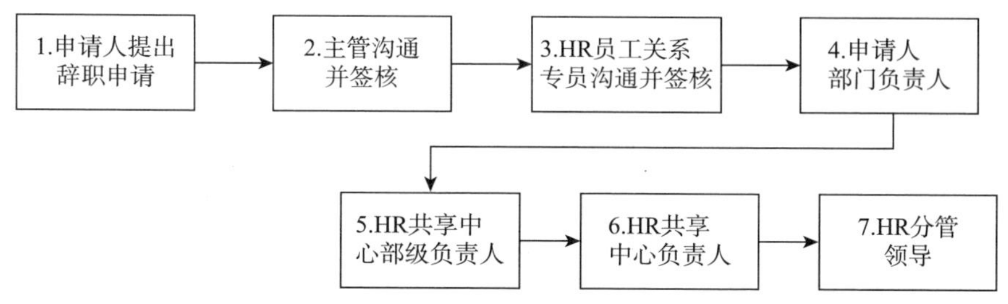

图 4－6　线上签批流程现状

出现的问题主要表现在：

（1）沟通不到位。2 节点与 3 节点要求主管及员工关系专员需先与员工进行线下沟通，了解员工辞职的原因，然后进行适当地挽留。但调研发现，此环节大部分是员工告知主管即可，未进行深入地沟通交流，而且员工关系专员也未履行沟通环节，直接在线上进行了签批同意。

（2）存在无意义签批。通过调研发现流程中存在无意义签批节点，如共享中心部级负责人与共享中心负责人只是知悉该事件即可，但当与 HR 相关人员沟通为什么设置这两个节点签批时，得到的回答是“以前就是这么设定的”。

（3）签批时间长。上面案例中只是针对部级以下的非操作类人员的线上离职签批，如果离职人员涉及培训协议费用或竞业调查事项，流程节点会长达十几个。此外，除单纯线上签批外，后续还有很多线下流程需要挨个部门走纸质签批，耗费各层级人员大量的时间成本。

- **优化思路与方案**

针对以上流程问题，最初的优化方案是根据 ESEIA 原则进行逐个节点的优化设计，但报批时未得到分管领导的认可。

于是流程管理部门人员开始从员工离职业务本质的角度思考，并反思离职流程本身存在的意义及价值，最终各方达成一致，认为线下沟通环节是员工离职流程的核心价值所在，将线上的离职流程改为线下操作，如图 4－7 所示：

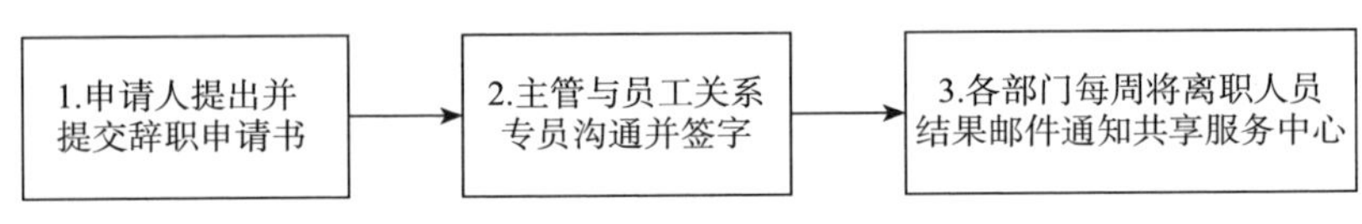

图 4－7　线下离职沟通

申请人根据公司标准的辞职申请书打印并填写完成后，由直接主管和 HR 员工关系专员共同与员工进行深入沟通，了解具体辞职原因，并询问通过解决什么问题可以挽留员工或调岗，尽最大努力挽留优秀员工，避免人才流失。原先的线上流程经过调整后在线下两个步骤就结束了，后续各部门可以每周通过邮件形式将离职人员信息通知到 HR 相关部门知悉备案即可。

重新思考离职流程存在的意义，不是为了员工离职而设置的离职流程，而是为了解决员工流失，挽留员工而设计。因此，离职流程的关键恰恰是我们忽略的线下沟通挽留环节。同时，针对无意义的签批节点，可事后定期统一发至相关部门即可，无须浪费资源层层签批。

- **优化效果**

（1）员工离职率降低。加深与待离职员工的沟通交流，通过帮助解决问题或调岗等方式可以挽留一部分优秀员工，降低公司优秀员工离职率，节省重新招聘的招工成本。

（2）流程签批效率提升。对于执意要离开的员工也不强行阻拦，通过简化流程提高运行效率，降低无谓的签批成本，提升离职员工的体验感和满意度，为以后的再次合作留下了美好印象。

对其他企业的启发点/亮点：

（1）回归业务本质，深刻反思流程存在的价值及意义，从流程本身的价值点考虑优化方案，能提供不一样的解决思路与建议。

（2）在解决流程问题时，刚开始不要一下子钻进细节中，最好能从宏观整体和本质角度思考问题，避免“只见树木不见森林”的狭隘思想阻碍更好的优化思路。

6. 流程优化需要打破常规、重新思考

流程通过对业务的抽象化和横向拉通，运用一系列流程管理的思维、工具和方法为客户创造价值。同样，在日常各部门的业务工作开展中，我们也可以将流程思维运用到实际业务中为公司创造价值。

众所周知，采购业务是供应链管理中的重要一环。在人们的日常观念中，采购就是一个支持生产和职能办公业务的花钱部门，是让公司其他部门羡慕的“肥差”，在供方眼里他们就是“大爷”。在一般公司，这么好的一个部门大家都想办法找关系进去，充当“大爷”赚油水。

但通过在一次采购业务流程案例分享会当评委的经历，笔者对采购业务彻底转变了观念，对采购人另眼相看。在这家公司，采购人员不仅不是“大爷”，而且还是为公司省钱的部门。他们不仅要时刻接受内部的审计稽核，还要承接公司每年的降成本压力。

通过这次的案例分享，也让笔者感受到了采购人员打破常规思考和勇于担责的优良品质。在采购业务的案例中，采购人员大量运用了流程

思维中的“打破常规、重新思考”，真正为公司创造了价值，超额完成了年度指标。

下面就跟大家一起分享下采购人员面对困境，突破常规的绝处逢生与柳暗花明。

案例一：能花一分，绝不花一毛，另辟新径，省钱善打组合拳

背景描述：A公司与B设备供应商是合作多年的业务伙伴，在A公司每年的降成本谈判中，B公司都给予了足够的配合与理解。但伴随着今年原材料价格及人工成本的上涨压力，B公司老板大倒苦水，降价空间微乎其微，此时双方陷入了僵持的局面。为彻底完成公司采购部门年度降价目标，Sourcing（供方开发岗）人员通过多部门协同的专业优势，利用组合拳方式，达到了降低成本的目的。

解决思路及措施：

方法1：捆绑一条线，联合供方与供方的供方谈判。A公司的Sourcing与B公司的Sourcing捆绑站在一条战线上，一起与上游的原材料供应商进行价格谈判，通过集中采购量的优势，促使B公司的原材料供应商进行价格下调，从而达到为A公司降价的目的。

方法2：利用年度返点策略。在单台设备无法降低价格的前提下，采用年度总交易额满多少返还相应点数的策略，促进B供应商整体从自身的运营角度降低成本，节省开支。

方法3：供方二元化开发。Sourcing在与B供方多轮谈判仍无法达成目标的情况下，通过考察引进新的供方资源，一方面通过新供方来降低价格，另一方面也是给B供方施加压力，逼迫其降低价格。

方法4：A公司为B供方的战略合作客户，B公司一直非常重视在A客户中的地位和考评结果，且B公司上一年度在A公司的年度绩效考核为“良好”。为促使B公司的考核上升为“优秀”，A公司的Sourcing利用B公司对A公司的重视，借用绩效考评结果进行谈判，最终获得了B公司的降价。

案例二：利用专业，升级省钱

背景描述：王某原为工作在生产一线多年的设备管理人员，后来经过调岗进入了采购部，负责相关设备的Sourcing工作。一天，某事业部为增加产能想要通过采购部购买B、C两种专业性较强的设备，正常来说王某可以直接通过Buyer下单即可，但王某却采用了其他方式满足了事业部的要求。

解决思路及措施：

王某利用多年的设备管理经验分析发现，B、C两种设备在专业性上功能较单一，如果产线发生变更则可能面临淘汰浪费的风险。于是，王某通过自己的专业和经验，与事业部相关领导进行多次的沟通协商，计划通过引进柔性灵活兼具综合化的D设备来代替B和C两种设备。虽然从单台价格上D比B或C任何一种设备价格都高，但B+C的价格远远大于D的价格，而且通过样品的测试验证发现，D设备的不良率也大大降低，克服了此事业部多年没有解决的不良品下降问题。

案例三：拆解评估，借用旧件，枯木逢春

背景描述：×部件是由多种零部件组成的一个半成品，多年来A公司一直采购B供方的×部件。为继续完成A公司今年降成本的目标，在与B供方降价谈判无望的情况下，采购部计划通过对×部件进行拆解评估的方式寻找降价的空间。

解决思路及措施：

方法1：整体拆解、单独价值评估。通过对×部件的拆解，逐一对其组成的零部件进行工艺及采购价格对比分析，用数据与供应商进行价

格谈判。

方法2：废旧零部件再利用。通过对×部件的拆解发现，除部分零部件无法替代外，其关键零部件Z在A公司的大量废旧设备中存在，工作人员可以直接拆解后用在×部件的组装中，通过借用报废设备中零部件为公司节省了近50万元。

案例四：整合优化、批量采购

背景描述：显微镜是A公司为检测产品的细微之处需要各事业部经常采购的一项检测设备，但由于各事业部的产品检测不同，显微镜的型号、厂家、功能、精度等也都不一样，因此目前采取的是由各事业部分别提报需求的分散采购模式。为达到年度采购降本目标，采购部对各事业采购的显微镜进行了一次全面的调研，发现各事业部采购的显微镜供方和型号虽然多样化，但对功能和使用没有特别的要求。

解决思路及措施：

采购部针对去年各事业部采购的显微镜系统数据，并通过与各事业部使用部门对显微镜的需求沟通与评审，最终对显微镜的型号进行了收集，确定了3种可供选择的显微镜类型。同时，通过各部门每季度向总部采购部集中提报，利用批量标准化采购的方式将成本进行了大幅收缩。

案例五：模式转变，规避风险

背景描述：A公司在多家客户指定的物流公司仓库中存放价值上亿元的物资，但多家保险公司对A公司的保额上限最多为1千万，也就意味着一旦物流公司发生风险损失，保险公司最多赔付A公司1千万，这样对A公司来说就会损失惨重。采购部与保险公司经过多轮谈判也没有最终提供令双方都满意的解决方案。但通过在与保险公司的沟通中了解到，保险公司之所以不增加保额的原因是他们认为物资的所有权与管理权的分离不属于一家公司，造成保险公司不愿意承担这个风险。

解决思路及措施：

采购部通过与保险公司的协商，最终确定的方案是将A公司与物流公司一起作为保险公司的投保对象，但当发生财产损失时，保险公司只承担对A公司的赔偿，而不承担对物流公司的赔偿，通过思维模式的转变，顺利规避了A公司的财产担保风险。

案例六：借用外包，提高整体运营效率

背景描述：A公司各部门在日常的培训、训练营、部门活动等中经常会购买书籍进行发放学习。采购部主要在京东、当当、亚马逊等网站进行采购，折扣平均在七五折左右，但有时会面临质量问题，导致双方反复沟通协商，花费较多的沟通成本。

解决思路及措施：

为提高整体图书采购的运营效率，降低反复沟通成本，采购部经过多途径调研，决定在当地寻找一家从事图书业务，且有实力的第三方来负责整体的采购及运营。虽然价格是原价的八折左右，比网上采购价格稍高，但可以保证图书的质量，同时可以解决后续的运营维护问题，节省了采购人员的精力，从而可以使采购人员从事更有价值和意义的事情。

通过这次当评委的经历，笔者认为对其他企业的一些启发点和亮点主要有以下四个方面：

（1）打破常规、重新思考。当面对问题时，重新思考原有的假设是否依然成立，多问几个“为什么”，寻求新的思路突破原有假设或限制条件，找到不一样的解决思路。

（2）与业务人员多沟通、交流、学习。很多好的点子或解决方案都来自经验丰富的一线员工。他们是最懂业务的，且具备较多的一线实战经验，多向他们学习，多与他们沟通和请教，会给流程管理不一样的新思路。

（3）采购是省钱的部门。通过上面的所有案例，我们发现采购部不仅是花钱的部门，更是一个省钱的部门。它是整个公司的成本节约中心，也是老板的“葛朗台”。

（4）主动担责。当面对上游部门提报过来的需求时，多角度思考需求的合理性，利用自身的经验和知识看能否有更好的解决方案，为公司创造价值，更为自己提高价值。

7. 运用“整合”思维提升流程效率

日常工作中，我们经常会发现各部门的一些业务存在许多相似性，但由于跨部门/岗位或做事的人不同，导致处理的方式五花八门，结果也参差不齐。如何将这些相似的业务集成，并按照统一的方式开展，让输出的结果符合我们的预期目标，是我们需要考虑的问题。

下面的两个案例是笔者在日常工作中观察、识别并及时记录下来与大家分享的。两个案例都运用了流程优化中的“整合”思维，希望对我们开展流程优化有更多地思考。

案例一：搭建BPM系统中的万能签批流程——《通用审批流程》

流程管理部门在开展将线下审批业务迁移线上工作时，发现多个需求部门提报的业务签批流程的路径极为相似，如：

(1) 采购部提报的行政物资需求申请流程签批路径为：需求部门提报需求—需求部门经理审核—采购经理审批；

(2) 行政部提报的公务车申请流程签批路径为：需求部门提报用车申请—需求部门主管审核—公务车管理部门经理审批；

(3) 公司办公室提报的用章申请流程签批路径为：需求部门提报用章申请—需求部门经理审核、法务经理审核—公司办公室主任审批。

类似以上三个示例的签批流程业务较简单，且基本逻辑一致，为了降低IT重复开发的成本，流程与IT部门决定尝试开发一条通用的“万能”流程，主要适用于类似这种业务不复杂、路径较短、重要性一般的业务签批流。

通用审批流程主要有以下特点：

第一，打通系统间的集成。为减少所有签批流程提报人员填写基础信息的工作量，将BPM系统与E-HR系统打通，实现如申请人姓名、工号、部门、电话等基础信息，打开页面时系统自动带出功能，提报人员只需要填写申请目的或审批事项即可。

第二，开发附件上传功能。对于已有材料内容，且文字较多的，可直接将原有内容作为附件上传，作为补充说明即可，不需要重复填写已有信息。

第三，审核签批人自由选择添加。由于与E-HR系统对接，因此不需要单独开发指定人员，避免因人员变更时需要及时系统维护的麻烦。

《通用审批流程》的开发，极大满足了各部门对类似审批业务的IT开发需求，而且适用范围及场景也较普遍，得到了各部门的广泛认同。

案例二：统一集成的《专项任务书》

各部门在解决临时重要任务、业务突出问题、落实会议决议时经常通过专题任务单的形式解决。但由于各部门做事比较独立，互不协同，不同的部门对任务单的格式及模板都不统一，导致业务“方言”较多，填写不规范。

为了提升公司对专项任务完成的效率和质量，流程管理部门拉通了涉及任务单相关设计部门，对公司目前存在的所有任务单进行了梳理，从统一规范性角度，取消了各部门现存的所有任务单模板，制订了公司统一的《专项任务书》模板。表单内容主要包含任务来源、下发部门及签发人员、下发时间、任务类型与等级、任务主题及背景、计划与解决方案、完成情况描述、验证结果、奖惩金额及措施等。

通过以上两个案例的启发，建议大家以后在开展日常的流程管理工作时，可多运用“整合”思维对现有业务进行巧妙简化，降低无效管理成本，提高业务运作效率。尤其是多业务形态共存的情况下，在平台政策及规则层面尽量实现统一整合，在业务具体执行层面可实行差异化，充分发挥整合优势，减少管理的复杂度。

8. 通过“增加”节点提升流程价值

- **背景**

在生产制造企业，积压物资通常指的是因设计变更、工艺路线调整、质量改进、客户取消订单等原因造成仓库积压的外购零部件、自制件、工具工装、半成品等。

A 企业是一家集产品的研发、生产、销售、后市场及部分零部件再制造于一体的大型集团化企业。A 企业每年对仓库积压的物资处理费用就高达上千万元，随着降本增效的理念逐渐成为明年的主题，仓库积压物资处理流程自然成为大家关注的重点。

- **现状与核心问题**

各仓库人员于每月月末盘点所属仓库内的所有物资，并针对超过规定期限的疑似积压物资提出处理申请，具体流程现状如图 4－8 所示：

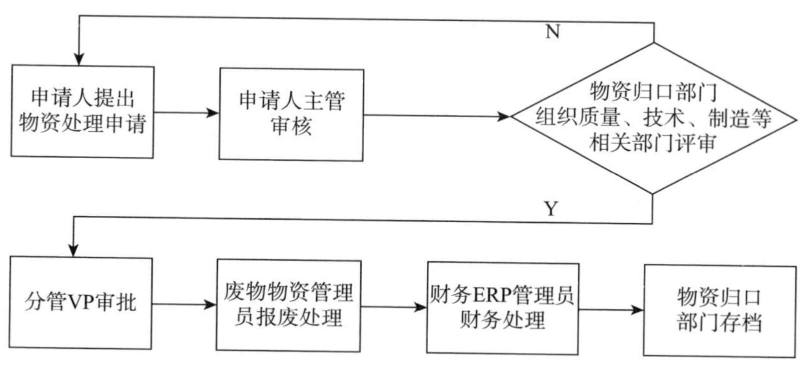

图 4－8　积压物资处理流程现状

主要问题如下：

（1）重复利用率不高。对于各相关部门评审认为积压物资完好，且未达到报废条件的，为防止后续技术、工艺或自制单位使用，则返回原仓库继续留存，但经调研发现此类保留的物资重复利用率并不高，导致后续重复提出报废申请。

（2）浪费严重。对于部分物资完好或因设计、工艺变更而淘汰的物资，经评估可能会被再次使用的频率较低，但其报废成本却较高。

（3）处理时间较长。对于待处理的积压物资，从提出申请到报废处理需近两个月时间，不仅造成了仓库的大量积压占用场地，而且影响了仓库的定期盘点和账实不符。

（4）设计或工程变更频繁。经调查发现，公司很大比例的积压物资是由于在设计或工程阶段的变更引起的，而且频繁变更。虽有评审，但只涉及研发、工艺及生产相关人员，未协同销售、采购及仓管人员一起评审，评审部门不健全，评审机制不充分，导致物资浪费与积压。

（5）物资评审处理粗放。由于再制造部门主要承接外部市场，内部各事业部业务基本未涉及，而后市场属于未来公司发力的新子公司，前期定位尚不清晰，导致前期积压物资的处理结果较为粗放：一种就是积压物资较完好的继续留存在仓库；另一种是对于时间较久，状况不太好的就采取直接报废处理方式。

- **优化思路与方案**

为提高仓库积压物资的价值使用率，降低报废成本，加快资产周转速度，提出如下解决方案：

（1）完善设计与工程变更评审机制。针对研发及工艺工程师的频繁变更导致的物料积压，一是采取变更即评审的方式，及时对变更可能影响的物资进行处理，并出具评审意见；二是在技术与工程变更时增加销售、采购及仓库人员，充分评估涉及积压物资的处理方式。同时，要求工程师在选择物料时以标准模块化件+个性化件搭配为主，并将变更频次作为工程师考核的一项重要个人KPI指标，规避无效变更，同时将变更信息进行内部有效传递，降低积压物资积存量。

（2）增加价值人员的评审。为提高积压物资评审处理的有效性及重复利用率，后续在处理评审环节增加新成立的后市场部门及再制造部门的专家，提高仓库积压物资的有效充分利用，提供多种解决方案。

（3）精细化分类处理。为提高积压物资的使用率，将待处理的物资按精细化管理要求进行细化分类，对于物资评审完全不合格的直接进行报废处理；对于再制造可修复使用的，低价转让给内部再制造部门进行修复后折扣销售；对于物资合格且符合公司销售政策的，资产转移至后市场部门进行正常零部件销售。

（4）限制处理时间要求。在相对处理时间较慢的评审与处理环节上，增加资产处理时间管控要求，加速库存物资的周转，降低库存积压成本。

优化后流程如图4－9所示：

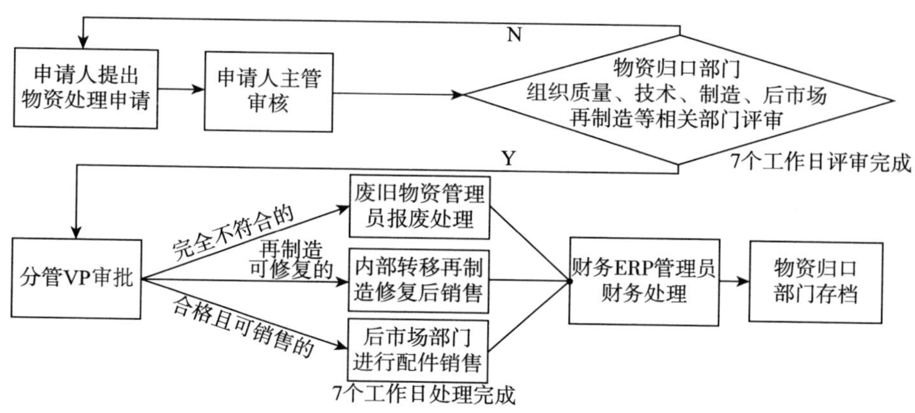

图4－9　优化后的积压物资处理流程

- **优化效果**

（1）减少了积压物资占用成本。通过变更评审环节的提前预防，极大减少了因技术或工程变更引起的积压物资，为公司节省了大批费用。

（2）提高了资产利用率。通过对仓库积压物资精细化的分类分流管理，至少提高了30%积压物资的再利用价值，直接为公司每年节省上百万元。

（3）流程运转效率显著提升。在未设置时间要求的情况下，流程平均需2个月时间才能完成，通过设置时间与考核挂钩，提升了50%的流程速度。

对其他企业的启发点/亮点：

（1）流程优化方法中的ESIA过程，不只是删减、简化、整合、自动化可以为流程创造价值，增加关键价值环节同样可以为流程创造价值。

（2）积压物资的处理并非只有报废一条路，在日常工作开展过程中，需要多问几个“为什么”，有时减少浪费也是另外一种价值增值的体现。

（3）不仅要考虑物资的后端处理措施，更要将思维往前延伸，反思物资积压的原因，想办法减少积压物资的数量。

9. 从库存视角提升供应链流程效率

供应链模块向来是制造型企业价值创造的核心流程领域，它的效率高低得到了公司各层级员工的广泛关注，自然也成为众多流程变革/优化项目的聚焦点。

A 公司作为一家国内大型电子制造企业，不仅处于微笑曲线中间的附加值最低点，而且公司的库存周转率一直低于行业平均水平，已经严重影响了公司的现金流与投资回报率。经公司高层决定聘请国内著名的库存控制专家程晓华老师，借鉴行业最佳标杆实践，从库存控制角度全面审视公司的供应链问题，提升公司整体的库存周转率，减少呆滞库存积压成本。下面我们通过 12345 分别代表的不同含义，来全面解读程老师从库存角度对供应链流程变革的精髓。

- **1 个目标——ITO**

通过全面优化企业从订单到交付流程，降低呆滞（E&O）库存，提高订单交付率，最终提高年化库存周转率（ITO = 累计销售物料成本/年平均库存 * 12/当前月份），从而实现公司的现金流周转速度（C2C）和股东投资回报率（ROI），聚焦让钱转起来，即转就是赚。

- **2 个端到端模型——SCOR 与 PLC**

第一个需参考的端到端模型是供应链运作参考模型（SCOR）。库存在这个链条上扮演了重要的黏合剂作用，如计划库存、VMI 库存（对于供应商管理的库存）、生产库存、MRB（材料审查会议）库存等，说白了各环节都离不开库存。其实大家玩的都是库存，是从库存角度全面审视供需链管理问题，所以整个全面库存优化都绕不开 SCOR 模型（如图 4－10 所示）。

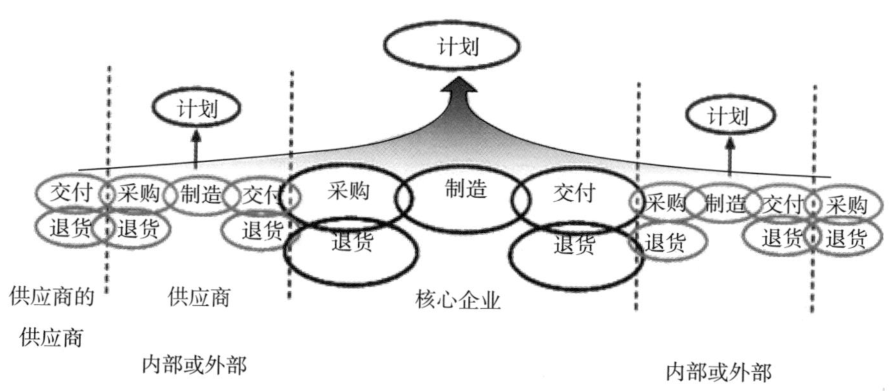

图 4－10　供应链运作参考模型

第二个比较重要的端到端模型就是产品生命周期模型（PLC，如图 4－11 所示），即一般产品生命周期都会经过 NPI（新产品导入）、Ramp up（爬坡）、Mature（成熟）、Ramp down（斜降）、EOL（产品生命周期结束）五个阶段。我们在从订单到交付的全流程过程中需时刻关注本产品所处阶段，然后根据不同的周期采取不同的库存策略（保守或激进），如果产品处于 Ramp up 阶段，我们就可以采取比较激进的库存策略；如果产品处于 Ramp down 阶段，我们就要采取保守的库存策略，做好生产与采购的信息及时对接，尽量减少产品突然 EOL 时的呆滞库存比例，降低损失。当我们接到客户的订单或 Forecast（预测）时，需“前看看”（看 Sales/OC/客户的未来预测），“后看看”（看历史实际出货数据)，“中间做判断”（做出合理的库存策略)，而不能盲目地相信Sales和客户的预测，因为一切的预测都是错的，但仍挡不住我们可以做出一个相对正确的预测。

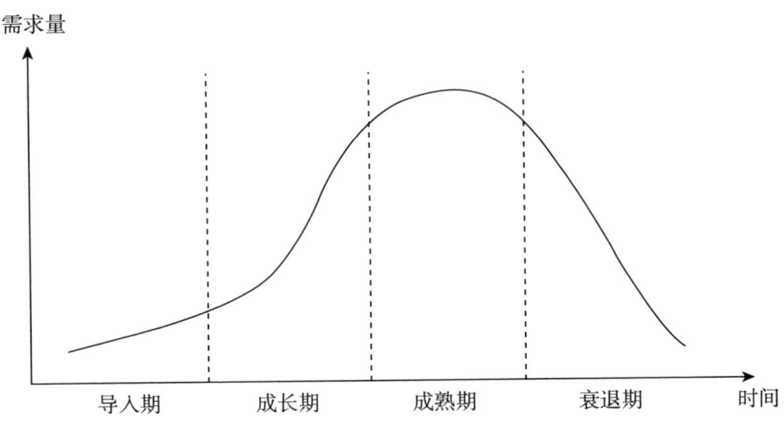

图4－11　产品生命周期模型

- **3个阶段——APS三步走**

第一阶段A——Audit：现场审核与数据验证的过程。审核前提前准备好相关的材料，并确认项目经理及组建团队。现场与项目组一起进入现场深挖分析供应链管理过程中存在的问题，并提出初步的解决建议，此阶段主要是“你说我听”。

第二阶段P——People/Process/Performance designing：优化设计过程。针对前期审核的问题点，与客户一起研讨未来的解决措施，按照程老师的十大流程领域，梳理组织、流程、IT、KPI绩效等的运营模式与方法等，此阶段主要是“我说你听”。

第三阶段S——Sustaining：夯实与巩固的过程。根据流程实施情况，通过与客户定期的检查与复盘，不断夯实组织、流程、IT及绩效达成情况，持续培养具备供应链流程思维的关键角色，提高整体组织绩效及按流程做事的文化氛围。

- **4 个维度——3P +1M**

整个流程变革咨询主要从 4 个维度进行审视，3P 指的是 People、Process、Performance，即分别从组织及人员、流程及绩效考核三个维度交叉分析与优化目前运作存在的问题，其中，组织是保障、流程是战术、绩效是目的，三者之间互相影响与支撑。

1M 指的是 S&OP（销售与运营计划）会议，通过销售、订单管理、生产计划、物料计划与采购执行等各角色间的相互协调配合，大家在 S&OP 会议上各司其职，各抒己见，最终达成一致输出 MPS（主生产计划），作为运行 MRP 系统运算的关键输入。S&OP 会议需要每周定时、定点、定人、定规则召开，它的输出影响着后端客户订单交付的质量。

- **5 个主要角色——OC/PC/MC/Buyer/IP**

从接收订单到订单交付的端到端流程中主要涉及五个角色，分别为 OC（订单管理岗）、PC（生产计划调度岗）、MC（物料计划控制岗）、Buyer（执行采购岗）、IP（库存计划岗）。

（1）OC 主要职责是承诺客户订单质量及评估风险分析、召开 S&OP 输出 MPS、运作 MRP、实施成品 EOL 计划、清理过期 SO、成品库存风险分析等。

（2）PC 主要职责是制订粗产能计划、释放 W/O（工单）、监控日排产计划达成率、定期清理过期 W/O、半成品库存风险分析等。

（3）MC 主要职责是分析关键物料清单（CPL）可得性、检查 W/O 齐套性、组织工程变更的物料切换评审、向 Buyer 下发采购申请（PR）、清理过期 PR、原材料库存风险分析等。

（4）Buyer 主要职责是根据 PR 向供方下达采购订单（PO）、督促供方交付质量承诺、清理过期 PO、评估短缺物料应对方案等。

（5）IP 主要职责是根据公司年度库存目标及库存实际数据制订

ITO 达成计划及分解目标、定期评审 E&O（呆滞）库存、DOS（供应天数）、Aging（账龄）及 ITO（年化库存周转率）的达成率等。

最终通过从订单到交付中的 10 个流程与 12 张表来连接以上所有的元素，从而实现库存周转率目标，增加企业现金流，提升资金周转速度。

本文实施的流程变革项目中运用的各种模型、最佳实践流程、岗位职责、分析思路等，对笔者后续的工作影响深远。对于想更全面了解供应链库存控制流程的小伙伴们，可具体参考程晓华老师的《制造业库存控制技巧》，相信你会从中学到不一样的供应链流程解决之道。

10. ERP 跑不起来，谁之过

在目前国内的大型制造企业中，使用 ERP 运行企业供应链系统的企业不在少数，通过二十世纪八九十年代的宣传和普及，甚至已成为“标配”。但从国内实际运行情况来看，完全实施 ERP 系统功能且运行顺畅的却又少之又少，企业前期投入大量人力财力却得不到应有的回报，不禁让人开始质疑 ERP 系统的先进性。那么，目前国内企业在实施 ERP 系统中普遍面临着什么样的困境和难点呢?

当 ERP 实施及落地遇到阻碍时，高层批评中层缺乏魄力，决心不足；中层要求基层按流程和系统执行，别搞另类；基层又私底下埋怨高层关注参与度不够，各层级之间相互埋怨。最终 ERP 跑不起来，到底谁之过呢?

下面我们就以某国内大型制造企业在实施 ERP 艰难之路中的乱象

入手，探析 ERP 之殇。

- **ERP 为什么跑不起来**

（1）人的因素

人都是惯性的奴隶，如果你被逼着用新的做事方式代替原有的，本质上是极其反人类的。就好比你已习惯了用右手拿筷子夹菜，突然有一天告诉你用左手夹菜，你会是什么反应？习惯并熟练了线下操作业务的人，突然改上 ERP 系统了，其实道理是一样的。

如果用 ERP 系统可以替代线下大量烦琐的工作，且系统数据时时透明可查，除了习惯的因素外，理论上讲大家应该是比较同意并认可的，那为什么还有人不愿意用 ERP 系统呢？原因就是太透明了，可能在一定程度上影响了自己 KPI 指标的达成。例如，对于超领的物料，用不完剩余的就放在自己的小金库中藏着掖着，如果另外的项目物料损耗率超标了，就可以用小金库物料来弥补，这样导致的后果就是无法真实反映财务成本数据，影响各项目的成本效益核算。

（2）系统本身局限

我们从不否认 ERP 系统的先进性，但我们也承认 ERP 系统并不是万能的，它能解决一些常用的业务流程操作，但对于一些企业特定的使用场景有时也是“无可奈何花落去”。

例如，对于一些企业因某些物料可得性受限及降成本的考虑，会运用大量的替代料，而且经常面临订单已锁定，但还在变更 BOM，导致采购不得不紧急下单催料，影响物料齐套及生产按时交付。对于类似这种情况可能需要我们运用管理手段来解决，而不是单纯依靠 ERP/IT 系统。

同时，我们在实施 ERP 的过程中，经常会发生与前端 PLM 系统及后端 MES 系统之间的数据传输和抛转现象，相关系统之间的接口和衔接需要不同领域 IT 工程师进行充分研讨，有时会因系统本身衔接问题而暂时搁置。例如，如果前端PLM系统的BOM经常变动，不及时定型，在抛到后端ERP系统时可能就会影响采购下单的及时性。

（3）数据不准确因素

其一，主数据不准确。了解ERP系统的人都知道，ERP系统在跑MRP时需要综合考虑很多因素，如MOQ、MPQ、主副料替代规则及比例、客户信息、BOM物料清单、库存信息等，如果企业的这些基础数据在系统中不准确的话，那么按照ERP系统逻辑跑出来的MRP结果你还能相信吗？所以要想运行基本的ERP系统，企业需要把基础数据准确性提上来，这是基本功。

其二，交易数据混乱。在ERP系统实施不彻底的企业，由于默认允许存在线下操作，使得ERP系统操作人员对线上的交易数据未及时处理，导致系统数据混乱，账实不符，影响了MRP的运行效率。如对于一些完工的W/O（工单）不及时清理，放任其在系统中积压，容易导致系统数据与实物不符，影响系统的逻辑运算。

（4）企业自身管理问题

某些企业自身管理比较薄弱，由于无法及时应对客户的订单波动，于是将压力传递给上游的供应商，当在ERP系统中下PO（采购订单）时，只是作为供方的备货预测，而不作为实际采购订单，最终以向供方下调拨物料计划为准，有点不诚实的感觉，但也从一方面反映了企业管理的薄弱性。

为了运行ERP系统，企业专门实施了外部咨询项目，专业辅导制订了一系列标杆级业务流程，看似完美的落地方案，但等顾问一撤，员工岗位一变动，原有的成果立马消失，为什么？有的是因为原有岗位人员发生变动，新人交接未做好；有的是因为流程执行不到位，设计与执行两张皮；有的是业务流与系统操作流的衔接未处理好，不能很好地指导业务等。不管系统多么强大，也代替不了管理的缺失。

- **整体建议**

以上某企业 ERP 系统实施过程中发现的问题和原因并不是个案，而是在中国企业较为普遍的一个现象，需要针对具体问题制定特定的解决方案。在此我们也只能给出一个概括性的指导方向。

（1）一把手工程。ERP 系统实施作为一个企业供应链领域的系统流程变革，不仅需要供应链各业务角色、流程、IT 及变革的人员参与及配合，更需要公司高层及一把手痛下决心地改革，用“壮士断腕”的决心消除不良习惯，遵从行业标杆及规律。曾经某业务问题常年“带病运转”得不到解决，当某次业务汇报反馈至分管副总裁后，多年的顽疾一句话分分钟落实解决，这就是一把手参与的魅力。所以，我们杜绝高层将关注仅停留在口头上，而实际参与很少，这样的项目支持者不要也罢。

（2）实践优先，先运行起来。不仅要集公司之力，不达目的决不罢休，而且要用心踏实梳理好业务流程与各系统之间的衔接，充分深入业务识别各种业务场景，顾大局舍小利，不要被细节绊住前进的脚步，先让系统跑起来再慢慢修正，杜绝求大求全的完美主义。

（3）打铁还需自身硬。再好的系统如果没有企业基础数据的支撑，系统跑出来的数据也是不堪入目的。因此，企业在实施 ERP 系统过程中，舍得花时间花精力用在企业的数据治理上，有点像华为搞基础研发投入，虽然并不能像销售那样直接、迅速地产生价值，但却能支撑企业的长期运营。

（4）互利共赢、利出一孔。寻求与各方的协作共赢，多从他方角度提出解决方案。与客户建立良好的互惠关系，及时拿到需求预测，确保后方稳定生产与采购；与供方平等协商，严格按照采购合同执行，杜绝“当大爷”“耍流氓”，与供应商一起成长，一起受益；与内部各角色相互理解，不推诿，遇到问题大家一起想办法，制订有效协作机制，为公司发展添砖加瓦。

每个人的阅历和站得位置不同，看问题的角度也会不同。每个公司的ERP系统都有自己独特的实施难点和困境，而且看似很多ERP系统技术或流程层面的问题，90%以上的问题却需要提升管理的手段或水平才能去解决，我们也不可能给出一剂万能良药根治ERP系统之痛，最终还是希望各管理层多用积极的心态加强内部管理。只要大家齐心协力，集思广益，相信办法总比困难多。

11. 一次流程体验之旅，我的思考与行动

- **背景**

A公司是国内一家知名的电子制造企业，每年第三季度是行业订单旺季，作业员招聘需求自然也就比较大。但由于行业特点，一线作业员流失率较高，造成这段时间公司的作业员缺口特别大，因此，每年第三季度招聘作业员都会成为公司高层关注的重点，公司也会采取一系列的激励措施发动全员开展招工任务。

在公司的招工政策指引下，笔者也为公司介绍了一名作业员，并全程陪同这位小伙伴做相关入职手续，顺便体验了一下公司的作业员招聘流程。

通过这次偶然的体验，笔者还真发现了一些流程上的问题，那下面就让我们一起来看看这次奇妙的流程体验之旅吧。

- **流程现状与核心问题**

（1）流程现状

作业员招聘流程中作业员当天面试入职阶段过程如图4－12所示：

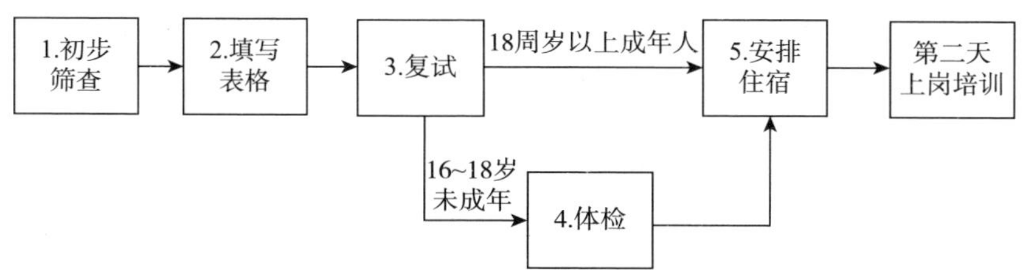

图4－12　作业员面试入职阶段过程

流程活动说明：

1. 初步筛查：借助公司内网与公安联网系统，及面试官基本问题判断和身体检查结果，初步排除不符合公司基本用人条件的候选人，为后续环节节省时间。

2. 填写表格：对初步筛查合格的候选人，发放填写正式用工信息登记表，并由专业人员在现场进行填写说明的讲解和辅导。

3. 复试：分批组织复试、办理入职手续，并发放用于指导后续工作任务的通知单。

4. 体检：对于未满18周岁的未成年候选人，按照国家规定需要进行体检及特别岗位安排，充分保护未成年人的健康职业安全。

5. 安排住宿：对于复试及体检合格的人则由宿管科统一在下午集中安排宿舍，拎包入住，然后候选人按照通知单要求进入第二天的岗前培训环节。

（2）流程存在的问题及原因分析

①天热排队体验差

在入职高峰期容易造成排队现象，且一年之中第三季度是最热的时候，很多候选人被暴晒在太阳底下，感觉得不到尊重，入职体验不好。

②表格设计不人性化，且讲解无重点

用工信息登记表的填写规范前后标准不统一，由于候选作业员的水平良莠不齐，容易出现填写错误返工现象，浪费时间。同时，表格内容较多，但讲解员的讲解顺序经常出现跳跃性，导致作业员跟不上节奏填写，找不着重点，容易填写出错。

③分批复试，等待浪费时间

根据笔者的观察，作业员的入职流程采用的是批量复试形式，即一批作业员入职结束而另一批还没开始复试时，中间有一段复试官的空闲等待时间。

④体检地点较难寻找

对于未满18周岁的未成年人还需要体检，但体检的医院与面试入职不在同一个位置，而且由于厂区面积较大，很多新人找不到体检医院的地点，只能通过询问打听等方式获取，体检体验反馈不好。

⑤宿舍安排时间不灵活

因为规定每天下午集中安排宿舍，但对于上午很早就办理完入职手续的作业员，只能在大热天拖着行李，无处安身。

- **优化思路与方案**

根据体验及观察到的问题，笔者将个人的一些想法与作业员招聘负责人进行了交流，并得到了积极的反馈与改善响应。主要优化思路及方案如下：

（1）根据面试类型及人数进行分类分流

如遇面试高峰时，因中介介绍的人员数量一般较多，可将此部分人员单独安排场地面试和填写用工信息登记表，减少因一个入口等待面试的排队现象。

（2）制定填表规范，并增加填写样例模板

为减少候选人填写用工信息表的错误，在每张桌子上增加填写模板，并对模板进行压膜后固定在桌子上，防止大家乱涂乱画。另外，由于用工信息登记表内容庞杂，对基本信息（如姓名、家庭地址、学历等）一一解说没有必要，因此建议只说重点及易出错点即可，其余不懂的可以现场咨询服务人员。

（3）改变复试模式，减少等待时间

有人做过一个关于批量审批与连续审批效率孰快孰慢的实验，最终的结论是连续审批的效率明显高于批量审批，此方法运用了精益生产中的单件流思维。因此，我们改变批量等待复试的模式，调整为连续无断点的复试方式，后经验证效率及效果也非常明显。

（4）通知单背面增加体检医院地图

经与招聘负责人沟通，建议在通知单背面印刷入职地点到厂区体检医院的导航图，便于候选人能够迅速找到准确位置。

（5）宿舍安排次数适当增加

根据当天入职人员数量，实时调整住宿安排次数。当上午入职人员数量较多时，可由宿管科及时安排员工入住宿舍，避免集中下午安排的尴尬，提升了作业员的入职体验感。

通过以上几点问题分析可以看出，流程优化无处不在，只要我们时刻具有流程优化的思维，用心做好生活及工作中的每个细节，任何事情都可以做好。

附：招工思路脑洞大开

如果我们跳出作业员招聘流程的微观细节，重新思考招聘模式，能否为当下各公司作业员招工难的困境提供一种创新思路呢？笔者尝试运用大数据思维，给出两种建议思路：

（1）与国内拥有大数据技术的公司合作，通过大数据在全国范围内锁定符合条件的目标应聘人群，定点推送工作招聘信息，达到“广撒网，多敛鱼，择优而从之”的目的。

（2）以公司历年的招工信息数据为基础，运用大数据技术，分析历年员工主要来源地、招工数量多的介绍人、作业员毕业学校等数据，实施不同的招聘策略，降低招聘成本。

12. 对一次流程优化教训的剖析

大家在开展日常流程优化过程中，起初都是奔着实现“价值”和“客户需求”的美好愿景而去的，但现实的道路总是崎岖不平，往往并不总能让你随心所欲，总有那么几次受挫和郁闷的经历让你记忆犹新，难以忘怀。

在笔者从事流程管理工作十年的职业生涯中，也面临过同样的问题。其实，流程优化中偶尔的失败并不可怕，可怕的是总活在过去的阴影中而无法吸取经验教训朝前看。敢于正视失败，才是具备“黑匣子思维”的正确价值观体现。下面笔者就跟大家分享一次失败的流程优化经历。

- **背景**

×公司是一家具备多年流程管理实践基础的行业领头羊，并且在流程体系建设方面也探索出了适合自身发展的路径。前两年，公司借助咨询公司力量搭建了完善的流程架构体系及流程管理相关机制，并分步梳理了公司各业务领域的流程。但是，公司领导认为某些业务领域跟友商相比优势不突出，个别业务内外部客户抱怨都较大，希望流程管理部门不要拘泥现有的流程文件管理工作，能够学会主动出击，寻找公司中成本花费高、问题反馈大、使用范围广的业务进行重点优化梳理，深入解决业务实际问题，提升公司各业务领域的运营效率。

- **现状及问题**

按照公司领导指示，在公司范围内按照流程的使用频率高低、用户反馈问题多寡、业务受众面大小三个维度，通过调查问卷对公司员工进行问题反馈征集，初步圈定以服务采购业务（生产原材料除外）为试点开展流程优化。公司服务采购业务的类别主要涉及设备、备件/工装、IT 设备及物资、办公行政物资等。

通过对服务采购业务的问题收集与业务访谈，发现主要存在以下问题：

（1）系统签批流程较慢。部分采购业务虽然已经实现了线下转线上，但部分业务存在以线上会签功能代替线下评审的问题，导致线上签批流程节点越加越多，越多越乱，影响了整个流程的签批时效。

（2）采购业务未分层签批设置。调研发现对于高价值的设备采购流程与日常低价值的行政采购流程签批原则及流程节点几乎一样，没有根据业务类别、采购数量、价值大小等维护进行精细化分层签批管理。

（3）流程存在断点或重复。流程设计只关注自身业务范围，未从端到端的视角统一拉通，导致跨部门流程间存在重复，甚至断层，无法较好地支持业务有效落地。

（4）采购周期无法满足客户需求。所有业务都按照常规流程签批，有的实行纸质签批或邮件沟通，且未区分紧急优先级；同时，部分业务的采购策略依然采用人海战术，业务运行模式较为落后。

（5）流程签批授权不足，部分节点签批意义不明确，沿用历史或习惯盲目签批。

- **实施方案**

通过项目组对问题的深刻剖析和评审，决定按照以下优化原则和策略实施开展。

（1）整体优化原则

①统一决策，集体评审。将采购需求评审统一管控，公司定期组织评审决策。

②分类、分层管理。针对不同采购物资类型，设置不同的签批条

件，并识别各节点签批意义，区别化管理，降低整体管理成本。

③端到端横向拉通审视。从采购需求到物品领用与付款，运用端到端流程视角审视业务中存在的问题和断点。

（2）具体优化策略

①优化范围

a. 本次服务采购业务的流程优化范围涉及生产设备、备件/工装、IT设备及物资、办公行政物资等采购领域。

b. 每种采购物资的优化梳理开始于客户需求，终止于客户领用完成和供方付款。

c. 整个流程优化路径主要包括调研访谈、梳理现状及问题、设计解决方案等三大阶段，共计3个月时间。

②团队搭建

a. 决策及推动组：主要由公司高层分管领导及各业务一把手组成，负责重大问题或项目的决策事宜，并对项目指明方向。

b. 流程管理部门：是项目的主要实施方，作为此项目的项目经理，负责项目的整体问题识别及方案提出。

c. 采购业务部门：协助流程管理部门推动项目实施，并将方案落地。

③方式方法

在流程优化梳理过程中，采用了流程管理中的多种方法和工具，具体如下：

a. 业务访谈法。根据服务采购业务的特点，设计有针对性的问卷调查，并对发放人群进行了一定的聚焦，重点关注日常与服务采购业务密切关联的对接人员。

b. 穿行测试法。针对业务容易跟踪和追溯的，采用“跟单”模式，现场观察业务的实际运行流程，并对关键路径和环节进行记录。

c. ESEIA法：充分利用流程优化的思想和方法，对存在的问题点进行认真思考，多角度审视优化路径，集思广益，充分研讨。

d. 端到端审视法：按照服务采购流程的采购物资类别，对每一类都按照需求评估流程—供方开发流程—竞价签批流程—采购执行流程—物资领用流程—供方结账流程的逻辑进行端到端审视，详细查找每个环节的问题及提出可行的解决方案。

（3）优化方案效果

尽管项目最终以失败告终，但中间过程也不乏一些优化改善点，具有一定的借鉴意义，供大家参考。

①通过运用流程优化方法和工具对个别流程节点进行了完善，删除了多余和无价值签批节点，同时也根据金额和价值大小对部分流程做了分层授权签批，在一定程度上提升服务采购业务运行效率。

②借助 IT 手段，将 Buyer 与供方之间大量的线下协调沟通环节迁移至线上运行，并能够进行线上流程追踪和记录，减少了业务人员的工作量。

③针对重资产的生产设备及 IT 设备采购，强化了线下集体评审，从不同专业视角集体把控风险，将采购风险点前移。

④对于流程间断层的环节进行及时“补位”，防止业务断裂无法正常流转；对于流程环节重复，而要求不一致的地方，重新评估进行修订。

- **失败原因复盘及教训**

看似完美的流程优化思路及方案，却危机四伏，“暗藏杀机”，此项目尽管花费了大量的时间和人员投入，但最终被定义为失败项目，不得不令人惋惜。

虽然整个流程优化梳理实现了部分点或线上的改善提升，但并没有从整个服务采购业务的面上系统解决实质性问题。通过现状调研梳理出的 TOP10 流程问题，有近一半仍然维持了现状，客户优化感受度不明显，未达成预期设定的目标。

经过笔者的复盘反思，总结归纳出此项目失败的原因主要有以下四点：

（1）项目实施主体错位。项目开展初期，流程管理部门迫切需要提升在公司及老板心目中的整体形象，因此将流程管理人员任命为项目经理。将业务部门作为了支持参与方，配合开展流程梳理优化，未将其作为实施主导方，这样容易导致业务部门不积极不配合，总感觉在“找茬”，使得业务部门领导对方案也不认可，整体遭到了业务部门各层级的强烈反对和不满，没有达成最终的共识。

（2）相关方识别有遗漏。项目团队搭建过程中没有考虑将财务人员和IT人员拉进项目组，导致最终在方案落地时，遇到了财务政策和IT系统不能支持的障碍。这充分说明了，再好的方案如果缺乏落地的政策环境和手段，也只是我们想象出来的“空中楼阁”。

（3）相关方沟通不充分。流程优化解决方案中涉及较多的业务模式的变革，但之前并未与业务部门领导及分管副总裁沟通确认可行性，导致在汇报解决方案时遭到了各级主管的反对，普遍认为变革的时机不成熟，超出了目前的环境范围。因此，建议后续汇报前可私下征询主要相关方的意见，避免汇报时遭遇“滑铁卢”。

（4）项目时间与范围不匹配。整个项目实施时间只有3个月，但实施范围却很广，涉及各类采购物资的流程优化，未充分评估项目范围与时间限制，使得部分优化方案缺乏深入的思考和论证。

对其他企业的启发点：

（1）与相关方的沟通很重要，尤其是赞助人及主要相关方领导。

（2）业务流程优化项目的主战场一定在业务部门，杜绝以流程人员为中心，要学会做隐形的支持者和坚强的后盾，成功不必在我，但成功一定有我。

（3）方案的设计要考虑企业当下的环境及现状成熟度，切不可盲目理想化，而使方案难以落地。

第五篇

关于流程优化的一些事例

1. 礼品申请流程优化的启发

业务流程优化过程中，我们经常会遇到这样一种现象：同样一项业务，由于不同的人在不同的时间和情景下所做出的优化目的不同，最终导致的流程优化结果可能会截然相反。

下面的这个《礼品申请流程》优化案例，就是笔者在接收到高层布置的流程优化专项任务后，在尚不明确流程优化背景和目的的前提下，前后做的两个版本的案例对比。为了对比及展示需要，作者假设了两个公司的不同优化情景，并对部分业务细节进行了微调。

情景一：基于降成本管控目的的礼品流程优化

- **背景及目的**

×企业作为一家在国内上市的国企制造业，在日常的相关利益关系维护方面做得相当不错，得到了社会各界的广泛认可。但随着近两年行业的周期性下滑，节能降耗、控制成本成为当前企业狠抓的重点。公司要求各部门从职能职责、业务流程等角度寻找提升效率、降低成本的途径和方法。对于行政部门来说，礼品申请业务是每年成本花费的重点区域，自然也就被列为本次梳理优化的重点流程。

- **现状与核心问题**

维护与相关利益方的关系是本企业持续发展的一项重要内容，如何让礼品赠送在重要节假日发挥应有的作用，同时又能降低不必要的成本开支，成为本次流程优化需要考虑的重点。

通过调研发现，各部门的礼品申请流程主要存在如下问题：

（1）礼品申请标准不统一。在各部门申请礼品走访时，未针对走访对象及其级别设置相应的金额要求，造成每个部门的走访标准参差不齐。同时，也未对年度走访次数进行严格限制。

（2）礼品种类较单一。目前公司礼品仓库的礼品种类主要以酒水、茶叶、花生油等为主，难以满足各部门对礼品赠送的多样性需求。

（3）礼品申请流程过于简单。OA系统中的礼品申请流程就三个节点，申请人提出申请，直接主管确认礼品数量、金额的真实性，部门负责人审批即可，且针对部分超额礼品申请未进行加严管控。

（4）礼品申请预算缺失。在行业繁荣时，公司对礼品申请未从预算上进行严格控制，但行业下滑时礼品申请依然如此，使得礼品申请一年的直接花费就高达近1000万元，给公司造成了沉重的经济负担。

- **优化思路与方案**

针对以上调研发现的问题，流程管理部门提出了如下有针对性的优化思路和建议方案：

（1）对礼品走访对象进行分类分层管理。按照客户类、政府维护类及其他类等对相关利益方进行分类管理，然后再依据被走访人员职级设置相应的标准及年度拜访次数限制，原则上日常关系维护时间仅限中秋与春节，但对于特殊事项可单独申请。

（2）丰富礼品类型。按照200元以内、200~500元、500~700元、700~1200元及1200元以上五个档次，分别采购不同金额的礼品，并通过外部协作方式，开发可定制化公司专有礼品，丰富现有仓库礼品，满足不同部门对礼品的需求。

（3）礼品申请流程分层加严管控。

①通过统计上一年度OA系统礼品申请数量及单次申请金额发现，

20%的申请数量占了80%的费用总额，因此决定对流程设置分层签批。一次金额小于等于500元礼品申请由部门负责人终签，金额大于500元小于等于2000元由分管副总裁终签，金额在2000元以上的由董事长终签。

②在所有终签前增加行政部礼品采购专家的审核节点，审核礼品申请等级的合理性及必要性，并给予一定的建议。

（4）将礼品申请纳入各部门预算。在需求人填写OA礼品申请表单时，系统金额字段自动与礼品预算挂钩，如果超部门季度预算，则申请单无法提交，需单独提交《超预算单》，从部门预算角度严格控制礼品申请超标。

- **优化效果**

（1）降低礼品申请成本。通过预算管控及流程加严，从机制上遏制了礼品申请的泛滥，与公司倡导的节能降耗相吻合。

（2）满足了各部门的多样化需求。通过丰富公司礼品的种类，让各部门有了更多的礼品选择，能够充分发挥礼品赠送本身的价值。

（3）提高了礼品申请的精细化管理水平。对不同的利益关系人进行了分类分层，并针对不同关系人类型、重要度及职级等设置不同的年访问次数，从一定程度上提高了公司管理的规范性与精细化水平。

情景二：基于更好地服务客户目的的礼品流程优化

- **背景及目的**

在企业的相关方拜访或参观时，为了表示感谢，企业都会送一些纪念品作为馈赠。但近期有相关方开玩笑反馈，自己已经收到贵公司好几份××相同的纪念品了。虽说是一句玩笑，但说者无心，听者有意，此事件却引起了高层的重视，责令流程管理部门与归口管理部门限期整改优化，杜绝类似事件的再次发生，更好地发挥礼品业务服务客户的导向作用。

- **调研过程**

（1）系统数据分析

流程管理部门首先将礼品申请业务近一年的数据从系统中直接提取，经过分析后发现如下混乱现象：不同的礼品类型走不同的签批流；系统流程字段填写混乱，部分金额字段填写为0，而且还能通过审核；部分申请礼品理由填写模糊，甚至不填写也没问题……

其次，按照不同的业务体量及金额统计分析发现，整体数据分布基本符合20%业务占80%费用的二八原则。

（2）流程现状分析

目前系统中的流程签批路径为：申请人—申请人部级—申请人中心级—申请人分管副总裁—采购部门部级—采购部门中心级—采购部门分管副总裁—仓库核实库存执行，整个流程不分金额，按照申请部门和采购部门的领导级别层层签批。经调研了解，采购部门对各业务的需求申请缺乏专业把控，无法判断礼品申请的合理性，流程签批时基本为“盲签”。

（3）主要需求部门的访谈分析

按照礼品的客户类型对主要礼品需求部门进行了调研访谈，从礼品使用时间上主要为春节和中秋，以及其他一些重大活动场合。在礼品需求方面主要集中在礼品丰富性、流程签批效率及突发应急措施等方面。另外存在一些部分部门的个性化诉求，如是否允许单独设立礼品仓库。

- **现状与核心问题**

通过调研发现，各部门的礼品申请业务流程主要存在如下问题：

（1）礼品丰富性不足。目前礼品类型缺乏多样性且中等价位礼品偏少，不能满足各业务的实际需求。

（2）归口分散。礼品业务用途广泛，分布在各部门，无统一的平台部门集中管控。

（3）流程签批较长。整体流程按领导级别层层上报，未按实际业务场景分类签批，影响紧急礼品的需求。

（4）预算管控时效。各部门预算管理水平参差不齐，导致礼品申请频繁走《超支申请单》，且流程签批简单，管控失效。

（5）需求管控不严。采购部门作为采购的执行部门，缺乏专业的需求把控和监督。

- **优化思路与方案**

结合调研现状及问题，从职责分工、流程优化及后续管理三个方面给出礼品申请业务的整体解决方案，具体如下：

（1）明确归口管理职责及分工

①由行政部作为公司礼品申请的归口管理部门，主要负责礼品种类的丰富和完善、礼品申请的推荐、礼品清单的维护共享、流程持续优化及日常监督管理等。

②由市场部协助行政部策划礼品种类的升级，按照礼品金额及特点进行礼品分类分层，丰富礼品类型，满足多样化需求。

③各礼品申请部门负责业务范围内的预算管控、申请提报及审核，可不定时向行政部提出礼品业务的优化建议。

④采购部门只作为礼品采购的执行部门，不再进行需求把控；IT部门负责优化后流程的系统落地和验证。

（2）业务流程优化建议

整体思路：为充分发挥礼品实际价值，适当提高审批层级，简化预算内流程签批，提升审批效率，但对超预算申请加严管控。

①预算内流程申请优化

a. 常规申请

提报系统申请前，需求部门可电话或邮件向行政部人员咨询推荐礼品，然后再提交系统申请，避免乱提或礼品标准不合适等问题。具体流程如图5－1所示：

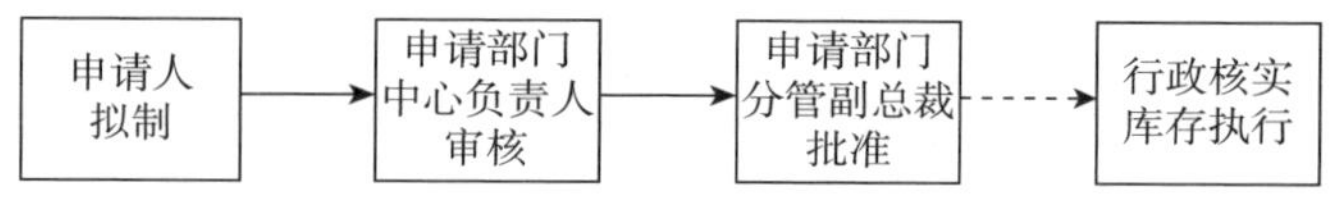

图5－1 常规申请流程

有人可能会问："为什么不按照金额分层签批呢?"在这里特别说明的是，每一份礼物都代表着公司对客户的一份心意，我们不能确保一个中低层人员对什么客户送什么类型礼物有比较准确的把握。流程签批层级适当提高主要考虑，高层级人员的信息获取量和敏感度相对会高些，从概率上对赠送的礼品有更好的判断力。

b. 批量申请

对批量的礼品申请可线下统一报分管副总裁签批方案，并将方案附系统附件走流程签批，集中处理，防止相同业务重复发起流程。

c. 紧急申请

针对特殊情况的紧急业务需先征求分管副总裁的同意，通过邮件或即时通信工具都可以，同时通知行政部仓管员知悉，也可采用先领用后补流程方式，但必须在3个工作日内补提系统申请流程。

②超预算情景流程优化设置

针对超预算的流程需补提《超支申请单》，且流程签批须由预算小组内高层级人员审核签批。

（3）后续维护管理

①行政部需不定期与业务部门沟通，接收需求部门的改善建议，不断优化礼品种类清单，进行信息的及时共享。

②行政部根据各需求部门的礼品使用情况，定期向高层领导发送礼品使用情况通报，做好定期地分析、预警和监控。

通过案例我们明白，在梳理公司流程时，先要明确优化的背景和目的，根据不同的优化目的确定不同的优化方向。有时需要提高效率，有时需要控制风险，有时需要降低成本，有时为了更好地方便客户等，不同的目的会产生不同的优化策略。

我们以后在提供业务流程优化解决方案时，有时不能仅仅从流程角度本身提供建议，业务部门更关注的是问题的解决，而不是采用了哪个工具或方法，需要综合考虑各种管理要素为我所用，如组织职责、IT 系统、绩效指标、责任矩阵等。因此，只有能从综合多维度的解决方案中解决业务中存在的问题，才是我们流程管理人员未来的价值所在。

2. 从 IT 需求到运维端到端流程优化

- **项目背景**

某日，IT 部门负责人主动找到流程管理部门，咨询能否从流程的角度协助 IT 部门全面诊断并优化 IT 从需求到运维的全价值链流程问题。通过沟通，了解到目前 IT 内部的流程在运转过程中存在部门壁垒，未打通跨组织的沟通和协调，IT 人员对内部业务存在一些抱怨，总感觉业务什么地方存在问题，但说不清楚问题出在哪里，希望可以借助公司流程管理部门力量全面优化 IT 业务流程，提升 IT 业务的运行效率。

IT 部门负责人的主动改善意识给流程管理部门留下了深刻印象，同时，流程管理部门也正好可以借此机会，在公司树立持续改善的标杆项目。从为公司创造价值的角度出发，两部门一拍即合，随即开展相关的流程调研及启动工作。

- **项目目标及范围**

（1）项目目标

①提升客户满意度。解决内、外部客户长期抱怨的部分IT业务与流程问题，提升客户满意度。

②端到端梳理优化，查漏补缺。理顺流程间的不通畅，减少因流程断层/衔接带来的沟通成本浪费。

③提高流程效率。重新审视现有流程运行的合理性，减少/简化/重组部分流程环节，提高IT业务流程在公司的运行效率。

（2）项目范围

①时间范围

IT流程优化专项共分为两个阶段：

第一阶段由流程管理部门与IT共同梳理问题/原因、设计方案及方案落地，计划用5个月时间完成，也是本次流程优化专项的重点。

第二阶段由IT部门实施落地的方案，包括宣贯培训、流程检查及优化等，计划从方案落地后持续开展。

②业务范围

业务范围从IT需求到IT运维服务的端到端流程全面审视优化，包含IT需求管理、IT立项、IT项目实施、IT软硬件采购、系统变更、运维服务等。具体如图5－2所示：

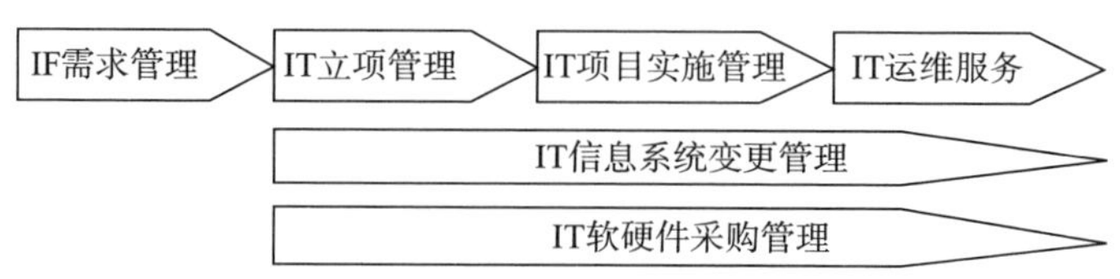

图5－2　业务范围

- **现状问题及原因分析**

（1）现状问题

为全面了解IT流程的运行现状及存在的问题，先对IT业务流程的关键干系人进行了有效识别，包括 IT 各模块主管、BU－ITBP、BU－IT、各系统关键用户、各部门流程接口等，根据干系人类型不同，通过问题收集及面对面访谈不同形式开展，最终共收集 80＋项问题，主要分为三大类：

①专业系统问题：针对此类问题，要求各 IT 各领域主管对反映收集的系统问题进行集中限期反馈与解答。

②IT 内部管理问题：将此类问题输入给 IT 部门负责人，通过搭建长效管理机制加强内部团队建设与管理。

③IT 业务流程问题：此类问题占比 70%，主要集中在 IT 需求、立项及实施、IT 变更切分、IT 运维服务、IT 机房建设及 ITBP 定位等，是本次流程优化的重点范围所在。

收集及调研访谈的问题举例如下：

①年度/半年度 IT 需求提报及评审机制不完善，存在较长时间的评审浪费及不充分现象。

②各 IT 项目组实施过程中，项目经理经常搞不清楚项目各阶段需要什么评审点及相应交付物。

③IT 系统变更与运维服务、IT 采购及立项等的边界切分不清晰，导致大量非 IT 系统变更走了 BPM 变更，造成统计人员在试图查找流程问题原因时，因 IT 系统变更原始数据的不准确而无法统计。

④IT 系统变更流程存在较多的线上加签环节，导致整体流程平均签批时效远高于公司设定标准。

⑤运维服务流程较杂乱，没有统一入口和闭环管理，且目前运维流程是站在 IT 工程师视角设计编写的，客户看不懂，体验不好。

⑥IT 机房建设中存在各部门之间的扯皮及职责切分不清现象。

⑦公司 IT 部门与 BU－IT 及 ITBP 的切分与定位不明确，导致 IT 各岗位人员对未来职业发展通道迷茫。

（2）原因分析

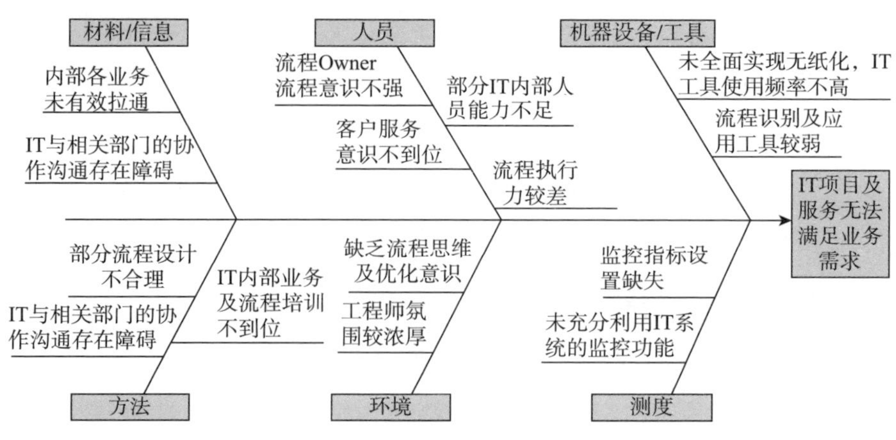

图5－3　鱼骨图根因分析

利用鱼骨图（图5－3）的根因分析发现，IT流程问题产生的原因主要如下：

①人：内部IT人员的流程意识较差、缺乏客户服务导向、流程执行力较弱、部分IT工程师的专业能力不足。

②机器/工具：IT内部流程的执行率不高、缺乏流程工具的应用。

③材料/信息：不仅IT内部各模块之间缺乏沟通，而且IT与其他部门人员的沟通能力也有待提升。

④方法：部分流程设计本身不合理，且缺乏内部培训及相应学习机制。

⑤环境：缺乏主动流程优化的氛围，工程师意识较强。

⑥测度：未发挥IT系统本身的监控功能，缺乏相应流程监控指标。

- **成立流程优化专项，项目启动**

通过收集与访谈问题的整理分析，流程管理部门召集关键干系人召开IT流程优化专项启动会，并制订了项目整体计划、团队搭建及后续保障机制。

（1）推进计划

第一阶段项目计划按照五大阶段开展，具体如图5－4所示：

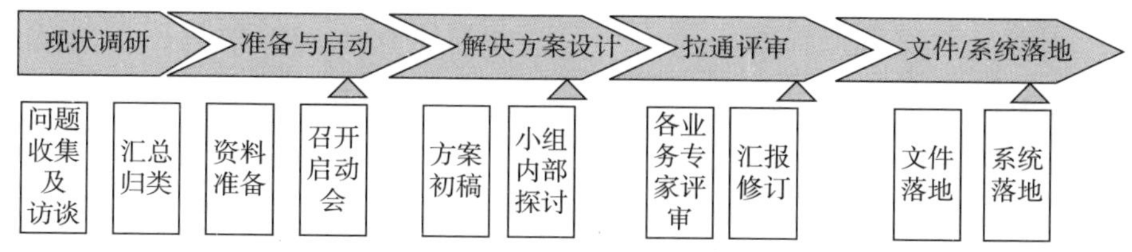

图 5-4 五大阶段推进计划

（2）搭建项目团队

按照项目搭建原则，分为决策层、推动层及执行层三层，其中执行层按照问题类别分为五个子项目模块，分别设置不同的子项目经理。同时，在项目经理下设置保障支持组，协助项目经理开展日常的项目管理及推进工作。具体如图 5-5 所示：

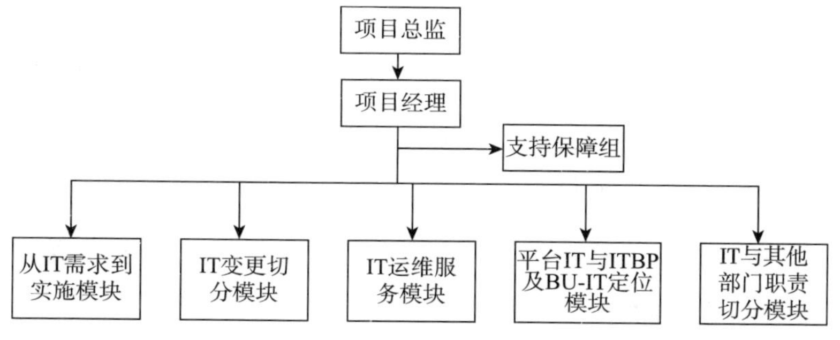

图 5-5 项目团队架构

（3）保障机制

为确保项目按计划开展，项目组在项目启动阶段与项目成员约定了几项保障机制，具体如下：

①关键里程碑评审：根据项目计划关键人员对关键 DCP 进行评审。

②项目周例会：每周二上午定期定点召开周例会，汇报上周工作进度及下周计划，并提出项目可能的风险点或问题；同时，会议结束定期输出会议纪要，及时跟踪与督促各子项目模块进度。

③专题解决会：针对各模块遇到的问题，各子项目经理可组织相关人员开展专题讨论。

④项目升级汇报机制：对于一般问题封闭在子项目模块内部解决；有异议升级至项目组，由项目经理协调处理；项目经理及内部团队间无法确定的问题可升级至项目总监决策。

⑤微信交流与监控：将项目组所有成员建立微信群，开展日常会议及临时通知功能，也可以作为内部知识及经验的分享途径。

- **改善优化过程**

按照项目整体分解的五个子项目模块，下面依次给出各子项目的主要解决方案。

（1）从 IT 需求到实施模块

①IT 项目需求流程

问题：

a. 各部门提报年度/半年度 IT 需求时较随意，缺乏内部筛选与决策机制。如某年度 IT 共收集各部门 100 余项 IT 需求，经最终评审通过立项的仅 20 项，录取率不足 20% 。

b. IT 平台部门只是将各部门的 IT 需求收集汇总，未发挥 IT 平台部门的统筹与规划职能。

c. 原成立的 IT 需求架构小组因人员岗位变动频繁，流程中未发挥应有的评审作用。

d. 只有年度/半年度 IT 需求提报流程，缺乏临时项目的提报收集机制。

解决方案：

a. 业务部门提报 IT 需求时，需将未来收益一并提交，并经内部 IT-BP 进行收益测算及优先级评审筛选后提报至平台 IT。

b. 平台 IT 部门需求接收人统一进行公司层面的预算申请与筛选，并将预算报各 BU 长审查与批准，也作为后续费用分摊划拨的依据。

c. 将原各部门专家成立的 IT 需求架构小组调整为公司预算与运营小组最终评审，提高评审人员的精准度和专业度。

d. 在年度/半年度提报需求外，增加临时 IT 需求提报机制，对临时 IT 需求申请需先提报费用预算申请单，通过后再进入项目立项管理。

②IT 项目立项流程

问题：

a. IT 立项与 IT 变更业务之间边界切分不清晰，存在交叉。

b. IT 项目立项种类较多，项目人员立项过程中缺乏统一定级的评判标准。

c. IT 立项阶段的供方选配、方案筛选、立项签批等环节，缺乏组织承接。

解决方案：

a. 按照实施人天≥50 人天或实施费用≥50 万元为边界，作为 IT 项目立项与变更的切分点。

b. 按照不同项目领域再将项目类型分为实施类、推广类及自研类，并根据实施人天及费用等维度设置不同权重，最终根据分数将项目分为 A、B、C 三类。具体如表 5－1 所示：

表 5－1　项目分类评分

项目领域（20%）		项目类型（20%）		实施人天/合同费用（60%）	
应用系统	90	实施类	90	400 人天以上/≥500 万	90
管理咨询	80	推广类	80	200～400 人天/200～500 万	80
基础设施	70	自研类	70	50～200 人天/50～200 万	70

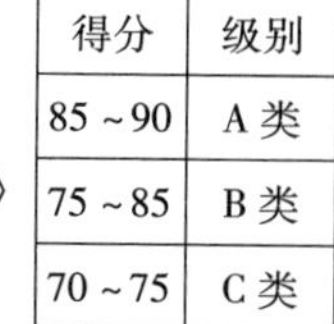

得分	级别
85～90	A 类
75～85	B 类
70～75	C 类

c. 对于进入预立项阶段的项目，根据项目维度识别业务需求评审人员，成立筹备小组，明确职责与运转机制。

③IT 项目实施流程

问题：

a. 项目实施过程中，对于项目范围、时间、成本等的变更缺乏相应的应对措施。

b. 项目不同阶段的相关交付物不明确，导致不同项目管理水平参差不齐。

c. 项目立项完成后对于软件实施部分有相关流程予以支撑，而对硬件实施部分缺乏相应流程。

解决方案：

a. 对IT项目实施过程中的变更增加变更申请机制，对于不同的变更项目设置不同审批层级。

b. 重新梳理制定不同阶段及类型的交付物与模板，按照项目阶段及类型进行相应裁剪，形成Checklist供项目实施人员参考。

c. 增加《IT基础设施硬件管理流程》，弥补项目实施过程中硬件实施部分的流程缺失。

（2）IT系统变更切分模块

①现状及问题

IT系统变更流程现状如图5－6所示：

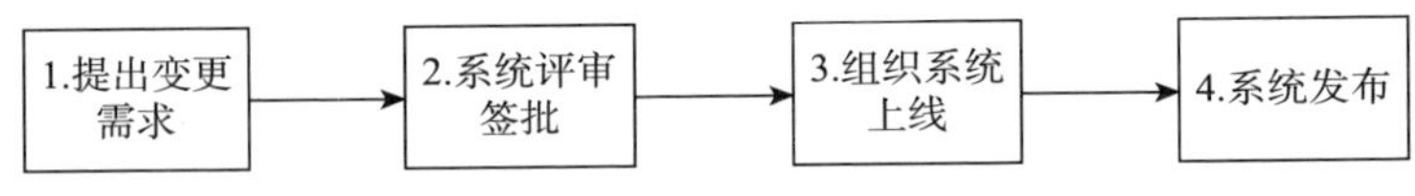

图5－6　IT系统变更流程现状

经分析发现，整个流程的瓶颈点为2节点，主要问题如下：

a. 与其他流程切分边界存在交叉。IT系统采购、立项、故障等问题均走变更流程，使得变更流程成了一个万能流程，涉及范围较广，导致后续对纯系统变更流程进行数据统计时无法筛选出基础数据支撑。

b. 系统变更流程分类不清晰，没有按照变更类型实施不同的变更策略。

c. 仅2节点的变更流程线上签批就达十余个节点，且存在无意义的加签现象，导致流程平均时间需 7.8 天，流程审批效率较低。

②优化原则

a. 明确系统变更流程的适用范围，切分清楚与 IT 立项、IT 纯采购、IT 故障问题等之间的边界。

b. 变更流程分类设置，针对不同变更类型，采取不同实施策略。

c. 重新审视流程各节点及角色的签批意义和作用，简化流程节点，提高流程签批效率。

③切分策略及流程优化解决方案

切分策略如图 5－7 所示：

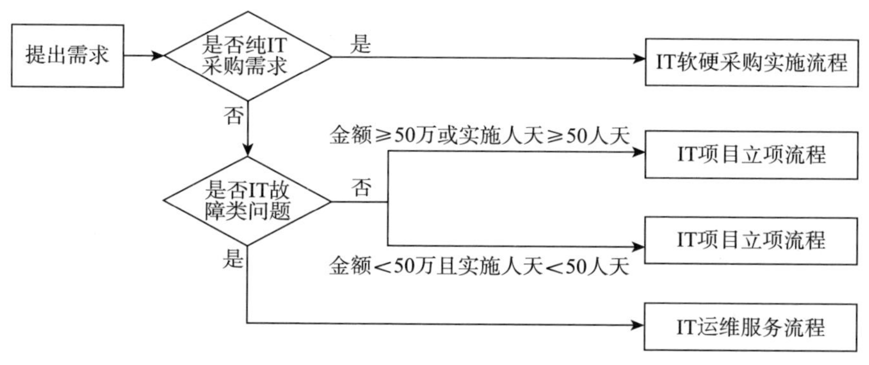

图 5－7　切分策略

流程优化解决方案：

按照变更类型将 IT 系统变更划分为三类：

➢标准变更：对于系统 bug 及变动影响较小的问题，可线下调整，无须走系统变更流程，并建立标准变更问题 Checklist 清单，随时更新；

➢常规变更：对于一般变更系统类问题，按照常规走系统变更申请流程；

➢紧急变更：对于比较紧急，影响生产线及涉及面广的，可先线下变更调整，然后 15 个工作日内补变更流程。

针对原 2 节点的变更签批，分解为先由 IT 工程师组织拉通相关数据、基础设施、系统Owner、IT采购等角色进行线下评审，然后再由业务人员提交BPM系统签批，将原先的十余个节点调整为四个，对于部分角色实行勾选签批，删减及简化无效签批节点，提高了50%的流程审批效率。

优化后流程如图5－8所示：

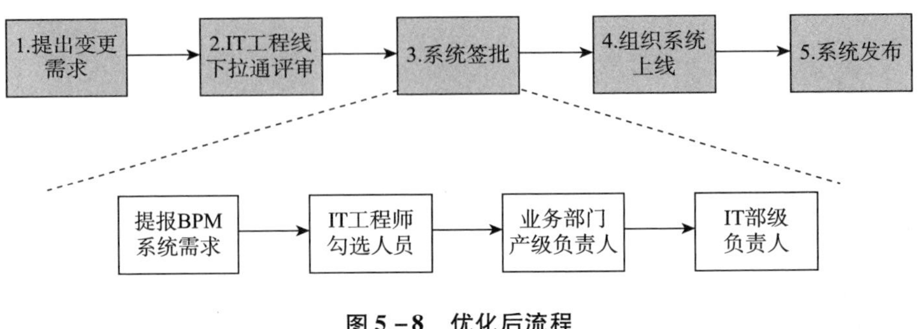

图5－8　优化后流程

（3）IT运维服务模块

问题：

①IT运维服务的接触口径较多，没有形成统一窗口。

②目前的IT服务类流程较专业，用户看不懂，而且容易产生混淆，如IT事件流程、IT问题流程、IT服务请求流程等。

③IT日常服务请求虽实现了线上/电话服务，但未实现用户确认闭环管理。

解决方案：

①以服务台为统一的IT运维服务入口，通过在线服务或固定电话接入两种形式统一进入服务台，并根据生产类、非生产类、紧急类等设置不同的处理路径，实现IT对外窗口的一致性、单一性。

②站在用户视角将目前的IT专业类服务流程，进行重新设计与整合，根据问题类型与级别，统一由服务台进行派单或升级至一线支持人员、二线支持人员、三线外包人员等。同时，将原有用专业术语编制的文件，作为主流程的岗位说明书，供IT运维工程师内部学习

即可。

③对于接收处理完的 IT 问题，由系统自动发送邮件要求客户进行满意度确认评价，对于逾期未答复的视为满意，但对于不满意的回复需进行回访，最终实现了 IT 服务问题处理流程的端到端闭环管理。

（4）平台 IT 与 ITBP 及 BU－IT 定位模块

问题：目前平台 IT 与 ITBP 及 BU－IT 的定位、管理方式与相关人员的职业发展方向较模糊。

解决方案：

①平台 IT：负责制定公司整体的信息化规划及 IT 架构、流程及规范；负责公司共享及标准的 IT 系统规划、建设与运维服务；统筹全公司 IT 资源，对 BU－IT 进行专业管理与指导，同时拥有对 BU－IT 信息化建设的知情权。

②ITBP：负责 BU 内部的 IT 需求提报、年度计划；参与或推动 IT 项目的立项筹备，协助业务部门明确业务价值；参与/推动 BU 的 IT 专项。

③BU－IT：遵从公司的 IT 架构、流程及标准规范；负责 BU 个性化的系统规划、建设与运维，配合平台开展部分系统推广实施；负责 BU 内部的园区运维、信息安全、日常系统维护等，可根据 BU 情况自选配置。

（5）IT 与相关业务部门的职责切分模块

①搭建 IT 机房建设协同机制

问题：缺乏 IT 机房建设标准流程，在机房建设过程中存在各部门之间的扯皮、推诿现象。

解决方案：

a. 搭建了《IT 机房建设流程》，填补了流程空白，规范了机房建设从需求提出到日常运维的全生命周期协同机制。

b. 建立了机房建设过程中各阶段相关部门的责任矩阵，明确了各部门在不同阶段的责任划分，并得到了各部门的签字确认。

②IT 业务与采购职责切分明晰

问题： IT 业务与 IT 采购部门之间在采购需求、寻源、执行、到货验收、分期付款等各阶段存在职责不清现象，如供方寻源缺乏准入标准、采购周期不明确、验收标准较粗、付款比例不合理等。

解决方案：

a. 完善了 IT 采购的供应商管理，增加了采购的 IT 技术要求及标准，使 IT 提前介入供应商的管理。

b. 制订了 IT 与采购的日常工作职责、标准，并形成了定期沟通交流会，加强对彼此工作内容了解，提高日常工作效率。

c. 重新梳理不同 IT 物资的采购周期，完善了 IT 验收评分表，明确供方各阶段交付物及付款比例等。

- **项目验收成果及价值**

（1）项目过程输出

访谈场次 10 + 次，输出问题及建议 80 + 项，现场辅导 20 + 次，周例会及会议纪要 10 + 次，内外部评审 30 + 次，解决方案 6 份，固化流程 10 + 个。

（2）有形及无形价值

①有形价值

a. IT 项目需求评审，以某段时间历史数据为基础，按照年度评审时间、通过率与平均测算标准，每年可为公司节省 4 万元的人工耗时成本。

b. IT 系统变更审批流程，根据每季度最低 300 条历史数据，一年 1200 条，按照平均提效 50% 计算，可为公司一年节省 19 万元。

c. IT 采购付款比例的调整，不仅减少了公司的采购风险，而且直接节省一年期的现金利息 4 万余元。

d. 机房建设工期从原先的 3～4 个月缩短为 45 天左右，一年可为公司节省人工耗时成本 2 万多元。

②无形价值

a. 解决了 IT 系统业务问题。按照 IT 核心主价值链，重新识别梳理需求—立项—实施—运维等主价值流程中的问题点，并从端到端角度提出了系统化的整体解决方案。

b. 解决了部分历史遗留问题。解决了长期困扰 IT 变更、立项、采购及服务流程间的切分不清现象，为业务流程的签批及数据分析奠定了基础。

c. 梳理了跨部门职责切分问题。重新界定了 IT 与采购的职责切分，明确了双方在需求、寻源、采购、验收及付款等环节的职责；机房建设机制从无到有，按照项目运作，明确各方在各阶段的职责及 Checklist 工作任务表。

d. 规划业务发展中的问题。明确了 IT 平台与 ITBP 及 BU－IT 的关系定位、职责及发展规划，为 IT 后续发展提供了组织及人才保障。

- **后续工作计划**

第一阶段的 IT 流程优化专项的结束意味着第二阶段的 Kick off。尽管第二阶段主要以 IT 部门为主，但流程管理部门提供全程的支持和赋能。第二阶段主要围绕第一阶段落地成果持续开展，按照宣贯学习、流程执行检查与日常优化三方面开展，具体如下：

（1）流程宣贯学习

在 IT 部门每月组织的全员学习营中加入 IT 流程优化的培训学习环节，并微信扫码当场测试，对连续两次不及格者全部门通报并惩罚。

（2）流程执行检查

由 IT 运营组制订月度流程检查计划，每月随机抽取四个流程进行执行情况检查，并将检查结果全部门通报与限期整改，检查通报可直接向 IT 部门负责人汇报。

（3）流程优化

对日常及检查过程中发现的问题，无法立即整改的，成立优化专项由专人组织开展实施。

3. IT 设备与物资采购申请流程优化

- **背景**

一般来讲，企业对内部 IT 物资的分类会按照财务规定的金额为限划分为固定资产与低值易耗品物资。当需求部门提报 IT 物资采购申请时，往往因 IT 类物料的复杂性、申请人专业度不够等导致流程效率低，甚至出现流程反复折腾的现象。

为更好地服务并解决业务部门对 IT 类物料采购申请的诉求，提高员工的采购体验和满意度，流程管理部门主动发起对该流程的梳理优化。

- **流程现状与核心问题**

目前，公司在实际业务中，IT 类物料分为 IT 设备、IT 物资两大类，两类的采购申请流程逻辑基本一致，因此，此处仅以 IT 设备采购申请流程为例介绍整个优化过程。

优化前，IT 设备采购申请流程现状如图 5－9 所示：

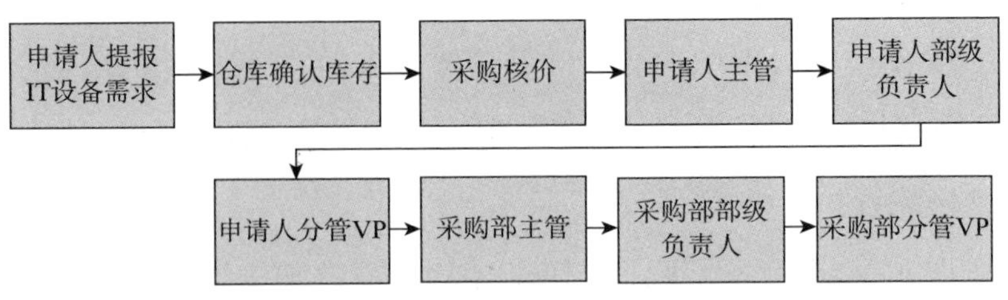

图 5－9　优化前的 IT 设备采购申请流程

通过问题收集及现状调研，发现目前存在的问题主要如下：

（1）分类不明确。由于IT设备及IT物资的采购权在采购部门，而管理权则归属于IT部门，各自站在自身部门角度对IT设备及IT物资进行归类划分，导致划分范围及归类标准在公司内部不统一。例如，对于IT软件及服务费的归属，采购部归类为IT物资，而IT部门则归类为IT设备，业务部门在系统中提交申请时就很容易选错类别。

（2）流程签批时间较长。流程按照不同金额串行审批，首先由申请部门层层签批，再由采购部门层层签批。例如，有部门反馈电脑硬盘从申请到领取需20余天，影响员工的正常工作。

（3）流程退回频率较高。因需求提报人员对IT配置及知识的不熟悉，导致流程签批过程中因选型或配置错误常被退回。例如，当个人电脑硬盘损坏而申请购买硬盘时，因不了解自身电脑所对应的硬盘型号，导致申请人在申请流程时经常选错系统中的配置参数，致使流程被多次退回，员工体验不好。

- **优化思路与方案**

我们的流程优化思路从IT物资分类规范性、流程节点优化及增加专业把控三个维度进行详细分析，具体如下：

（1）统一定义IT物料类别标准。在采购部及IT部流程文件中，原来只是笼统地规定了IT设备与IT物资以2000元为界划分IT类别；通过财务部、采购部及IT部的共同讨论和评审，统一了IT物料分类标准，规定电脑、投影仪、交换机、IT软件及服务费类等都归属于IT设备类，其他如鼠标、网线、电源、键盘等低值易耗品则归属于IT物资类，并在IT设备与物资采购申请流程中详细明确并举例说明。同时，为避免申请人走错流程，将“IT设备采购申请流程”更名为“IT设备、软件及服务费采购申请流程”，让大家从名字上就容易识别流程类型。

（2）简化无效流程签批。重新审视流程各节点签批的意义，删减不必要的审批节点，跨部门审批节点并行处理。如将采购部分管VP节点删除，因为前面需求部门分管VP已经签批同意，主管部门分管VP再签批的意义不大。

（3）增加ITBP人员评审点。因IT知识的复杂性，业务人员有时无法识别提报信息的准确性，因此在申请人提报需求后，增加各部门IT-BP人员的技术把控环节，防止出现流程流转到后面被反复退回的问题。

优化后的IT设备采购申请流程如图5－10所示：

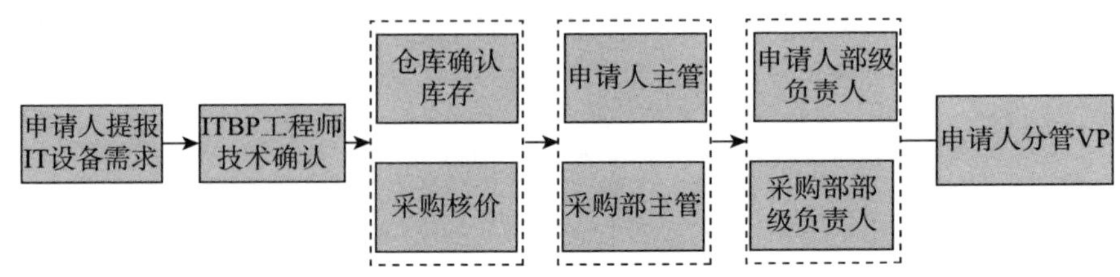

图5－10　优化后的IT设备采购申请流程

- **优化效果**

（1）统一分类标准，流程文件指导性更强。明确了什么样的IT设备及物资走什么样的采购申请流程，避免了一开始申请流程就混乱的现象。

（2）提高了流程效率。简化并删减了无意义审批节点，将现有串行环节进行了并行签批，提升了流程签批效率。

（3）提升了客户体验和满意度。深入业务，了解客户对流程的抱怨及问题，通过增加ITBP工程师的技术确认，将流程因选型或配置参数退回的概率降为0，增强了客户的满意度。

4. 多事业部环境的采购模式设计流程优化

- **背景**

×公司是国内一家集研发、制造和销售于一体的大型上市企业，并在多个领域建立了全球领先的市场竞争力，目前正处于高速发展阶段。

A 和 B 均分别为×公司下属的两个事业部，前期考虑到集中采购量大价优的优势，原 B 事业部的部分原材料由 A 事业部代为采购，这样就可以形成规模效应，降低公司的采购成本。

但运行一段时间后，A 事业部反馈，目前的这种采购合作模式存在账实不符的操作风险，提出了重新梳理要求。对未来采购合作模式是维持现状还是由 B 事业部自采，双方多轮沟通未达成一致，最后交由流程管理部门协商仲裁。

- **流程现状与核心问题**

（1）流程现状（图 5－11）

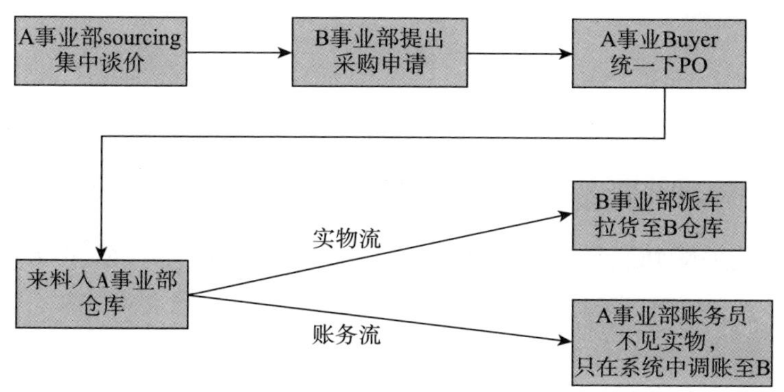

图 5－11　采购模式流程现状

（2）存在问题：在业务实际操作执行上，A 事业部账务员只是依据 B 事业部仓库传递的送货单负责账务处理，但未见实物，存在账实不符的风险。

- **优化思路与方案**

（1）A 事业部站在公司整体利益层面继续负责与供应商集中议价谈判，主要管理寻源段，并在 ERP 系统中负责维护 B 事业部的商务信息。

（2）但在采购执行阶段，则由 A、B 事业部的 Buyer 分别与供应商联系、下单及处理各自的账务信息。

优化后的采购模式流程如图5－12所示：

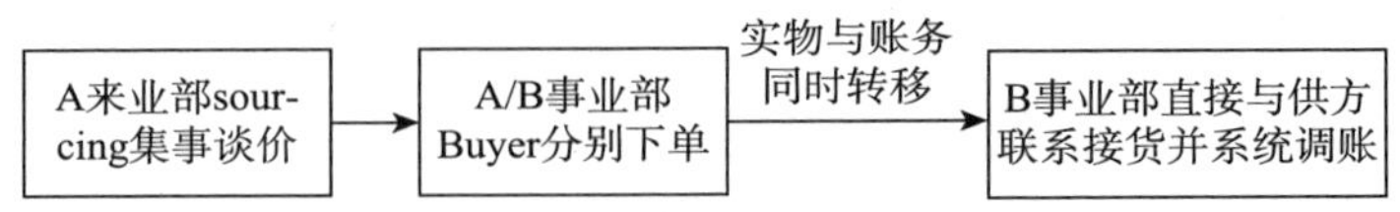

图5－12　优化后的采购模式流程

- **优化效果**

B事业部与A事业部共用供方、价格共享，集中采购实现了公司整体成本的最低化，分别下单则体现了各自BU的效率最优化，根据公司实际业务需要灵活把控集中与分散的时间点，并能保障内部协作畅通。

对其他企业的启发点/亮点：

（1）流程优化一定要站在公司层面横向拉通，在借鉴行业基础上，根据公司实际业务需要灵活处理，保证公司利益最大化。

（2）不同BU在采购业务上，可考虑在寻源谈价阶段采取集中采购策略，而在采购执行阶段则采取分散采购策略，既可以降低采购成本，又可以提高各事业部的运行效率。

5. 内部采购报价流程优化

- **背景**

A公司是一家多事业部制的大型制造企业，事业部内部及相互之间也存在一定的关联交易关系。其中，B事业部为内部的一个BU，负责为其他事业部（如C和D）提供部分零部件的供货服务，但在其中采购报价环节一直沿用的是外部采购的流程，造成其他内部BU客户普遍反映流程签批时间较长。

为提升公司内部流程的效率，流程管理部门组织相关各部门展开对内部采购报价流程的梳理优化。

- **现状与核心问题**

由于 A 公司业务范围较广，即使一个 BU 内部也存在跨地域交易问题，因此，流程现状按照同 BU 与跨 BU 间两种状态进行梳理：

（1）相同 BU 内部交易时，当 BU 负责人已签批完成的流程，还需要需求方采购员再提交一次价格审批流程，由直接主管、部门经理、部门负责人、报价主管、BU 负责人签批。因为业务发生在同 BU 不同地域之间，BU 负责人都为同一人，因此存在签批节点重复现象。

（2）不同 BU 之间交易时，需求方采购员对供方与需求方 BU 负责人都签批达成共识的报价，还需要按照外采的流程经各层级主管层层签批，而且是纸质签批，有时经常需跨园区来回签字，造成流程签批时间较长，效率较低。

更改前流程如图 5 - 13 所示：

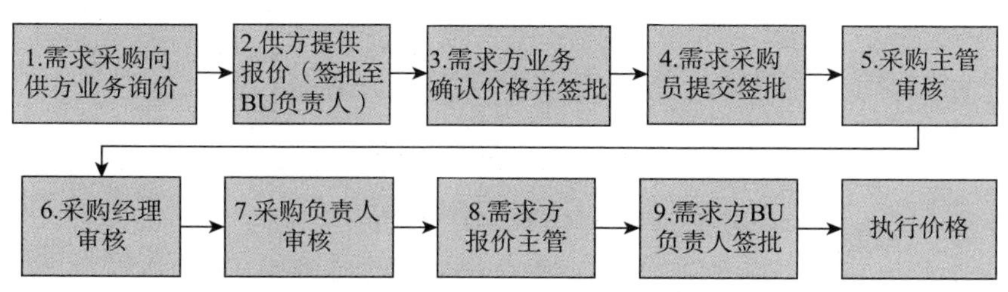

图 5 - 13　更改前流程

- **优化思路与方案**

流程优化之前需要首先想清楚事情的本源，“应该是怎样的”，沿着本源大胆抛开原有的惯性或习惯思维，再结合流程优化的方法和工具开展相应的流程优化。

（1）删减重复节点。在同一个 BU 跨厂区内部交易时，由于都由同一个BU负责人进行管辖，当供方按照节点进行报价签批后，需求方的业务确认及采购报价签批就属于重复审批，因此建议删除。

（2）删减多余管控节点。在不同BU之间采购报价时，供方已签批至BU负责人，后续需求方报价签批时的BU负责人再次签批的管控意义不大，因此建议删除。

（3）删减无价值节点。重新审视各节点签批的意义，原先报价主管对外采签批的意义是为了对标公司内部成本数据，而对于内部交易却没有可对标的数据，因此建议删除报价主管签批；采购的三级签批原先是为了管控外部采购价格，但对于内部交易，业务已经确认的价格，采购是没有话语权的，因此建议删除采购的三级签批。

（4）实现线上报价签批。借鉴其他BU的采购经验，向IT提出采购报价线上签批的上线需求，提升内部报价签批效率。

优化后流程如图5－14所示：

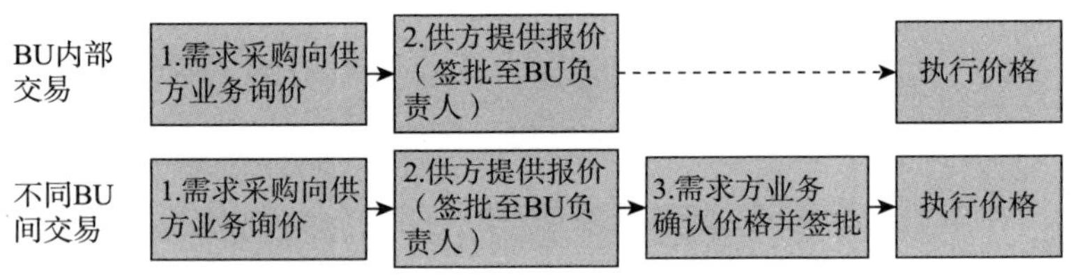

图5－14　优化后流程

- **优化效果**

（1）提升了内部流程签批效率。通过重新审视流程各节点之间的签批意义，与外部采购报价流程进行差异化设置，简化内部交易之间的烦琐节点，提升了70%的流程审批效率。

（2）减少跨园区时间成本。将内部跨园区原先的纸质签批报价单迁移至线上，减少了人员来回奔波的时间成本，提高了流程签批体验。

对其他企业的启发点/亮点：

在优化流程时，首先要想清楚事情的本质，想清楚此业务应该怎样走会更合理，然后通过现状的调研对比，进行 AS - IS（现状）与 TO - be（未来）流程的差距分析，最终优化流程，向“合理”的方向靠拢。

6. 生产设备需求评估流程优化

- **背景**

生产设备作为重工企业一项重要的固定资产类投资，如何更好地提升资产回报率，发挥最大使用效率，一直是各企业比较关注的焦点。在企业发展迅速，订单增多的背景下，为满足客户紧急订单，采购生产设备增加产能也无可厚非，但如何从公司整体层面评估各事业部购买设备的必要性，及项目完成后的可重复利用率等问题，一直困扰着公司高层，也无形中增加了企业的重资产成本。

- **现状与核心问题**

通过公司总部设备管理部门对各事业部日常提报的设备需求进行评估，发现存在以下问题：

（1）无法从公司层面整体把控合理性。目前各事业部的设备需求是按照项目维度进行提报的，但一个事业部内部也存在信息不通畅的现象，导致设备管理部门无论是对单事业部还是多事业部的设备现有情况及需求情况都缺乏整体评估能力。

（2）日常需求随机提报，形式不统一。由于各事业部提报申请都是根据项目需要在系统中发起提报申请，且各事业部提报形式也不统一，导致设备需求提报较随意、不规范。

（3）公司整体设备现有状态未统一管控。各事业部在提报设备采购需求时，以不能耽误项目量产为由，只关心自己的设备什么时候采购到位，而忽略了公司内部各事业部可能存在的闲置设备，无法从整体上相互调用或资产划拨，导致采购和闲置设备都在不断增加。

（4）系统审批流程过长。从需求部门提出设备需求申请到确认采购执行，整个周期长达2个月，牵扯签批节点近20个，部分环节还存在加签现象，导致整个流程节点多达30多个（图5－15）。尽管层层签批，依然存在因设备需求评估不充分而多买的现象。

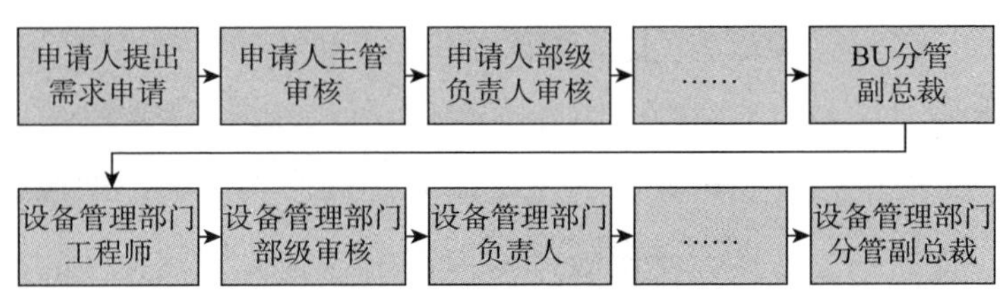

图5－15　生产设备需求评估优化前流程

- **优化思路与方案**

（1）以事业部为单位统一提报，集中评审。在每个事业部指定专门设备需求收集部门，由专人将内部各设备需求进行统一整理提报至总部设备管理部门进行月度集中评审。

（2）月度固定时间集中评审，提报形式统一。对于日常设备需求，打破原先零散提报的需求提报模式，要求次月5日前各事业部设备需求管理部门按照总部设计的表格统一提报至总部，总部在次月10日前统一召集相关设备部门进行评审；对于紧急需求仍可以随时提报。

（3）充分利用线下与线上各自优势，合理分工。总部在次月10日左右会召集设备使用部门、设备管理部门、设备维护部门及分管副总裁进行集中线下评审，并当场在评审会签单上签字，对于没有问题的设备需求直接提交线上流程，并将线上流程签批节点减少至5个，且不允许加签。

（4）建立现有闲置设备调配机制。要求各事业部每月底更新盘点现有设备清单，并提报至总部设备管理部门，由总部设备管理部门将现有设备的在用、闲置、报废等情况进行统筹规划，对于闲置设备可在各事业部间进行调拨，减少重复购买成本；对于报废设备经评估后或技改或联系外部供方进行销售处理。

生产设备需求评估优化后流程如图 5－16 所示：

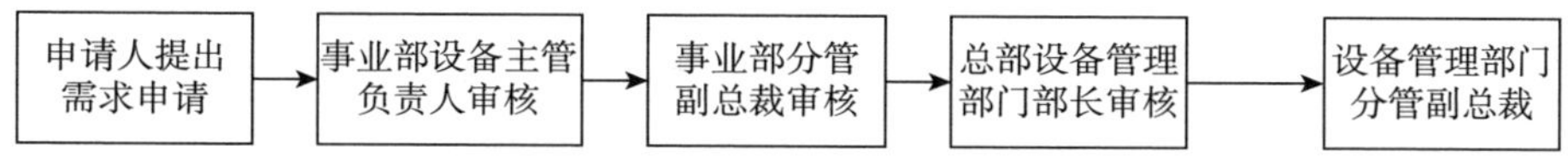

图 5－16　生产设备需求评估优化后流程

- **优化效果**

（1）降低生产设备重复购买成本。通过公司总部统一把控设备现有闲置情况，减少事业部间信息不畅，通过调拨减少重复购买。

（2）提升流程签批效率。利用线下与线上各自优势，将签批、评审合理分开，提升了流程的签批效率，流程平均签批时间降为一周左右。

（3）提高了设备的评审质量。原先流程审核全部依靠线上层层签批方式，容易导致推卸责任和“盲签”现象。通过线下集中评审，充分讨论，发挥各部门业务专家优势，能够整体把控设备采购需求的必要性。

对其他企业的启发点/亮点：

（1）在梳理日常业务流程时，不能仅考虑将线下流程迁移线上提升流程签批效率，同时，也可以考虑将线上多角色审核搬到线下进行集中评审，更有利于确保业务评审的充分性。

（2）将分散零星的设备采购需求提报调整为集中评审采购，既可以整体把控公司资产，又可以节省各环节人员的时间成本。

（3）在设备采购需求提报时需谨慎，不仅要看采购的必要性与合理性，而且还得考虑现有设备的替代情况，减少无谓的成本浪费。

7. 从设备需求到交付端到端流程梳理优化

- **项目背景及范围**

×公司是一家集产品销售、研发、生产及售后服务于一体的设备综合解决方案提供商，主要为大型制造企业提供自动化设备及柔性生产线等。公司成立之初便是以 ISO9001 体系为基础搭建的制度管理体系。

随着近几年自动化生产设备需求订单的日益增多，×公司也是加班加点赶交期，订单业务应接不暇。伴随订单量的不断攀升，公司内部各部门的问题也是层出不穷。如，流程设计具有明显的职能色彩，大部分为段到段设计，导致业务环节的断层与冲突；研发设计阶段的变更机制缺失，导致信息变更未形成有效前后联动；客户订单缺乏有效评审，对客户的订单全盘接收，且未分类分层，导致部分紧急订单无法按时送达客户现场验收等，随之而来的是客户的抱怨越来越多，给公司带来了不良的声誉影响。

公司高层意识到当前的业务运作模式可能已经不能满足变化的业务发展需要，在一定程度上制约了公司的快速发展。为提升客户的满意度，重新赢得市场口碑，公司决定以主业务价值流程梳理为试点，理顺从获取客户订单到产品交付验收的整个端到端业务流程。

目前×公司主业务链的基本运作逻辑为：销售从前端客户处争取到订单，组织内部相关方的紧急评审与立项，研发组织设计，工艺编制工艺文件，采购做好物料准备，生产按照项目时间下发计划、组织生产，品管在不同环节确保过程的质量管控，成品完成后在客户现场完成安装调试与验收交付过程，最后进入产品后续的售后服务阶段。

- **项目目标**

第一，端到端流程打通。从前端客户需求到后端设备交付客户验收，实现全价值链流程的横向打通，减少因部门墙导致流程内的段到段，降低沟通与管理成本。

第二，提升客户满意度。通过整体拉通，识别及解决各部门之间积存多年的职责扯皮及模糊地带问题，全面提升设备交付验收率的一级流程 KPI 指标，提升客户满意。

第三，固化经验，有章可循。通过本次流程梳理优化，将目前业务比较混乱且未形成经验的知识进行固化，避免因公司人员频繁更替带来的业务不熟悉，实现从 1 到 N 的跨越。

- **现状调研及问题**

为更进一步了解目前 × 公司各部门及环节存在的问题，流程管理部门对主价值链流程的主要业务负责人进行了访谈，通过调研发现主要问题如下：

第一，惯性思维根深蒂固。研发能力历来是公司的核心竞争力，因此公司内部具有较为浓厚的工程师文化。调研发现大部分员工已经习惯了按照原先惯性思维做事，只顾自己的“一亩三分地”，并不关心整体流程及上下游业务，部门之间存在严重的部门墙，难以实现有效地跨部门沟通与业务合作，在现有的运作模式下，无法保证公司整体利益的最大化。

第二，前后端流程缺少整体拉通。从订单需求到交付产品的整体流程视角审视，各部门流程均以职能角度设计，相互之间缺少拉通协调，造成前后信息不顺畅，前端输出未考虑后端实际应用，造成下游流程对上游流程的不满，如采购人员在产品设计开发阶段未提前介入，造成部分长周期和关键物料未提前做好备料准备，不能及时满足后续生产需要，从而延误交货，流程之间孤立或缺位，缺乏紧密连续性。

第三，职责界定模糊，缺少明确流程责任人。公司组织架构做了最新调整，且部分业务需多部门共同合作才能完成，导致部分业务的主责部门缺位，业务流程无人认领，处于相互推诿的灰色地带。如客户现场的交付验收流程，需要生产技师、研发工程师、项目工程师等多角色共同配合完成，但真正落实流程责任时，各方均推卸责任。

第四，业务交叉，流程切分不清晰。调研过程中发现部分流程存在大而全的现象，各部门的体系文件不仅是站在自身业务部门视角设计，而且喜欢对其他部门提要求，导致业务要求存在重复或冲突。如生产业务的流程规定了很多采购与仓库的职责要求，但相互之间并未评审验证其要求的合理性，导致后续流程不执行。

- **项目启动**

（1）召开流程梳理优化专项启动会，并形成 TO－be 业务架构

结合前期调研及问题梳理情况，组织各部门中高级人员与流程负责人召开“×公司流程梳理优化专项启动会”。由项目赞助人对调研问题提出有效建议及明确未来改善的方向，并对项目寄予期望，希望各部门负责人予以积极配合。

同时，根据×公司的业务特点，为指导后续的流程架构及文件设计工作，形成了未来核心 TO－be 业务架构，具体如图 5－17 所示：

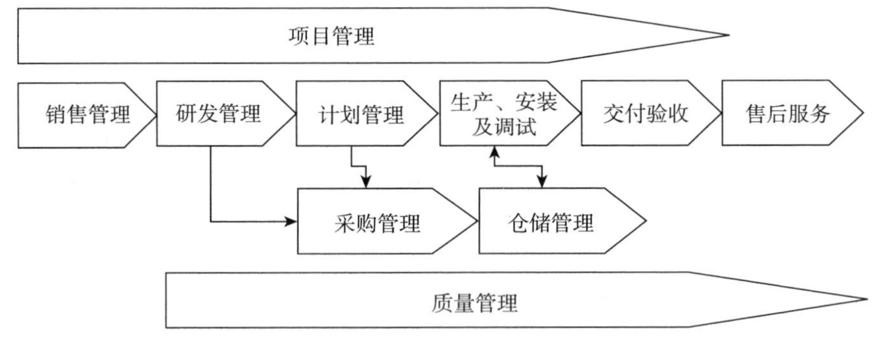

图 5－17　TO－be 业务架构

（2）成立项目团队

按照公司组织架构及最新的业务逻辑，搭建了本项目的核心团队，具体如图 5－18 所示：

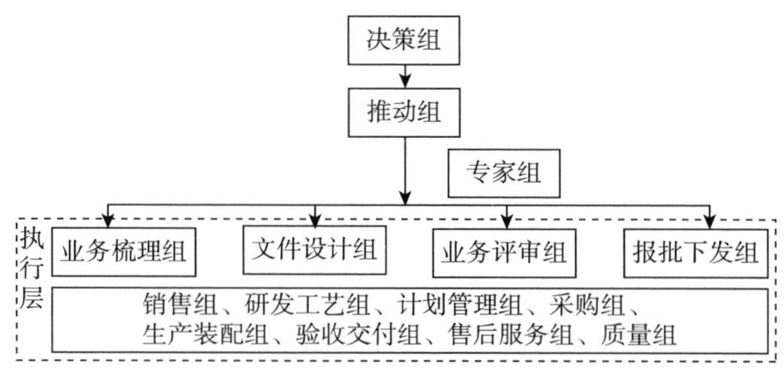

图 5－18　核心团队架构

其中：

①决策组：负责把控整体项目方向及资源协调，听取关键里程碑及重大事项的汇报、负责签批和决策，

②推动组：实际项目的负责人，整体推动项目按计划开展，管理日常进度跟踪、协调资源、把控质量、成本等。

③专家组：包括流程专家、IT 专家及各领域业务专家，负责过程支持及辅导，评审把控关键节点，防范风险。

④执行层：一方面按照项目不同的开展阶段设置项目组；另一方面按专业设置项目组，在项目开展过程中，从不同的专业项目组中抽选最合适的人员参与各个阶段的实施与评审。

（3）制订项目推进计划

召开启动会标志着项目正式进入实施阶段，本次核心业务链的流程梳理优化计划共五个月，采取迭代推进形式，各阶段可交叉递进，节省时间与成本。

项目共分为四个阶段：业务流程梳理调研阶段，流程设计阶段，流程评审阶段，流程完善与报批阶段，计划输出约 20＋支流程（表 5－2）。

表5-2　项目的四个阶段安排

序号	阶段	关键输出物	责任人	计划时间
1	业务流程梳理调研阶段	访谈提纲 调研记录 培训材料		1.1-1.31
2	流程设计阶段	设计模板 流程文件		1.20-3.15
3	流程评审阶段	评审记录		2.20-3.20
4	流程完善与报批阶段	上传完成OA系统 部分流程信息化		3.20-5.30

备注：具体计划可根据不同业务流程进行详细展开，迭代推进，此处略。

- **项目实施**

（1）业务流程梳理调研

①流程培训

a. 针对公司工程师文化单打独斗的工作习惯，可先开展一次全员的流程理念及基础知识培训宣贯，培养员工的流程型思维意识及做事方式，介绍流程管理的价值与意义，并说明开展此次流程专项梳理的目的及需要实现的目标，实施全员流程“洗脑”行动。

b. 专门针对后续各模块的业务专家开展一次流程设计与切分工具、方法培训，介绍公司统一流程文件模板的填写规范及注意事项，包括流程目的、范围边界、流程图绘制及符号使用、流程RACI表、流程绩效指标设置等，实现公司所有流程设计的标准化、统一化，让大家都说“普通话”。

②业务梳理

设计流程需先明确流程的目的及边界范围，沿着未来业务框架，与业务部门一起沟通讨论评审，将流程之间的业务逻辑搞清楚，避免出现后续内容的交叉重叠。

同时，需要对业务流程现状实施调研，原有文件可作为输入参考，调研是对真实业务的摸底，不是未来理想化业务场景或原有文件内容的复制粘贴。业务调研需与各部门逐一访谈，梳理清楚流程的客户、需求目的、业务逻辑、问题、优化建议等，为后续流程优化提供输入。

（2）流程蓝图设计

流程蓝图设计不是流程人员的“独角戏”，它既需要业务专家的经验知识，也需要流程专家的思路引导，只有将业务专家与流程专家搭配，才能产出完美的业务流程，两者是相辅相成的关系。因此，流程蓝图设计过程可划分为两个阶段，第一阶段以业务专家描绘现状为主，第二阶段由流程专家运用流程思维和方法逐步引导业务专家，将业务经验进行充分地挖掘和提炼，确保对那些沉睡的经验进行提取固化。

①流程设计基本要求

a. 以“为客户创造价值”为基本原则，减少非增值环节；

b. 将流程活动的责任匹配到角色/岗位，而不是“一直在变”的部门；

c. 流程边界范围一定要切分清晰，避免“大而全”；

d. 以 TO－be 业务架构为基础，明确本流程的上下游逻辑关系；

e. 定义关键控制点，并通过模板化提升后续流程执行质量；

f. 明确各节点的输入、输出，确保信息的承载与传递有序。

②流程设计方法

按照 5W2H 原则开展流程设计，主要划分为三个阶段：

第一阶段，描述业务基本信息。包括识别流程的客户及范围边界（Where），各活动输入与输出（When），明确本流程设计目的（Why）等基本信息。

第二阶段，拟制流程图。按照角色/岗位（Who）工作分工，确定流程各活动节点、决策点与控制点（What），关注各节点之间的接口顺畅。

第三阶段，补充流程说明及相关模板。流程说明（How）作为对流程图的补充，能够更加详细地指导业务的开展，各种检查表、过程表单、检验报告等作为附件模板对关键环节起到了信息承载的目的。同时，我们要求在流程文件中至少设置一项流程指标（How much），作为后续监控流程绩效的依据。

（3）流程评审

流程设计完成后，由推动组负责组织流程相关角色人员开展流程的内外评审工作，确保流程设计的质量。

评审次数则由文件设计质量决定，一般情况下应至少开展内、外部评审各一次。内部评审主要由业务部门的业务专家参与，先在内部达成一致；外部评审则拉通流程相关角色人员、流程客户、流程供方、流程责任人、业务专家、IT专家及流程专家等共同参与，范围更广，评审更全面。无论内部评审还是外部评审，评审内容主要围绕以下五点开展：

第一，是否坚持了客户及价值导向。流程设计过程要充分听取客户意见，并遵循价值增值的原则，删除不增值环节，减少非价值但必要环节。

第二，流程调研是否充分。充分调研业务的真实性，并与现有实际运作进行关联对比。

第三，流程设计的规范性。是否参照了现有最新的流程模板，做到了语言标准统一，并检查相关模块填写的规范性，便于下游流程的执行。

第四，流程与体系的融合度。流程不仅要满足快速、正确、便宜、容易等客户关注焦点，而且也要符合相关质量体系、环安体系等的要求。

第五，是否具有端到端的全局性。本流程与上下游流程及前后端流程的业务衔接是否连贯，符合业务逻辑，同时要摒弃段到段的职能化思想。

（4）流程规范完善与报批下发

对评审不通过的流程需重新修订验证评审，直到相关方及客户的认可；对评审通过的流程，则统一由推动组对文件进行最后规范与标准化，主要检查流程模板运用的正确性、流程图与流程说明的一致性、流程说明中文件及相关附件的匹配性、上下游流程接口的合理性等。

流程文件检查合格后，按照公司文件的编号规则给予编号，并按照公司文件签批权限，系统提交 OA 流程，完成最终的上线发布与试运行。同时针对部分繁杂、费时费力的业务，可联合 IT 实现线上无纸化审批。

- **项目验收成果及亮点**

（1）项目成果

①过程资产：业务部门访谈 10 + 次，访谈中高层人员 20 + 人次，输出问题清单 50 + 项，现场辅导 40 + 人次，10 + 场次的内、外部门拉通评审。

②最终交付物

a. 1 份公司核心业务流程架构、业务流程视图及流程清单。

b. 1 份标准统一的公司流程角色库及释义。

c. 24 份核心业务流程文件，5 份管理制度，100 + 项流程表单附件。

（2）项目亮点

a. 核心业务流完整、规范。承接公司战略转型需要，按照最新的流程理念及方法，对原有体系文件进行了融合、梳理与优化，业务更加清晰顺畅。

b. 流程衔接更加合理有序。规避了原有体系文件间的孤立与断层，重新按照客户和价值的导向原则进行梳理，流程之间相互借用，衔接更加紧密。

c. 流程切分适当，不交叉、不重复。按照流程切分的原则及方法，对现有业务进行重新审视与切分，从端到端的视角统一拉通业务，规避了原有流程的交叉、重叠。

- **后续工作计划**

流程文件编制完成并下发后，如何落地执行，验证流程设计的有效性和可靠性便成为我们后续试运行的关键。为确保说的、写的与做的一致性，提升广大员工对流程的认知与执行力，提高业务流程的管理水平，项目组对后续的计划提出了如下建议措施：

（1）流程宣贯及培训

①培训宣贯。在结合信息化电子版流程文件自学基础上，由各流程责任人组织各流程相关角色人员开展多场次的流程宣贯培训专题。

②在线测试。对流程文件相关角色人员宣贯培训学习后，在 IT 系统中开发专门的在线试题，测试关键角色员工对新文件的熟悉掌握程度。

③奖惩。对成绩低于 80 分的学员组织补考，对连续两次补考未通过的学员，由运营管理部对其进行相应的负激励。

（2）流程执行力检查

①成立联合检查小组。为保证流程的执行力，计划由流程部门、运营部门及监察部门成立联合检查小组，作为流程执行力落地的有效保证。

②制定每月流程检查计划。通过重要性—使用频率矩阵对现有梳理流程进行检查计划的优先级排序，并编制月度检查计划。检查过程主要从业务、流程及体系等视角衡量流程设计及执行情况。

③现场实施检查。可以按照正向顺序，检查业务从前到后的开展情况是否符合流程的规定要求；也可以反向验证，通过抽取已完成事件的样本数据，倒推相关输出物与文件要求的一致性。

④编制及下发通报。现场检查完成后编制《流程执行力检查通报》，描述清楚检查发现的问题与现有文件的不一致之处，以及列出相应的奖惩及整改建议。特别注意，通报在下发之前一定要与被检查部门就通报内容进行沟通，并达成一致和认可，预防可能带来的不必要麻烦，不然会给流程管理的后续推进造成阻碍。

（3）流程持续改进优化

根据流程执行检查情况，对流程检查发现的问题按照不同的类型进行分层管理：

①立即整改落实。针对检查的较简单问题责令立即整改落实，并由流程部门跟踪落实改进情况；如果是人员能力问题，可加强对内部员工专业知识及执行力意识的培训赋能。

②文件换版更新。对于流程设计本身的问题，则要求流程责任人重新拉通相关角色人员进行流程的评审验证，对现有文件进行换版更新。

③流程优化专项。针对较复杂的流程问题，可纳入后续的流程优化需求管理，经评审后可单独成立流程优化专项组进行逐一解决。

（4）补充完善支撑使能流程

除本次梳理完成的核心主价值链流程外，后续由公司内部人员按照本次梳理过程及方法，开展第二阶段剩余流程的梳理优化。

通过一段时间的试运行，流程管理部门对流程的关键控制点及风险点进行系统的跟踪检查发现，流程执行符合率达90%，客户交付及时性及满意度达历史最高水平，公司员工的协同合作也越来越多，全员的流程意识显著提升，圆满完成了项目当初设定的目标。

8. KPI 调整引发的流程优化案例

- **背景**

A 事业部为公司内部的自制设备供应商，负责向公司其他事业部提供生产设备。

原先考核 A 事业部的设备验收及时率指标是从订单接收到自制设备运送至使用部门现场即为结束，但今年公司总部调整了考核 A 事业部自制设备及时验收率的 KPI 指标，将自制设备验收节点调整至自制设备验收审批节点结束，从公司绩效整体考虑，KPI 指标更加合理。

但 A 事业部反馈目前自制设备从现场交付到安装调试验收之间审批时间较长，有的长达两个月，如果按照公司新的 KPI 考核标准，将严重影响 A 事业部的 KPI 绩效指标，因此要求公司流程部门协助帮忙梳理优化。

- **项目范围、目标及方法**

（1）范围：从自制设备到达现场起到设备验收审批结束止，主要涉及的流程为《自制设备安装调试验收流程》。

（2）目标：将自制设备安装调试验收的流程效率整体提升 50%，提高各方对设备验收的满意度。

（3）方法：

①与流程相关角色进行电话与现场访谈，如公司 KPI 专家、A 事业部交付工程师、使用部门设备工程师、使用部门设备管理员、设备管理部门工程师等。

②查阅相关流程文件资料，抽取并分析了 EAM（设备管理系统）系统的后台数据。

- **流程现状与核心问题**

（1）流程现状，如图 5－19 所示：

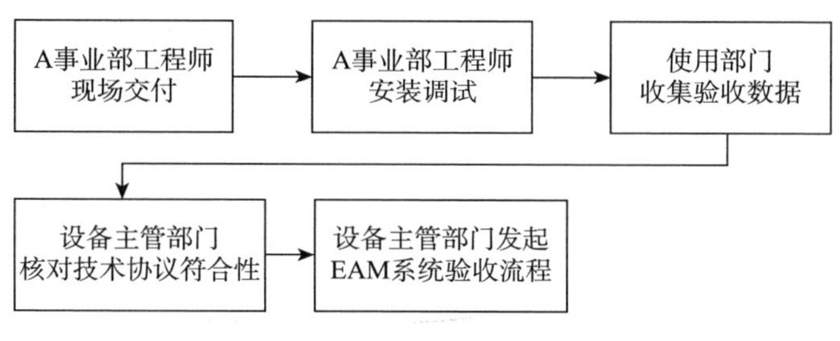

图 5－19　AS－IS 流程现状

（2）存在的问题：

①业务环节缺失。实际调研发现，在安装调试结束后，应该有一个自制设备的固定资产编号申请业务，但目前流程中是缺失的，容易造成流程执行人员的工作遗漏。

②所有流程节点设计均为串行签批，耗时长、效率低。

③缺少系统签批流程提醒。A 事业部工程师发起 EAM 系统编号申请后未主动与使用部门设备管理员对接，使用部门设备管理员也不经常登录系统，导致流程签批进展缓慢。此节点为流程的关键瓶颈点，通过调取 EAM 系统中近一年的数据，统计分析发现此节点平均签批时间为 192 个小时。

- **优化思路与方案**

（1）优化思路：通过假设验证并解决阻碍流程正常运行的关键瓶颈点，明确岗位职责，系统自动提醒等多途径方式提升流程运行效率。

（2）TO－be 流程：

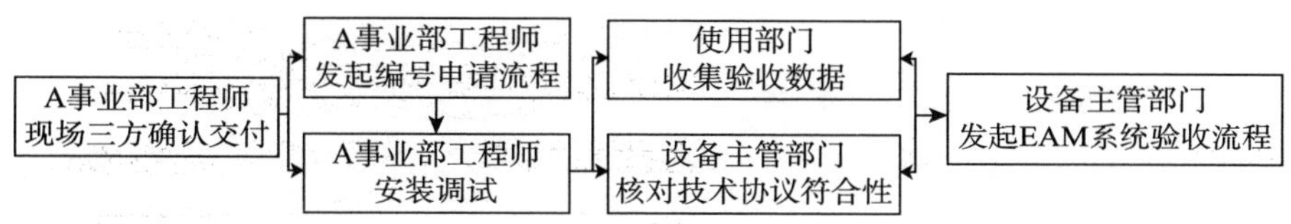

图 5－20　TO－be 流程

（3）优化方案：

①运用 ESIA 法中的串行改并行。将原流程中缺失的系统中发起自制设备编号申请流程提前至与设备安装调试同时开展，降低后续意外事件而推迟的时间；对使用部门收集自制设备验收数据与设备主管部门核对技术协议符合性两个节点并行开展，减少等待时间。

②调整流程交付处理方式。原先 A 事业部工程师只与使用部门设备工程师现场对接交货，而编号申请流程的签批节点为使用部门设备管理员。由于到货信息缺失，导致信息不对称，流程签批受阻，因此调整为 A 事业部工程师、使用部门设备工程师、使用部门设备管理员三方共同现场确认，并在《设备转移单》上增加设备管理员签字。

③明确流程节点人员处理时效。要求使用部门设备管理员对线下三方认可的实物数量及型号等信息确认无误后当天在系统中完成签批；对有问题的流程及时退回，并主动与 A 事业部工程师确认立即整改，杜绝无效等待。

④增加系统流程提醒功能。因使用部门设备管理员处为系统签批流程的关键瓶颈节点，在此节点增加 EAM 系统主动发送个人邮件次日提醒功能，防止遗漏流程签批，耽误审批效率。

- **优化效果**

原先从设备到货交付再到验收签批的整个平均时间约为 1 个月，通过流程梳理优化最终验证此阶段流程时间缩减至 15 天，达到预期流程效率提升 50% 的目标。

对其他企业的启发点/亮点：

（1）充分运用“流程 +”思维，如流程 + IT 系统，流程 + 职责，流程 + 业务模式等，提供综合集成解决方案。

（2）在流程优化中运用ESIA优化方法，尝试对每个活动都进行思考ESIA的适用性。

（3）抓住影响业务问题的关键瓶颈点，抓主要矛盾，集中精力攻克。

9. 自制零部件交付问题流程优化

- **背景**

A事业部为W公司内部关键零部件的自制单位，主要负责向B、C、D等内部其他事业部提供某一关键零部件的供货业务，即所谓的内部供方。

近来，B、C、D等事业部普遍反映A事业部提供的零部件价格高、交期慢、质量不稳定等多问题。

为提高A事业部对其他各事业的交付满意度，流程管理部门接到优化需求后，便着手展开从订单需求接收到交货的全流程调研工作。

- **流程现状与核心问题**

通过问题收集及调研发现，目前A事业部的自制零部件业务现状如下：

（1）价格问题：自制零部件价格比外部市场价格高，且内部报价不及时，服务意识较差。

（2）交期问题：A事业部对各事业部的最初交期满足率低于40%，经沟通协商确保可以最终达到70%左右，但仍无法满足内部客户的需求，同时对订单的交期回复也较迟缓。

（3）质量问题：自制零部件品质不稳定，低级失误识别不到，造成同一零部件不同批次质量差异较大。

实际执行流程如图5－21所示：

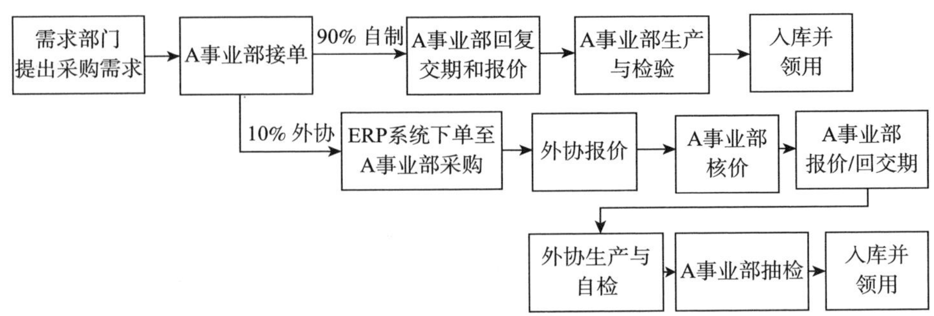

图5－21　实际执行流程

存在的问题有：

（1）外协环节流程较长。当自身业务繁忙或因个别零部件精度较高而转外协生产时，信息反复在A事业部的质量、工艺、采购及内部BU和外协单位之间传递，造成沟通成本持续上升。

（2）部分环节逻辑不合理，违反基本常识。对于其他零部件外包业务而言，一般是先询价，后报价与回复交期，而A事业部作为其他事业部的内部唯一供方实施的是先接单再报价与回复交期，使其他各事业部丧失了选择权。

（3）内部加价后报价。对于需外协的零部件，A事业部在外协报价后增加了一个工艺人员的核价环节，此环节A事业部存在加价动作，不符合内部成本中心定位的原则。

（4）外协过程不透明。A事业部虽然监督外协零部件的加工过程，但需求部门却无法与外协厂对接，查询不到生产进度，不利于其他事业部开展自身业务的计划排产。

- **优化思路与方案**

优化思路：方案的整体设计原则是优先保证自制，在自制无法按时按质完成时，开放其他事业部的外协选择权，并统一由公司采购部负责外协业务的集中管理。新流程的优化建议如下（图5－22）：

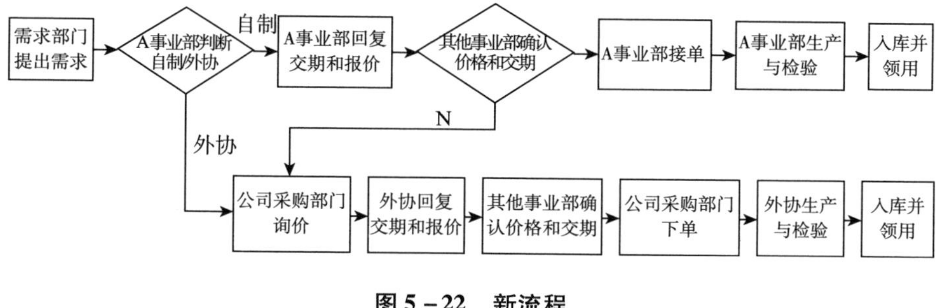

图5－22　新流程

（1）优先自制，且开放外协选择权。原则上让A事业部优先选择自制还是外协，坚持内部优先的原则。但通过引入外部竞争，可促进A事业部提升质量与服务意识，减轻A事业部压力，专注自身能力提升。

（2）个别流程节点顺序调整。将回复交期与报价环节与接单/下单环节进行顺序对调，更有利于满足需求部门的自主选择权。

（3）取消内部加价。重新明确A事业部的成本中心定位，而非利润中心，减少核价后的加价动作，降低内部事业部间的交易成本。

（4）外协集中管控，分别跟踪。对于外协零部件虽由公司采购部进行集中询价，但外协生产过程的监控由各BU自主对接，时时掌握加工进度，确保采购需求和订单的灵活性。

- **优化效果**

（1）降低了成本。通过关键零部件的集中外协管理，减轻了A事业部的日常部分协调压力，可集中精力提升自身的自制能力，降低管理成本。

（2）提升了内部满意度。通过引入外协模式，提升了内供关键零部件的按时交付率，同时通过公司采购部门的统一寻源，大大提高了外协供方的整体质量水平。

对其他企业的启发点/亮点：

（1）在维持公司基本政策的前提下，适当放开部分零部件的外协采购模式，可极大提升业务效率和产品质量，形成内外部相互竞争提升的氛围。

（2）内部供方不要一味地在公司政策的保护伞下变得懈怠、不进取，而是要积极寻求各方面提升与突围，包括质量、服务意识等方面，多向外部优秀者学习，听取内部客户的问题反馈，避免陷入自我感觉良好的“温水煮青蛙”的自杀模式，一旦失去“保护伞”，故步自封终被淘汰。

10. 新员工入职流程优化

- **背景**

新员工入职流程是所有公司最常见，也是我们每个人入职时都深有感触的一支流程。因为它是我们在新公司初次体验的第一支流程，是认识新东家的第一扇门，所以新员工入职流程设计与运转的好坏直接关系到新人对公司的第一印象，甚至决定着新员工的去与留。

近来公司流程管理部门接收到员工反馈，认为《新员工入职流程》存在流程不顺畅，员工体验较差的问题，要求重新梳理优化新员工入职流程的部分节点，提升新员工的入职满意度。

- **流程现状与核心问题**

（1）流程现状

通过调研发现，新员工对入职流程的不满意主要集中在员工入职后相关物资配置未到位，影响了正常工作的及时开展。

我们先来看下目前新员工入职流程的现状（图5-23）：

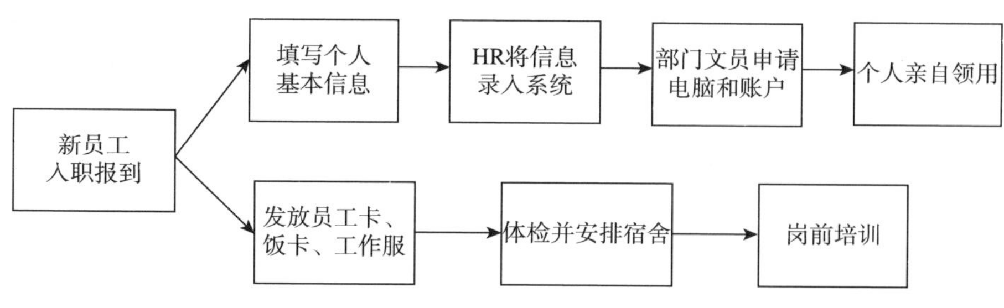

图5-23 新员工入职流程现状

从整体来看，流程并行虽然节省了部分时间，但通过调取系统数据发现，个别员工从入职到物资领用长达2周，已经严重影响了新员工正常工作。

（2）存在的问题

①资源配备及时性不强。新员工入职后，所有基本物资都是临时发放或申请，对于有库存的可以直接领用，但如果没有库存则需要临时发起采购申请流程，开始漫长的等待过程，时间成本可想而知。

②部分个人信息存在重复采集。新员工入职后填写的个人基本信息与之前面试时递交的几乎无异，这就导致了信息的重复采集，信息有效利用率不足，也使新员工体验感较差。

③电脑领用的不便性。新员工在新部门报道后，由部门文员开始申请电脑和个人账号，但公司规定领取必须本人，而此时新员工可能正在集中进行培训，时间上不仅不合适，也造成信息来回传递，浪费时间。

- **优化思路与方案**

（1）优化思路

运用流程优化5W2H中重新排序的思想，考虑对新员工入职流程中各环节时间或位置设置进行调整变化达到最优配置的目的。

（2）优化方案

①部分关键节点提前。新员工入职前一周，先由HR提前与新员工

沟通核实相关入职情况，并参照之前面试时填写的简历，将个人基本信息录入 E－HR 系统；同时，系统信息自动传递至新员工所在部门的文员，由他们协助提前在系统中申请电脑和账号等物资。

②统一领取新员工标准化物资。将新员工物资进行全公司统一标准化，并打包装袋，防止遗漏，由部门文员在新员工入职后统一进行领取和发放，也避免了与新员工岗前培训的冲突。

优化后的新员工入职流程如图 5－24 所示：

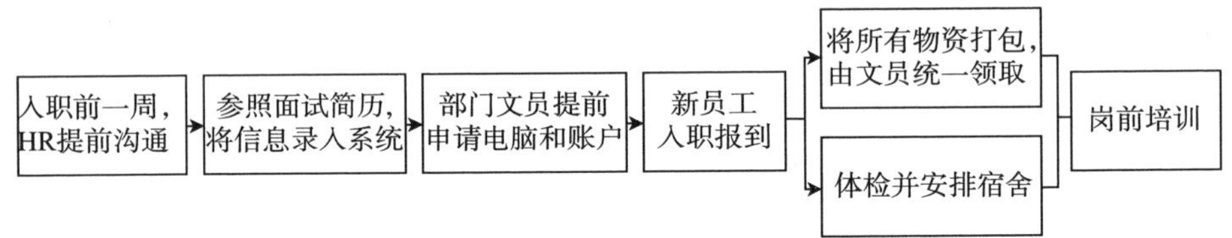

图 5－24　优化后的新员工入职流程

- **优化效果**

（1）新员工物资得到了及时领取。通过分析将最耗时的物资申请调整至员工入职报到前，可以极大节省等待时间，不耽误员工的正常使用。

（2）物资统一标准，打包不遗漏。按照整合原则，将由不同角色发放领取的物资进行统一标准化，防止物资的遗漏或重复。

（3）统一接口降低复杂度。将原来由 HR 和部门文员分别发放领取的物资进行集中专人领取，降低流程的烦琐度。

对其他企业的启发点/亮点：

（1）运用重新排序思想，对流程各节点顺序重新思考逻辑合理性，提升流程效率。

（2）运用整合思想，不仅可以统一整合接口人，同时可以对分散物资进行集中标准化整合，减少接触点提高效率。

11. 群组邮箱业务流程优化

- **背景**

在公司的日常信息传递过程中，邮件是一个较为常用的信息交流工具。有时邮件经常发送给某些固定的群体，为了使用方便，避免重复录入固定人员，而将一部分人的邮箱地址捆绑在一个群组（xx. list）里，当需要发送某固定群体时，只需要输入一个邮箱地址，群组内的所有收件人即可收到信息，此为群组邮箱。

近来公司高层反馈群组邮箱的管理较为混乱，缺乏统一管控，导致部分未授权人员隐藏在某些群组邮箱中，并接收到了不该接收的公司部分保密邮件。

为识别群组邮箱人员的合理性及加强群组邮箱管理的保密性，公司高层要求重新梳理此业务。如何利用端到端的流程视角来梳理群组邮箱业务中的效率与风险，便成为本次流程人员需考虑的一个重要方面。

- **流程现状与核心问题**

（1）流程现状

通过调研发现，目前公司的群组邮箱业务只有申请流程，而对后续的日常执行及管理等都是缺失的，未形成 PDCA 的闭环管理。

OA 系统中的群组邮箱申请流程如图 5－25 所示：

图 5－25　OA 系统中群组邮箱申请流程

同时，近半年来，群组邮箱的总数量从 750＋急剧升至 1100＋，增长率高达48%，增长势头强劲，在管理效率提升的同时也潜伏着风险。

（2）存在的问题

①未建立全生命周期管理机制。目前制度文件及OA系统中只对群组邮箱的申请进行了规范，但未涵盖日常维护及后续作废要求，缺乏端到端的流程思维。

②风险防范意识较差。群组邮箱申请较为随意，任何人都可以申请建立，没有专门对接人员或门槛限制，导致数量迅速增长，滋生风险。

③缺乏统一管控部门。在申请流程中只需要申请人主管同意即可，IT管理员虽审核群组人员数量是否达标，但目前实际执行是形同虚设。

④日常维护不及时。随着公司组织架构变更、人员频繁调岗、新人不断加入等因素变化，加上各群组邮箱管理员维护不及时，导致群组邮箱内的人员匹配性失真，容易出现泄密。

- **优化思路与方案**

（1）优化思路

运用端到端的流程思维，搭建群组邮箱的全生命周期管理机制，明确统一管控部门，完善文件及OA系统设置。

（2）优化方案

①群组邮箱分类分级。原则上公司只允许建立领导群组、部门群组、专业线群组及临时项目群组四类，且按照公司架构层级最多建立四级，如事业群—事业部—中心—部级，再细化的组织部门原则上不允许设群组邮箱。

②统一归口管理。由于公司人力资源相关部门掌握着各部门的人员进出及等级评定，因此将各部门HRBP定为群组邮箱的统一管理部门（图5－26），其中公司职能部门的群组邮箱由总部HR负责统一管理，BG/BU的群组邮箱由各BG/BU的HRBP负责管理，并进行定期公示，方便内部沟通交流使用。

③建全生命周期管理机制。

建立：优化后的流程。

维护：HRBP 需根据组织架构调整及人员变动情况及时更新群组邮箱用户列表，并将信息告知各群组邮箱管理员进行人员调整，避免未授权人员获得保密邮件内容。

废止：日常如发生群组邮箱到期或不再使用的情况，各部门邮箱管理员需及时通知 HRBP，HRBP 同时将废止的群组邮箱提报至 IT 部门执行作废。同时，IT 部门也每半年主动开展一次全公司范围的群组邮箱梳理行动，让群组邮箱发挥最大的使用价值。

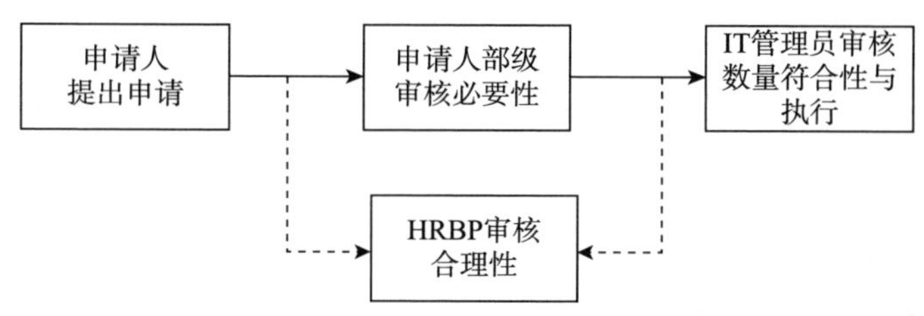

图 5－26　优化后的群组邮箱申请流程

- **优化效果**

①防范了泄密风险。通过群组邮箱的统一归口管理，使群组邮箱的管理更加有序化，有效避免了未授权人员接收到泄密信息的可能性。

②降低成本。通过本次集中梳理优化，共删减了约 400 个无效群组邮箱，按照一年 50 元/个服务费计算，直接为公司节省成本近 2 万元。

③搭建了群组邮箱从建立、维护到废止的全生命周期管理机制，并通过公司或部门范围公示，方便大家查找及使用。

对其他企业的启发点/亮点：

（1）搭建业务规则时，充分利用流程端到端的思维进行思考，形成完整的 PDCA 循环。

（2）不仅要学会简化提升流程效率，更要懂得增加流程节点的意义，平衡效率与风险。

（3）当业务处于无序状态时，学会利用分类分级原则，建立有序的“规则”。这个规则在其供应商及客户分类管理中也可以得到充分应用。

12. 整合平台相似业务，为经营实体“减负”

- **背景**

为更好地发挥公司平台对各业务实体的支撑作用，公司各平台部门也在不断反思，减少因平台部门之间的掣肘和不连通，而给各BG/BU造成的麻烦，真正发挥平台部门的引领、规划与统筹作用。

- **现状与核心问题**

（1）现状

随着持续改进意识的不断增强，公司各专业平台部门积极从自身业务角度来帮助各BG/BU进行日常改善，目前公司主要有以下三类改善业务：

①精益改善：主要从精益思想的理念出发，主动发现并解决身边的常见问题，侧重于降低成本、防范风险、提高效益等方面。对于提案的申请形式通过OA中的《提案申请流程》实现，具体流程如图5－27所示：

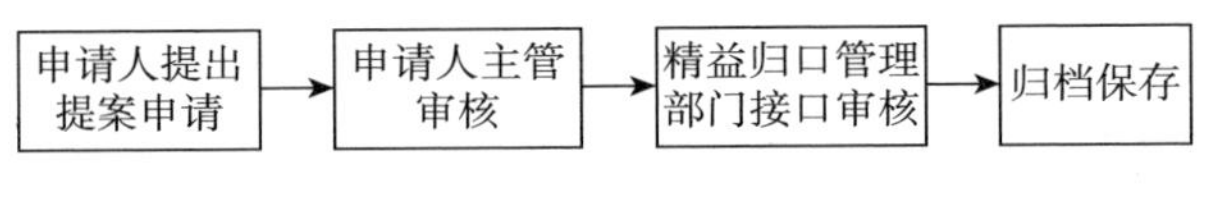

图5－27　提案申请流程

当提案项目完成需要申请激励时，通过OA中的《提案激励申请流程》实现，具体流程如图5－28所示：

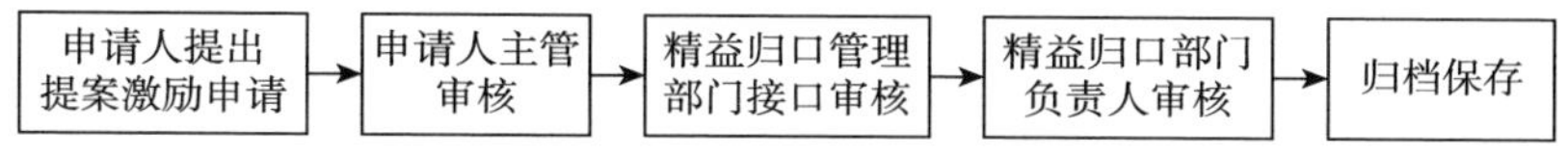

图 5－28　提案激励申请流程

②质量改善：从质量方面来不断提升原材料、制程及产品质量，降低不良率，满足客户要求。目前主要按照黄带项目、绿带项目及黑带项目等形式开展，每季度由质量部统一汇总提报，统一向公司申请激励。

③流程优化：从流程角度不断去发现挖掘业务流程中存在的问题，然后运用流程思维、工具及方法来分析并解决。主要通过日常流程优化专项或变革项目的形式开展，通过拉通业务识别痛点及原因，解决业务问题，创造价值，目前由流程部门按照半年度统一汇总提报、统一激励的方式向公司单独申请。

（2）存在的问题

①各业务相互独立，未形成有效联动。目前公司各平台部门之间日常改善活动各自开展、相互独立，未将改善业务在公司层面进行统一拉通。

②容易造成业务部门多次重复申请。因平台部门各自为政，日常业务改善又多为复合型改善，容易造成业务部门在不同模块中的重复激励申请，如流程与质量改善、质量与精益改善、流程与精益改善等都不同程度存在项目交叉或重复激励现象。

③流程提报存在冗余、重复现象。经调查，三类改善都不同程度存在申请提案改善和申请激励两段流程，流程未进行端到端自动衔接，增加了业务部门的申请工作量，且两次申请的审核角色基本重合，存在重复签批。

- **优化思路与方案**

对业务形态类似的业务进行统一整合，从公司层面拉通不同业务的改善申请与激励申请，简化流程，提升效率，同时减少不必要的重复现象。主要改善方案如下：

（1）业务整合。将每季度的质量改善激励申请及每半年度的流程改善激励申请，通过OA系统提交归口至精益管理部，由精益管理部整合后统一申请激励并下发。

（2）OA签批流程简化。通过重新评估各类改善的提报申请，业务部门一致认为可由各BG/BU申请人主管内部自行把控，无须再提报OA改善申请，只在改善完成后提报激励申请即可。

（3）OA系统防呆设置。在OA系统基本信息填写中增加改善类型选项，即精益改善类、质量改善类、流程优化类，提报人员只能选择其中一类，一个入口避免了重复激励申请。

优化后的改善激励申请流程如图5－29所示：

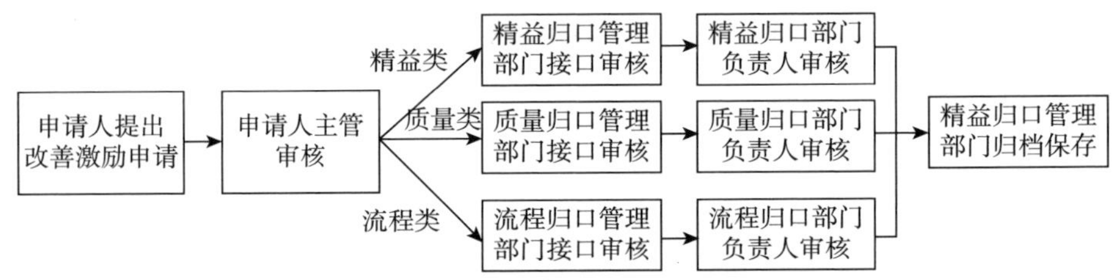

图5－29　优化后的改善激励申请流程

- **优化效果**

①提高效率。通过将三类业务及流程进行有效整合，减少了业务部门的多次申请，提高了工作效率，降低了无效管理成本。

②防范重复激励。各业务流程的整合杜绝了激励申请的多点输入，将激励申请归口统一，防止业务部门的重复申请。

对其他企业的启发点/亮点：

（1）将流程优化方法中的单点接触思维，运用到不同业务的相同工作中，避免给业务部门造成不必要的麻烦。

（2）流程系统搭建过程中要充分评估流程设计的意义，认真思考流程存在的价值，是否是必需的、必要的，如果未产生价值，可考虑删减或整合。

第六篇

流程团队与文化建设心得

1. 初级流程工程师训练营

- **实施背景及目标**

伴随着A公司流程体系工作的初步搭建，流程管理部门开展实施了一系列相应的流程理念及基础知识培训，来满足各部门对流程知识不断的学习诉求，但由于公司部门及人数的庞大，受众范围始终不能满足各部门的需要。流程管理部门计划借助“一传十，十传百”的链式效应，在公司内部通过流程训练营方式培养一批专业的流程管理团队，增强流程在公司的影响力和覆盖率。

鉴于公司流程管理工作的初步开展，本次流程训练营主要从流程理念、流程图工具及画法、流程设计方法、流程优化思路及方法等方面入手，培养一批既懂业务又懂流程的初级流程工程师团队，既能够承接公司流程管理部门的任务，又可以在部门内部持续不断地宣传流程理念及思想，为后续流程管理工作的深入开展打下坚实的基础。

- **实施范围与策略**

(1) 范围及运作流程

此次流程训练营主要针对各部门从事流程相关工作岗位人员，包括各BU专职流程人员和职能部门的流程接口人；采用小班制培养模式，侧重实战演练与实践操作；以流程管理部门的内部讲师授课为主。共分为五个阶段：实战演练与测试、团队融合、课程试讲、内部转训、资格认证与激励等环节。具体实施流程如图6－1所示：

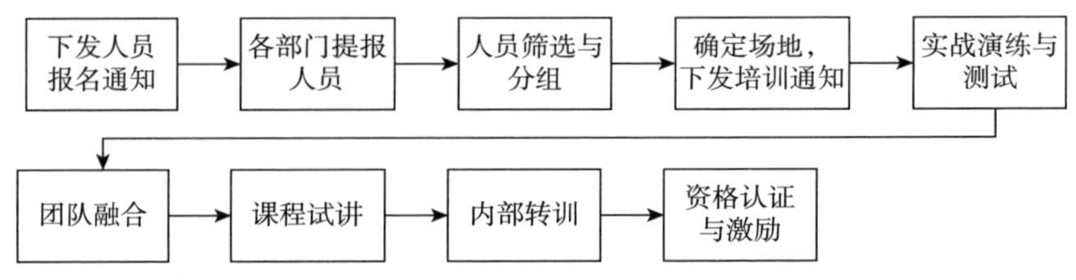

图6－1　训练营实施流程

（2）考评要素及方式

根据每个环节重要性及侧重点设置不同的分值比例，学员最终成绩为50%课堂实战演练成绩＋20%课程试讲成绩＋30%内部转训成绩。

按照成绩排名最终录取前30名的学员，并颁发由公司认可的“初级流程工程师”荣誉证书及部分现金奖励。

（3）具体实施策略

①实战演练与测试

此环节主要以讲师授课为主，通过理念回顾、案例讲解、专题讨论、实战操作及团队展示等内容，让学员在授课中通过亲身实践达到掌握流程知识的目的，真正实现理论与实践的结合。

同时，为保证学习效果，对各部门学员进行打乱分组，小组数控制在6个，每组人数控制在8个以内，并对每组设置观察员进行课堂纪律及发言打分。学员此环节的最终成绩以课堂表现加实践测试综合考评为准。

②团队融合

此环节以户外拓展训练为主，虽没有相应的分值占比，但通过团队游戏的方式一起完成任务，可以使公司各部门流程管理人员之间相互认识，增强团队凝聚力和向心力，为后续更有效地开展跨部门工作搭起了沟通的桥梁。

③课程试讲

根据第一阶段的课堂内容，学员可选择某一主题或模块，根据自己的理解设计10页以内的PPT课件，并按抽签顺序在所有参训学员面前试讲。同时，安排专业、演讲及PPT设计方面的评委为试讲学员客观打分，主要目的在于培养学员的培训赋能力、课件设计能力及流程专业掌握能力。流程管理部门也会提前购买一批流程管理专业书籍供学员学习，以及为后续的读书分享会奠定基础。

④内部转训

设置此环节的目的在于让学员成为公司流程知识的传播者，通过将课堂上学到的内容，结合自身业务实践，转训给部门内部其他同事，让更多的人了解流程，学习流程。为更好地鼓励大家多宣传，通过转训的涉及人数、场次、受众级别及流程知识范围等不同而设置不同的分值。

⑤资格认证与激励

为更好地体现仪式感和对本次训练营的整体复盘，此环节安排了一次隆重的毕业典礼，简要回顾了学员的成长历程，并邀请获得“初级流程工程师”的学员谈谈对本次活动的感受及建议。最后对成绩优秀学员以颁发证书及现金作为结束，鼓励大家再接再厉，向更高目标奋进。

- **创新点和亮点**

（1）实战演练与工作实践相结合。将流程知识融于学员的实战演练和实践工作中，加深学员对知识的掌握，不能为了培训而培训，一定要想清楚培训的目的和价值在哪里。

（2）多维度考评相结合。摒弃了传统的授课即认证的简单模式，而是从实用价值角度出发对学员进行了综合测评，杜绝单一技能，逐步向培养能做、能写和能讲的综合性人才方向发展。

（3）以点带面，扩大宣传。流程的宣传赋能不局限于总部流程管理人员，将流程的传播者重新定义，充分培养和带动各部门流程专/兼职人员，发挥基层业务人员的声音和纽带作用。

2. 中级流程工程师训练营

- **实施背景及目标**

在流程体系运行正常，流程业务不断深化的背景下，公司流程管理部门需要考虑持续提升原有初级流程工程师的专业水平，为公司提升运营效率贡献更大的力量。

面对流程运行过程中遇到的问题，初级流程工程师培养阶段的基础理念、文件设计、流程优化方法论等知识，已不能满足流程团队人员对解决实际业务流程问题的诉求，迫切需要提升流程专业知识来处理面对的问题，进而提升整个公司的运营绩效。

承接初级流程工程师的培养，基于解决问题、提升团队整体流程水平的考虑，中级流程工程师的培养侧重流程优化实践，需要学员掌握流程优化项目的系统工具及方法，从需求收集与分类、项目立项、组建团队、现状调研、问题及原因分析、方案设计、汇报、流程及IT固化等。当业务出现问题或瓶颈时，流程人员能够主动帮助业务识别与解决问题，与业务人员站在同一条战线上，并得到他们的认可，共同提升业务流程的运营效率和成熟度。

- **实施范围与计划**

（1）提报条件及范围

为保证学员的授课质量，每期训练营限定一定的人数及群体范围，同时，也让学员感受到能参加这样的培训学习是非常自豪和骄傲的一件事情。学员申报条件可以根据每个企业的不同而进行差异化设置。如：

①本科及以上学历，特别优秀者可放宽至专科。

②工作三年以上，且从事流程管理工作至少两年。

③已取得“初级流程工程师”证书一年以上。

针对中级流程工程师的培养范围可适当缩小，甚至可以先以 BG/BU 的专职流程人员试点培养为主。因为他们是最贴近业务实际、业务问题反馈最多、与外部客户直接接触最频繁的群体。

（2）实施课程及计划安排

中级流程训练营的目标很明确，就是培养一批贴近业务，敢于面对并解决实际问题的中级流程工程师。因此，课程设置时既要考虑适用性，也要兼顾系统性，主要分为两大阶段：第一阶段，结合案例讲解开展系统方法与演练；第二阶段，工作现场的流程优化实践。

其中，第一阶段的系统方法论讲解以连续两天的集中封闭式培训 + 案例分享为主；第二阶段的流程优化实践持续 3 个月，以解决实际业务问题为主。为不影响一年整体工作计划，中级流程训练营的开班一般建议安排在上半年比较合适。

- **具体实施措施**

因整个中级流程训练营持续时间较长，所以实施阶段切分为四个环节，分别是前期准备阶段、系统学习及演练阶段、实践阶段、分享及评选阶段。具体如下：

（1）前期准备环节

①筛选学员：根据设定的报名条件，流程管理部对各部门提报的参训人员进行初步的筛选。筛选原则除了按照设定的要求外，还需要考虑各部门的人员分布状况，保证每个部门都有相应的参训学员，便于后续各部门在面临业务问题时，有相应的流程人员予以协助解决。

②课程准备：针对课程授课阶段可以根据企业实际进行灵活安排，此处给予三个方案可供选择：

方案一是由内部流程专家自行设计课程进行现场授课，此方案需要公司内部具有经验丰富的流程或项目专家；

方案二是求助其他业务部门，选择具备丰富实战经验的项目专家，结合流程思维进行课程的开发；

方案三是借助外部咨询公司或流程讲师来公司授课，他们有比较丰富的流程项目经验，可以提供新鲜的流程理念和标杆企业的案例分享。

③案例准备：一方面需要流程管理部门准备3～5项比较经典的流程优化案例进行详细分析讲解。此处的案例可以是其他公司的，也可以是本公司实际优化的案例，最好是两者兼有，能让人感觉不仅有标杆案例，而且有些优秀案例就发生在我们身边；另一方面要求以部门为单位，需要业务部门提报2～3个目前实际开展的业务中存在的问题案例，详细描述背景及问题瓶颈。

（2）系统学习及演练阶段

此阶段分为两个环节：一是结合案例的系统方法论讲解阶段；二是对现有问题的讨论及头脑风暴阶段。

①结合案例系统方法学习：无论是内部讲师还是外聘老师，此环节还是希望突出以理论联系实际的讲解更合适，更具有实战性。整个流程优化项目从需求收集到项目总结，在每个阶段中穿插案例进行重点分析特别关注事项及常见问题，让学员真正可以站在前人经验的肩膀上少走弯路，少犯错误。

②案例演练：从各部门前期收集上来的业务问题中选择一两个可实施的案例，以小组形式，让最清楚问题的人员为讲解员，在小组内部展开充分地讨论和头脑风暴，按照流程优化的系统方法对案例进行分析，并在限定的时间内给出一个简版的优化思路及方案。由各小组选一名代表上台案例分析与优化讲解，其他各小组成员可以在讲解完成后，继续给出比较好的优化思路进行补充完善。让大家将学到的理论知识马上应用到目前公司出现的问题上，达到一种即学即用的效果。

（3）实践阶段

为保证学员深入扎实地领会流程优化的精髓，并让流程优化方法切实在公司产生实际价值，流程管理部门要求学员在未来3个月内每人完成至少1项大型流程优化项目或两项中小型流程优化专项实践，作为晋升中级流程工程师资格的毕业答辩作业。流程优化案例可以是课堂上初步分析演练的案例，也可以是目前实际业务中遇到的瓶颈或问题。

①课堂演练案例继续优化：在课堂演练环节中，各小组对公司实际案例进行了模拟分析与优化，参加培训的业务流程人员可以将此演练的案例拿回去继续做真实的优化，将其作为一项流程优化实践成果进行提报。

②新的业务流程问题：寻找部门内部遗留的或新出现的业务流程问题，将其作为流程优化案例作业的改善目标。

当业务比较复杂，涉及相关职能职责、IT、权限及其他障碍因素时，可以寻求总部流程管理部门或其他业务人员的介入，拉通业务，解决问题。同时，要求学员按照公司统一的流程优化案例模板，将完成的优化案例进行总结。

（4）分享及评选阶段

通过对学员收集上来的流程优化案例，由公司流程管理部门组织参训学员开展案例分享活动。可根据案例特点，选择公司内部相应领域的专家作为评委听取学员的优化思路及效果，按照价值收益、影响大小、重要程度、创新性等维度进行现场打分。

流程管理部门根据学员案例分享得分情况，评选出最终获得中级流程工程师资格的人员名单，并授予“中级流程工程师”称号。同时，选取优秀流程优化案例在公司厂报、微信公众号、流程管理专刊上进行宣传，扩大流程理念及知识的宣传途径，让更多的人参与到流程优化的实践中来。

- **创新点和亮点**

（1）以公司实际发生的流程优化项目为案例进行课堂讲解，使学员有更深的实际体验感，拉近流程优化案例与学员的距离，让他们相信流程优化人人都可以学会，并能够解决实际工作问题。

（2）整个策划方案将团队培养、身边案例讲解、实践业务问题解决及案例评选等环节连接在一条线上，让彼此看似独立的活动，朝着一个共同目标服务，整体新颖而不失混乱。

（3）让流程人员深入业务实践，主动发现问题，解决问题，并最终得到业务人员的认可，一定程度上扩大了流程管理在各部门的影响力，拉近了流程与业务的距离。

3. 如何开展流程训练营复盘

- **背景及目的**

开展流程训练营的目的就是培养各级组织及业务的流程专家，让他们通过运用流程管理的思维、工具和方法解决业务的实际问题。为激发大家学习流程管理的热情，流程训练营结束后专门设置了为优秀学员颁发资格证书及现金奖励的环节。

因此，流程管理部门计划开展一场流程训练营复盘行动及毕业典礼，收集反馈学员对整个活动策划的效果评估和获奖的荣誉感、仪式感。

- **范围与内容**

（1）活动范围：此次流程训练营复盘及毕业典礼，主要针对前期通过层层选拔获得流程工程师证书的学员。整个策划活动共分为学员学习历程回顾、学习心得及建议、读书分享会、期望与规划、颁奖典礼五个主题，计划利用一个工作日时间进行充分研讨。

（2）具体内容介绍：

①学员学习历程回顾

通过选择部分前期各阶段的学员照片，让学员回顾自己的亲身历程，懂得知识获得的来之不易，并为自己的努力与付出感到自豪，增强对流程管理的感情和切身体验。

②学习心得及建议

学员学习历程回顾完成后，让每位学员发表对本次活动的学习心得及后续改善的建议，不仅可以了解每位学员对流程知识的掌握程度，而且也可以根据学员提出的一些好建议，不断补充完善，在下次活动时予以运用。

③读书分享会

流程管理部门在流程训练营活动期间，针对培训内容为学员购买了不同类型的流程专业书籍，目的就是让学员提前阅读，加深对业务流程知识的理解。通过此次读书分享会活动，让大家互相分享对自己印象最深刻的章节知识，与其他学员共同成长。

④期望与规划

如果说前三个主题以学员为主导的话，那么这个环节就是以流程管理部门为核心，重点对获奖学员提出了后续流程管理工作的期望与规划，希望他们继续努力，承接公司流程管理要求，落实各部门流程管理工作，真正将流程思维作为自己未来工作的主线，提升公司整体的流程管理成熟度，实现流程与业务的深度融合。

⑤颁奖典礼

作为此次活动的最后一个环节，也是众学员比较期盼的，就是由流程管理部门负责人为获奖学员颁发证书及现金奖励，兑现当初流程训练营启动时对学员的承诺，鼓励后续更多学员来参加流程知识的培训与学习，并将所学运用到实际业务工作中，培养员工具备流程思维的意识及流程管理的学习氛围。

- **创新点和亮点**

（1）重视仪式感。将一项简单的获奖活动进行精心策划，增强了学员的仪式感和体验感，让他们感觉自己被重视，给学员留下了深刻的印象。

（2）将多项活动整合为一套组合拳。通过一次流程训练营活动将读书分享会、活动复盘、工作展望及颁奖糅合在一起，拓宽了活动的宽度，丰富了策划方案，避免了单一活动的无趣感。

4. 一次流程文化策划方案

- **实施背景**

在企业引入BPM管理思想和方法的初期，如何解决业务流程管理思想与中国传统职能式组织架构下的官本位思想之间的矛盾，让员工普遍接受这种新型的以客户为中心、端到端的流程理念，成为众多新引入BPM企业的困境。

对于各层级员工流程理念与意识较为淡薄，甚至与之前管理价值观相冲突时，初次引入流程管理，并想让员工在短期内迅速接受新鲜思想，改变员工的行为，也绝非一朝一夕，需要公司花费巨大精力进行长久的文化宣贯和播种实践。

下面就以某公司的年度流程文化宣传案例，介绍下初步引入BPM理念的企业是如何在公司内部开展文化理念松土活动的。

- **实施目的与范围**

（1）目的

通过开展形式多样的流程文化宣传活动，从员工的思想及意识方面逐渐让大家认识流程、了解流程思想，逐步改变做事行为，从而达到主动求变与优化的目的，全面提升公司员工的流程管理理念和意识，创建良好的流程文化氛围。

（2）实施范围

①人员范围：初次导入 BPM 理念，由流程管理部门主导，对各部门的流程管理接口及原有质量体系人员进行流程知识赋能和培养，由他们再作为二次传播者在各部门内部开展普及宣贯。

②活动范围：主要从两大模块开展流程管理的文化渗透，第一是运用多途径、多形式开展流程知识的宣传，扩大受众面和知识深度；第二是搭建流程问题与优化建议的反馈机制，让流程管理部门成为各部门的“垃圾桶”，将相关工作中的职责问题、流程问题、IT 问题等都可以输入反馈。

- **具体实施策划**

（1）知识赋能与文化宣传措施

①知识赋能

针对各学员的零基础背景，设计并开展流程基础知识课程，主要包含流程概念及要素、流程本质、流程端到端、流程与体系异同、什么是流程架构、流程管理历史演变、流程管理目的及意义、流程管理内容、流程管理价值等方面，详细且全面地介绍流程管理的相关思想和知识点，并与实际工作结合，增加相应生活或身边案例，深入浅出，让学员从基础入手，容易理解和接收。同时，可以针对后续学习情况，增加相应的专题培训，更加深入地开展培训学习。

②多途径文化宣传

a. 厂报宣传：借助公司的公共资源，与公司文化宣传部沟通，在每期厂报中预留版面给流程管理部门，让流程基础理念及知识文章在厂报中作为固定专题进行宣传报道，提升对流程管理的重视度，也是一项重要的公司导向。

b. 案例分享：利用公司内部通信手段或邮箱，不定期对公司中高层及流程专业线人员分享外部公司优秀的流程管理实践及优秀案例，让员工切实感受到流程管理能够为自己及公司带来的价值，让大家首先从心理上有一种愿意尝试学习和改变的意愿。

c. 流程管理专业书籍推荐：从网上购买一批流程管理入门教程，分发给相关部门负责人及流程接口进行业余学习。如金国华老师的《流程管理实践百问》，可以解答大家普遍关心的流程基础问题及建议；《图说流程管理》用图文并茂的形式展现流程管理的复杂知识；《人人都要懂流程》用漫画的形式宣传流程文化思想等，这些都是初级流程管理人员比较不错的入门级专业书籍，最终在公司范围内形成人人学流程、用流程的文化思想。

d. 流程术语集锦：针对流程管理行业中的一些成熟理念和相关术语，由流程管理部门负责整理成为公司内部的流程术语集，并结合案例形式予以诠释，让员工一开始就理清楚流程之间的相关概念，通俗易懂，少走弯路。

e. 流程手册：在流程管理后期可以制作一种随身携带的，类似新员工入职小手册形式的《流程管理小百科》。内容可以涵盖流程管理所有相关的术语、流程管理基础概念、工具及方法、身边流程优秀案例等，供员工可以随手翻阅查看。

（2）搭建流程问题及建议反馈机制

通过搭建一套反馈流程问题与提供优化建议的平台，鼓励员工积极提报问题与建议，当员工对工作出现不满时有发泄与倾诉的地方，充分释放变革的意愿，为流程真正的变革与持续改善渲染气氛。

①流程问题及优化表单设计

表单的设计要符合开展此项活动的初衷，既要了解哪些部门的抱怨较多，又要清楚问题的价值大小和实施难易，同时还要起到一定激励作用，因此表单设计建议需包含三部分内容：

a. 基本信息：由反馈人填写，包含反馈人姓名、部门、问题类型及重要性、紧急度、难易程度等，让问题接收人员能够整体了解事情的概况；

b. 优化建议：由反馈人填写，从自身岗位角度描述提出问题的背景、现状及可能的建议，为后续流程优化提供思路；

c. 问题及建议评价：由流程管理部门人员负责根据问题重要性、紧急度、实施难易程度、影响范围等维度，对反馈的问题及建议进行评价打分，作为后续项目分类及激励的依据。

②公布反馈途径

开设多种问题及建议的反馈途径，包括：

途径一：员工将填写的反馈表单发送至公共邮箱，作为员工集中反馈问题的主要途径之一；

途径二：在公司 OA 办公系统中建立线上《流程问题与建议反馈流程》；

途径三：通过电话沟通反馈，当流程管理人员询问后认为反馈问题有价值时，就要求反馈人员通过邮件或其他书面材料记录，并备案；

途径四：有的公司在内网上开设了董事长微博，员工可以针对自己遇到的一些流程问题在上面反馈，流程管理部门也会及时予以答复和解决。

③内部定期评审

次月初，流程管理部门会根据反馈的问题与建议组织定期的内部评审，按照反馈表单设计的评价维度进行集体打分与审视，对于目前资源限制、紧急度不高、投入产出比较差的流程，可暂时搁置；集中人力和资源重点关注和解决投入产出价值较大、影响范围较广的业务瓶颈和痛点，并根据现有资源进行优先级排序。

④实施激励，并纳入优化项目

经评审，对反馈建议较好，且近期可实行的建议按照评分标准给予一定的现金或对等物的激励。同时，按照开展的优先级顺序，将联合相关问题责任部门召开流程优化调研和启动，正视纳入年度的流程优化项目范围实施。

- **创新点和亮点**

（1）多种流程管理理念的文化宣传活动并举，对员工进行全方位的“流程洗脑”，达到“总有一款影响到你”的效果，让流程管理的思想与实践在公司全面开花。

（2）将流程管理部门定位为“抱怨垃圾桶”，让员工对倾诉和问题有了反馈途径，就会逐步认可流程管理部门在公司的影响力和地位。

（3）搭建了一套完善的流程问题及建议反馈机制，能够收集问题素材，指导后续的流程改善与实践。

5. 利用流程手册开展文化松土

- **背景**

我们经常发现，当新员工刚入职一家公司时，HR 部门会对新员工发放一本类似《员工服务指南》的小册子。它体积不大，携带方便，可以随身装进口袋，内容主要包含公司的使命、远景及价值观，公司介绍及文化，以及公司的一些日常人力政策、福利及周边设施服务等，对初来乍到的新员工迅速了解这家公司是一个非常不错的方式。

由此启发，那我们是否也可以设计一种类似的流程小册子，给公司内部员工作为流程理念及文化松土的工具呢？为了在公司全员范围内普及流程理念及知识，我们决定着手策划《流程知识我知道》的小册子，当然也是可以随身携带，或摆放在办公桌前随时供查阅参考的。

- **策划内容**

（1）框架搭建

流程管理部门需要根据实际调研情况及公司流程发展现状，充分了解目前企业员工对流程知识的需求范围，按照内部员工的诉求来设计策划《流程知识我知道》具体内容，这样做的目的是杜绝流程管理部门对内容设定的一厢情愿，而不考虑实际用户的需求，类似于精益思想五原则中的“拉动”原则（按用户的需求拉动，而不是强行推给用户）。

关于流程手册的内容可从以下五个方面考虑：流程基础知识、公司流程架构简介、常用流程图符号使用、流程优化工具及方法、流程相关术语及专业书籍推荐。

（2）具体内容

①流程基础知识：此部分可以包含一些基础的流程和概念，如流程起源、流程相关概念、流程本质、端到端、流程与体系及流程与运营关系等内容，主要目的在于让没有接触过流程的人也能一看就懂，最好能借用一些生活中的案例作说明讲解，让人能更好地理解。

②公司流程架构简介：主要是将公司的流程架构按照分类与分层的原则进行层层剖析，试图通过流程架构解读整个公司的运营模式，并清晰地理顺各领域流程架构之间的逻辑关系，让人不宜产生混淆。

③常用流程图符号使用：通过运用一些流程符号使用过程中的正反

面案例，来说明流程符号在流程图中的正确使用规则，避免乱用或错用流程符号，让流程执行人员看不懂，造成语言上的混乱，进一步规范统一流程图的画法。

④流程优化工具与方法：在所有的流程管理环节中，最能直接产生价值的莫过于流程优化带来的效益，因此让全员具备一定的流程优化思维，并掌握一定的优化方法和工具，能够为公司产生实实在在的价值。在这个章节可以对一些流程优化思想、方法和工具及日常工作的真实案例等进行详细介绍，加深读者对流程优化的深入理解。

⑤流程相关术语及专业书籍推荐：针对最初接触流程的人员可能对一些基本的概念和术语都不了解，如流程架构、流程视图、ESEIA法、端到端、流程Owner、BPM等，可以做一个基本的术语汇总；同时，针对想进一步深入了解流程专业的人员，我们可以进行一些书籍的推荐，如《企业再造》《企业行动纲领》《跟我们学建流程体系》《图说流程管理》《中国流程管理实践百问》《流程圣经》《流程优化跟我学》等，分别从不同侧面展示了流程管理专业的知识侧重点。

（3）后续延伸

通过前期策划与设计整理，我们就可以将《流程知识我知道》小册子进行装订印刷了。每个公司根据实际情况可以分发给新员工，或各部门流程管理专员，或各部门主管，或公司全员等，目的就是让尽可能多的员工了解流程，会用流程管理的思维解决业务工作当中的问题，为公司创造更大的效益。同时，为节省成本和扩大宣传，我们也可以利用微信等形式进行无纸化传播和宣传。

- **实施效果**

①宣传范围大幅提升：通过借用小册子的形式，可以极大地提升流程理念及知识在公司的普及度与认知度，弥补流程培训赋能中的范围受限问题。

②宣传效果既好又容易：小册子的优势在于便捷性，使得每个人都可以随身携带，有不明白的日常流程问题可以随时查阅，同时满足了客户价值诉求中“容易”获得的特性。

③降低了工作量：《流程知识我知道》的出版可以在一定程度上降低各级流程管理部门反复回答员工的初级流程问题，可以将他们更多的精力投入更高附加值的流程管理工作中。

对其他企业的启发点/亮点：

（1）充分借鉴其他业务中运用的比较好的管理手段，嫁接到流程管理的文化宣传中，无形中可以起到一种“移花接木”的效果。

（2）编制一套供全员方便使用的流程知识小册子，既是一种流程文化的宣传手段，又是对流程知识的阶段性总结提炼。

6. 内部流程专刊策划方法

- **背景**

为加强公司的文化宣传和价值引导，几乎任何一家大中型企业都有自己的内部刊物，如《华为人》《海尔人》《美的报》等。借助内刊一方面可以统一公司的文化价值观，使所有员工做事的方式及思想遵循一种内在的准则，传达了公司倡导的理念，起到了价值观统领的目的；另一方面可以将近期公司发生的重大事件进行实时报道宣传，使员工对公司最近发生的事件知情，为员工的工作方向起到一定引导作用。

触类旁通，我们也可以尝试在流程专业领域，通过流程专刊的形式，提升公司流程管理的文化氛围和员工流程思想意识。

- **策划设计**

（1）设计目的

作为流程专业线的专业期刊，流程专刊一定勿忘初心。它的成立与使命一开始也承载了流程人的期望与使命，通常会围绕以下视角开展策划：

①提升流程意识，加强流程文化渗透，帮企业持续进行流程松土。

②从流程角度看待问题、分析问题与解决问题，提高工作效率，降低运作成本。

③知识经验的分享与传承，各部门优秀流程案例的展示与沟通平台。

④通过曝光身边的业务流程问题，引发全员对管理本质的思考，用流程思维持续改进日常工作。

（2）设计形式

①素材收集形式：一种是以公司流程管理部门的工作为主线，根据公司各业务流程实践的开展情况进行内容排版设计；另一种是通过收集公司各流程专业线人员的工作内容整理编辑。在日常实际设计过程中通常是两种策略的结合，将总部与各部门流程专业线人员的素材进行统一收集、修订与整合。

②内容传播形式：此处给出三种方法：一是借鉴公司厂报形式，印刷纸质版流程专刊进行内部分发；二是使用公司内部邮箱，发送流程专刊电子版，节省成本；三是利用大众普遍获取信息的微信形式，开通公众号进行流程专刊的推送学习。

③内容承载形式：关于内容的承载可以根据每个企业的习惯或惯例进行，不用固定的工具进行限定，常用的表现形式如 Word、PPT、Publisher 等。

④版面元素：一份完整的流程专刊最基本的要素包含表头、正文及

结尾三部分，其中表头由题目、发刊时间、编辑部门、期刊号、目录等内容；正文部分由二级标题、文章正文、图片等组成；结尾可以是各部门的问题反馈及反思，或者是类似流程管理部门对大家实际工作的倡导与倡议等，具体设计可根据每个公司特点进行灵活把控。

（3）发布频率与范围

①发布频率：为持续提升流程文化意识，达到良好的宣传效果，在期刊发布频率方面要控制好节奏。一方面时间不能太久，否则容易让人遗忘，起不到原有宣传的效果；另一方面也不能频率太高，容易让人产生反感。因此，我们建议根据企业实际出版，如双周刊、月刊、双月刊比较适宜。

②发放范围：流程专刊设计完成后，其发放范围也是需要谨慎斟酌的，既不能泛泛式地全员发放，使各层级领导不引起重视，也不能只针对部分专业线人员的小范围发放，使想学习流程知识的人还接收不到。在此笔者可以给出两个范围：一是中层及以上的管理层人员；二是公司及各级流程专业线人员。这两个范围既可以让中高层人员加强对流程管理的重视，又可以让流程专兼职人员提升专业水平，持续学习和改进。

（4）内容设计

针对流程专刊的具体内容设置可根据企业流程管理工作的实际情况，及每期的设计主题进行整体编辑。

根据笔者多年的实践经验，一般可从以下模块选择：

①领导寄语：此模块为选择模块，偶尔添加可以起到震慑或方向指引的作用，具体内容可根据领导的最新会议讲话精神，或高层对流程管理部门的期望进行排版，但内容一定要原汁原味，客观真实，不能随意杜撰，以免引起不必要的歧义和误会。

②警示台/曝光台：将企业内部各部门反馈的或流程管理部门遇到的流程问题进行主动曝光，引起各部门的重视或警示，起到“杀鸡儆

猴”的作用，让各部门多从自身角度找原因，杜绝管理中的扯皮及不作为现象。

③新闻动态：把总部及各部门开展的流程管理中的重大活动或事件进行宣传报道，如培训赋能、团队建设、××流程优化项目、流程执行力检查结果等，不仅可以让各部门了解公司正在开展的流程管理动态，还可以让各部门相互之间进行比较和借鉴学习，扩大影响力度及范围。

④优秀案例：定期将公司内部各部门开展的优秀案例，按照内部标准的形式进行提报，由编辑进行整理汇总发布。通过优秀的流程案例不仅可以让各部门相互借鉴学习流程优化经验，加深对流程工具与方法的运用，而且还可以让大家进行定期的总结，提高流程管理人员的案例总结能力。

⑤标杆借鉴：以外部优秀流程变革或优化案例实践为标杆，借鉴其开展过程的具体方法，开阔内部员工视野，加深对流程管理的价值及认识。

⑥流程基础知识：根据每个公司流程管理发展阶段的不同，对一些员工容易产生困惑或需要员工知道的知识点进行普及宣贯，如公司各领域流程架构介绍、流程管理的基本术语、流程图符号运用详解、流程优化中的ESEIA法等，都可以作为某一主题，分系列连续报道。

⑦专题讨论：针对公司最近发生的大事件，或者领导要求的某个阻碍流程发展的主题进行专题报道，如流程系统集成性、本位主义及部门墙问题、授权与收权博弈、谁是流程Owner等，然后加上一定的建议引导及反思，倡导各部门从公司整体利益最大化角度开展工作，而不是部门视角。

以上仅为笔者实践所得，具体模块设计可根据企业具体实际情况进行组合或增减创新，形式不拘一格，关键“看疗效”。

- **实施效果**

（1）引起各部门重视。凭借流程专刊的专业性，提升了公司中高层人员对流程工作的重视，担心被曝光而影响了部门的“面子”，纷纷采取各种措施或行动，积极主动性明显提升。

（2）持续的反思与作为。通过大量流程管理案例及管理中的问题挖掘，引发各部门对日常工作的反思，引导员工将流程问题的思考回到流程本质及根源上，防止惯性思维和减少推诿。

（3）反馈问题及案例积极性提高。通过大量案例、标杆及流程知识分享等模块，不仅让员工学到了必备的流程知识、经验、方法与工具，而且提高了他们流程工作的积极性和改善意识。从刚开始的不愿提交到后来接收的素材源源不断，在一定程度上也反映了公司流程文化的宣传起到了应有的正面效果。

对其他企业的启发点/亮点：

（1）借鉴公司厂报或内刊形式，在流程专业线领域同样可以“异军突起”，运用流程月刊形式达到流程文化宣传的效果。

（2）古人云“擒贼先擒王”，充分借用公司中高层人员的影响力和资源，让他们不仅感觉流程专刊就是为他们“量身定做”的，而且还要让他们心里感到一丝丝的疼，已经到了不学习不改善不行的地步了，“逼迫”他们一点点做出改变。

7. 如何提升中高层人员流程意识和能力

流程管理作为企业一个重要的管理抓手，在规范公司运作、防范风险和提升效率等方面发挥着重要的作用。我们经常用流程成熟度模型评价一家企业的流程管理水平，而员工的流程意识和能力作为一项重要的参考标准，成为各企业努力提升的方向。

对于一般员工的流程理念及意识提升，各企业都有不少“招数”，如新员工入职流程培训、流程训练营、流程知识双周报、微信推送流程案例等，但对于公司中高层人员的日常流程“洗脑”却显得力不从心。

这些中高层人员每天业务繁忙，各种会议和处理的问题应接不暇，很少有时间和精力专注流程的管理，在他们眼里流程管理就是“额外负担”，这也导致在他们身上的好的经验做法和风险控制措施没有时间传承，反过来又产生了大量的重复问题，陷入一种恶性循环状态。

如何提升公司中高层人员对流程管理的重视和具备基本的流程意识，防止对基层员工乱吆喝、瞎指挥，成为流程管理部门需要考虑关注的重点。

笔者通过亲身实践，通过搭建流程责任人运作机制，弥补中高层人员流程意识提升的空白，确保公司业务流程的有效运行，发挥公司中高层人员主动担责作用，实现从全员角度重视和落地流程、承接战略、支撑业务的目的。

对于流程责任人运行机制的操作，整体按照先试点后推广的策略，可先选取1～3个关键领域试点运行，待积累成功经验后再分享推广，主要从以下几个角度开展：

（1）设置并发布流程责任人及职责

在参照公司组织架构基础上依据公司流程架构，由公司流程管理部门主责，按各级主管分管领域不同，初步对公司一级流程责任人进行甄选与匹配，与公司高层或一把手达成一致后，将拟制的流程责任人及职责在全公司范围内任命发布。

同时，根据流程架构及公司业务运作实际，对流程责任人分层分级，并规定相应层级人员任命的条件和设置原则，防止出现人岗不匹配。如对于一级流程责任人建议分管副总裁或一级部门负责人担任。

（2）赋予流程责任人相关权限

明确L1流程责任人作为各领域流程的最高负责人，拥有对本领域业务流程文件的立法权和修订权。经流程责任人签发的流程下发后，公司全员必须严格执行。

按照流程架构“顶端统一，低端差异”的搭建原则，高阶流程架构一般不得随意调整，但当业务模式发生变化或变革项目需要调整时，可由 L1 流程责任人提请审核，由总裁负责签批调整。

（3）与流程责任人达成共识

针对已下发的流程责任人职责，由流程管理部门或借助第三方力量对所有 L1 流程责任人进行专题沟通或赋能，主要包括流程责任人职责解读、主要工作内容、本年度重点工作及考评方式等。确保 L1 流程责任人知道自己什么时间应该做什么，并对提出的问题予以认真解答。

（4）纳入个人 PBC 或部门 KPI

在与 L1 流程责任人达成共识的基础上，联合人力资源部门，将本年度流程管理重点工作纳入 L1 流程责任人的个人 PBC，以及部门的 KPI，再由各 L1 流程责任人根据实际工作需要分解至 L2 ~ L3 流程责任人进行绩效承接，作为年度考核的一项重要参考维度。

（5）纳入各级运营会议议题

L1 流程责任人根据需要可以在 EMT（经营管理团队）会议上开展流程管理经验分享，或针对跨部门问题寻求解决途径。而对 L2 ~ L3 层级流程责任人可选择在业务部门的运营会议上汇报流程的建设、执行及改善情况。上一层级流程责任人对下一层级流程责任人具有指导和支持作用，下一层级流程责任人面对无法解决的跨部门问题时，可升级向上一层级流程责任人进行反馈。

（6）年终考核或答辩

为了评价各级流程责任人一年内流程管理工作的胜任能力，由流程管理部门参照个人 PBC、部门 KPI（流程维度）、领域流程管理成熟度水平、流程基础及理念测评、年终述职等结果综合予以考评，并对结果进行排名和公布，在中高层人员中形成一种互相“攀比”的流程赛马氛围。

针对中高层人员的流程基础及理念提升策略，这里也只是从笔者实践的一个维度进行了分享，相信各企业也有一些其他好的做法和经验可以借鉴。通过流程责任人运行机制的有效运转和探索实践，必定会带动中高层人员的流程意识与能力再上一个新的台阶。

8. 搭建流程人员的任职资格体系

- **背景**

伴随着公司流程管理工作的逐步开展，流程管理意识在全员范围内得到了一定程度的提升，为公司营造了良好的流程文化氛围。同时，公司流程管理部门也陆续组织了多场流程训练营，为公司培养了大量的初、中、高级流程工程师，组建了一批核心的流程团队成员。

当流程意识及文化在公司呈现燎原之势时，也遇到了因流程从业人员的职业发展通道受阻而引发的系列问题。

- **当前面临的主要问题**

目前公司员工的流程意识虽有一定程度的提高，并培养了一批不同层次的流程管理人员，但流程管理人员的职业晋升路径不清晰，遇到了发展上的瓶颈，具体表现在以下方面：

（1）流程人员流动率较高。公司花费大量时间和精力培养的流程管理人员，因为缺乏专门的流程专业序列及相应激励措施，使流程从业人员对未来职业发展比较迷茫，导致流程人员调岗事件时有发生。通过对近一年流程从业人员变动情况的统计，发现有近 30% 的流程工程师调岗或离职，不利于后续流程工作的深入开展和流程团队的种子培养。

（2）中高层对流程的重视度不够。虽然公司和各事业部流程管理部门对不同层级员工进行了轰炸式的多维度流程赋能，但当流程工作与其他业务工作相冲突时，领导一般会要求下属先将流程工作放一放。据不完全统计，流程专业线人员真正的日常流程工作占总工作量不足10%，由此可见领导干部对流程工作重视程度偏低。如果中高层领导都不重视流程工作，基层员工对待流程工作的意识可想而知。

（3）缺乏系统、规范化管理。目前公司培养了初、中、高级流程工程师达100余人，但缺乏规范化管理和长久稳定机制，导致流程管理人员处于一种“野草”般的自由生长状态，没有从职业发展的长远角度进行系统规划。

- **任职资格体系设计与方案**

为了公司流程管理工作的持续运行，并给流程从业人员提供更好的发展路径，留住优秀人才，根据公司组织架构及人员特点，公司流程管理部门参照研发序列，为流程管理人员搭建了一套专业的任职资格体系。

（1）人员范围及考评方式

根据公司对流程管理的定位及流程工作特点，针对不同人员范围实施不同考评方式：

①中高层领导：流程管理部门参与到公司所有副部级至总监人员晋升的专家组考评中，根据流程管理理念及流程工作开展情况，对预晋升人员进行综合评定，享有一定的晋升建议权。

②专职流程人员：主要包括总部、职能部门、BG/BU专职从事流程管理工作的人员，按照《评价标准表》完成对专职人员的考核，并与公司研发人员序列进行一一对应，晋升通过的进行相应的薪酬调整。

③非专职流程人员：主要包括部分职能部门及BG/BU二级部门中

的兼职流程从业人员，同样按照《评价标准表》进行考评，以每季度给予补贴的方式进行岗位激励，但对于考评不合格或中途调岗者取消激励。

（2）考评条件及标准

针对不同人员范围，设定不同的评聘条件和标准：

①对于中高层领导：主要依据流程理念知识、流程工作参与及推动情况，按照不同级别分别设定不同的标准。如以开展流程优化项目来说，对晋升副部长的要求每年至少主导1项部门内或跨部门的流程优化项目，而对晋升总监的则要求每年至少开展2项跨部门的流程优化项目。

②对于专、兼职流程人员：对初、中、高级流程工程师的入选设定基本的条件限制，如申报初级流程工程师需专科及以上学历，从事流程管理工作1年以上，且年度平均考评80分以上；申报中级流程工程师入选需本科学历，具备初级流程工程师资格1年以上，并从事流程工作满2年以上，年度考评85分以上。

除具备以上基本条件外，还需参加公司组织的流程升级培训及开展相应流程优化项目等要求。

流程管理部门每年会根据流程管理发展需要制订年度流程《评价标准表》（表6-1），并按照不同层级人员开展差异化评价打分。

表6-1 评价标准表

序号	评价项目	评价标准	评价依据
1	流程宣传（15分）	每季度至少组织一次流程培训	培训课时及记录
		每季度至少举行一场流程学习活动或流程厂报投稿或案例分享	照片、厂报文章、案例
2	流程文件审核（15分）	流程文件系统签批有效率≥90%	被驳回的系统统计数据

续表

序号	评价项目	评价标准	评价依据
3	流程绩效（20分）	部门内部流程执行力检查至少包含部门20%的相关文件	流程检查调研报告
		部门流程审批效率平均单节点用时≤14小时	流程审批效率通报
4	流程优化（50分）	每季度至少提报一项可采纳或可实施的流程问题或优化建议	流程问题及优化建议提报表
		每半年至少实施一项流程优化专项，并形成流程优化案例	流程优化案例

（3）考评流程

①中高层领导：在考评晋级时，增加流程管理部门领导对其进行评审环节，主要评估待晋级人员的流程理念及之前做过的流程管理工作，看是否符合晋升条件，且具有一票否决权。

②专、兼职流程人员：依据初、中、高级流程工程师的基本入选条件，由各部门提报候选人员，公司流程管理部门对提报人员进行基本条件符合性初审。初步入选者按照不同层级参加公司组织的晋级项目，主要包含课堂实战演练、实践测试、试讲、转训、项目实施等；成绩达标者，由公司流程管理部与人力资源部联合对人员进行岗位晋级及薪酬调整，并报公司统一下文公示。

（4）考评应用

①中高层领导：流程管理部门对预晋升人员的流程理念及工作业绩做出评估后，给出最终的考评意见，分为同意晋升，基本同意但需进一步培训学习，不同意晋升三种意见。

②专职流程人员：每年对于预晋升的专职流程人员与公司研发序列中的助理工程师、中级工程师、高级工程师、专家等序列进行一一对应，对整体流程管理人员的薪酬进行普调，且从公司政策上将流程管理人员定位为重要知识型人才，便于吸引大量优秀人才的加入。

③非专职流程人员：公司流程管理部门每季度依据《评价标准表》，对不同层级的非专职流程人员进行考评，对非专职人员以季度补贴形式进行相应激励。如初级流程工程师每季度补贴200元，中级流程工程师每季度补贴400元，高级流程工程师每季度补贴800元。对考评成绩不合格或不再从事流程管理工作的人员将取消发放补助的资格。

- **实施效果**

（1）增强了各层级人员对流程工作的重视

通过在晋升考评中增加流程维度及业绩考评，影响中高层领导对流程工作重心的偏移，增强了他们对流程工作的重视和参与的积极性，使流程管理工作在公司有了一定的领导基础和实施土壤。

（2）提升了流程人员的工作积极性

针对不同流程从业人群设定了不同的激励措施，并将流程管理人员定位与公司研发人员同等重要，在一定程度上吸引并挽留了优秀人才，提升了他们工作的积极性和工作自豪感。

留住人才需先要配置相应吸引人才的优惠政策，并将其定位为高端人才，打通他们未来发展的职业通道，让其愿意死心塌地在流程这条道上一条路走到黑。同时，通过调动不同层级、不同类型人才在流程工作上的积极性，将其与切身利益密切相关的职位晋升与薪酬挂钩，其重视度将大大提高。

9. 思维导图在流程培训中的应用

对于从事流程管理工作的人来说，针对不同群体开展流程培训是常有的现象，需要根据培训对象的不同层级和类型进行流程课程的开发与认证。

很多人在开发流程课程的时候总是感到很茫然，有种无从下手的感觉，明明肚子里有东西却不知如何组织和表达出来，我们可以尝试运用思维导图来进行流程课件的开发。

思维导图又称脑图，不仅可以用在一般的流程课件开发中，同样可以用在其他方案的思考与日常生活中，具有极为普遍的应用与推广价值，是一种发散型思考与记忆的工具。下面就一起来聊聊思维导图在流程培训课件开发中的应用。

- **普遍存在的现象及问题**

（1）课程与培训对象不匹配。不管培训对象是谁，都只拿现有的流程课件进行套用，未针对不同的培训对象做相应的课件调整与完善，导致受训群体对整体培训效果体验不好。

（2）培训目的不明确。接收到各部门的流程培训需求后，没有及时深入分析培训需要达到的目的和要求，稀里糊涂地接收需求并实施了培训，效果不理想。

（3）课程框架较混乱。课程内容该有的都很全，但课程大纲编排缺乏一定的逻辑性，没有按照类似金字塔原理的逻辑进行梳理和呈现，导致受训人员听不明白各章节之间的关联，记不住关键知识点。

（4）缺乏理论与实践的结合。无论是授课过程中还是培训结束后，未将所授流程内容与自身岗位工作建立联系，导致培训结束没有下文，未产生积极的行为改善。

- **思维导图在流程基础知识培训课件中的示例导入**

思维导图是一种运用图文并茂的形式展现所要表达内容之间的层次或逻辑关系，充分利用了左右脑之间的优势，来帮助人们进行分析、记忆及思考的一种工具、方法。下面就一起来见证思维导图在流程基础知识课程开发实践中的神奇效果吧。

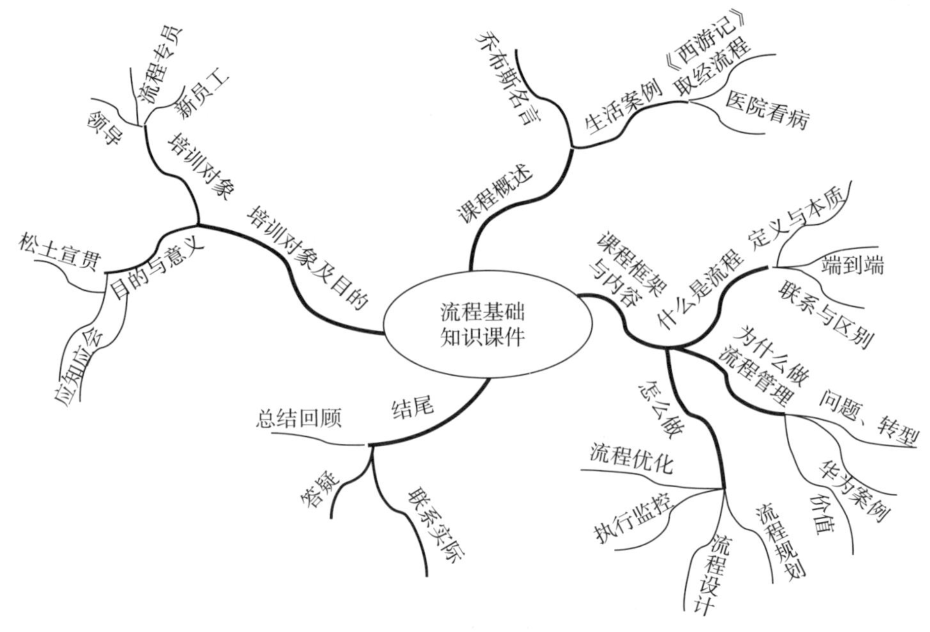

图6－2　流程基础知识课件思维导图

从图6－2中，我们可以看出整个流程基础知识课件从四个角度进行了发散思维设计，对培训对象及目的、课程概述、课程框架与内容及理论联系实际的结尾等进行了思考，具体如下：

（1）培训对象及目的。根据培训对象的不同，即使讲解同样的流程模块，其设计思路也会差异巨大，如对新员工，或流程专业线人员，或公司高层领导的赋能深浅及逻辑关系讲解就会不一样。同时，还需要调研清楚每次培训的目的，是简单的理念松土还是加强专业线的内在深度，目的不同内容也会千差万别。

（2）课程概述。目的在于对整个课程讲解内容做一个全面的阐述，可以引用生活中的案例或名人名言与流程建立关联，或进行工作中的痛点分析与总结，然后引出要讲解的内容可以解决这些问题，达到一种先抛问题后提供解决方案的策略，类似于科特在《变革之心》中的变革三部曲“目睹—感受—变革”。

（3）课程框架与内容。此部分为整个思维导图的核心，需要重点进行设计，在课程大纲目录的编排上，我们可以尝试采用递进方式，也是最常见的课件设计三部曲“what—why—how”模式。当然设计者也可以根据流程内容采用并列式或金字塔式设计都是可以的。

（4）理论联系实际的结尾。首先通过总结与回顾查看学员在课堂上到底能掌握多少，然后进行现场答疑解决学员未理解的内容，最后鼓励让大家尝试将本次课程讲解的内容应用到工作实践中，产生行为上的改变，从而达到培训的目的。

对其他企业的启发点/亮点：

将思维导图运用到流程课件的开发中，使原本毫无头绪、杂乱无章的课程设计变得具有一定的内在逻辑感。思维导图有点类似我们常用的头脑风暴法，不仅可以自己练习使用，也可以与流程团队一起开发想点子，效果更佳。

10. 一次全公司地毯式的培训赋能行动

- **背景**

随着公司流程体系的搭建完成，流程管理部门开始思考如何进一步提升公司各层级人员的流程思想，巩固已有的流程工作成果，强化全体员工按流程办事的意识，保持流程管理能力的持续性，并继续得到公司各层级人员的支持，创造公司的流程文化氛围。

- **现状与核心问题**

公司目前的流程体系是以总部流程管理部门牵头为主，其他各部门流程接口人及推进负责人协助共同梳理完成的，但在流程普及的广度及深度方面存在不足，主要问题如下：

（1）广度方面：因地域问题，总部所在地之外的事业部对流程的理解较差，仅有个别参与搭建流程体系项目的人员有接触，较为了解，覆盖不全面，不利于后续流程工作的推广。

（2）深度方面：前期总部借鉴标杆企业做法搭建了适用公司的流程体系，但对后续的流程优化等缺乏一定的实践经验，依靠公司现有的流程人员能力存在推进支持不足现象。

（3）流程支持缺乏措施：新搭建的流程体系获得了公司高层的认可，后续需要继续得到他们对流程工作的支持，为流程管理部门指明方向，明确定位，但目前缺少有力的有效措施。

- **策划思路与方案**

（1）目的：通过开展公司全范围的流程理念、工具与方法的培训赋能，提高各层级、各地区人员对流程管理的理解与掌握，夯实流程已有成果，持续创造公司整体的流程文化氛围。

（2）范围：

①地理范围：公司总部及各地区事业部。

②人员范围：公司高、中、基层各部门负责人及流程相关人员。

③组织范围：公司职能部门及各事业部流程管理专、兼职人员。

（3）时间：××年第二季度。

（4）方式：外聘＋内训相结合的方式。

（5）课程安排：根据培训对象不同设置不同的课程，主要有：流程变革、流程优化项目及实践案例、流程基础理念、流程文件设计、流程执行力检查方法等。

（6）具体开展方式：

①针对公司高层人员：在公司第二季度经营分析会结束后，邀请外

部流程专家对公司高层人员开展 3 个小时的流程变革培训，从流程理念、变革必要性、流程型组织价值等方面进行理念深耕，持续获得高层领导对流程管理工作的认可与支持。

②针对中基层人员：根据各事业部的地理分布及数量，由总部流程管理部门主导，各地区事业部协助的方式，分别在不同地区的事业部轮流集中开展流程赋能培训，主要针对流程接口人、五六级流程责任人及相关流程业务人员。

此范围的流程赋能按照外训 + 内训方式开展，外训老师侧重于流程理念、流程优化项目及案例角度培养学员发现与解决问题的能力。流程管理部内训讲师则侧重于流程文件的编写与规范，以及后续的流程执行力检查方法角度培养学员的流程设计与执行力。

- **实施效果**

（1）全面提高了公司各层级及各地区人员的流程管理意识，营造了全员的流程文化氛围。

（2）通过内外部流程讲师的赋能普及，为后续流程工作的深入开展奠定了良好基础，借助外力提高了高层人员对流程的理解深度，锻炼了中基层人员的流程优化意识。

对其他企业的启发点/亮点：

（1）考虑到各事业部的地理位置，主动走出去开展流程的宣贯培训，在后续的工作中更能得到各部门的重视与认可。

（2）同时，及时借助外力，通过外部专家的优势助推公司各层级人员对流程工作的持续关注。

第七篇

关于开展流程治理的一些看法

1. 探讨流程管理的发展路径

自20世纪末，流程管理引入中国也已经发展了近20年时间，纵观整个中国企业在流程管理理论及实践的应用来看，仍有不少可圈可点之处。

但是，受中国传统职能式思维根深蒂固的影响，如果没有企业一把手的长久支持，流程管理在企业的发展总是会被来自各方势力的四面夹击，困难重重，甚至可能会面临“一朝回到解放前”的窘境，让人叹为可惜。

伴随流程管理思想在中国企业的引入与实施，流程管理的发展路径大体上可以分为两种模式：一种是以某领域为试点推行的流程变革，以点带面；另外一种是按照PDCA原则渐进式推进流程管理，循序渐进、逐步深入。两种模式各有千秋，需根据企业不同的发展阶段和业务实际进行选择。

第一种模式：以某端到端业务领域为主逐步开展流程变革

（1）适用场景

①企业目前阶段遇到了困难。

②发展过程中遇到了瓶颈/天花板。

③在不久将来想成为行业引领者，实现突破式发展。

（2）发展路径

第一步，认识到痛点问题，分析原因，寻找标杆。

第二步，针对具体业务模块或领域开展咨询项目/变革专项。

第三步，聚焦梳理与优化，同时涉及运作模式、组织架构、职责、KPI、IT等的全面调整。

（3）代表企业

目前在中国华为算是流程变革比较成功的代表，先是以IPD领域为试点开展流程变革，然后逐步扩展到ISC、IFS、LTC、ITR等领域。

（4）优劣势分析

①优势：在以某端到端业务为试点范围推行成功的基础上，逐步开展其他业务领域的流程变革，以点带面，逐步试点推广的成功概率会增大；以某业务领域为切入点进行流程变革，能从根本上解决业务长期遗留的问题，见效快，后遗症少。

②劣势：不仅需要一把手的强力持续支持，而且需要投入巨大的人力、时间和金钱，一般企业难以承受；“削足适履”式的强推策略对传统观念冲击较大，成功难度较高，在中国成功的案例也不多。

（5）建议

当企业遇到某业务问题而启动外部咨询项目时，建议：

①应以内部员工主导或脱产全程参与为主，从头到尾端到端梳理清楚业务现状、问题及原因，并与顾问一起提出合适的解决方案。咨询顾问在整个项目中充当教练或讲师角色，仅提供思路和方法指导，业务人员要“独立自主”，主动作为，杜绝做“甩手掌柜”，全部依赖咨询公司人员的错误思想。

②目前中国咨询行业普遍存在重方案轻落地的“头重脚轻”式的问题。咨询项目前期现状诊断及实施方案设计固然很重要，但落地实施更能产生价值，是检验前面调研及方案是否合理、有效的试金石，因此建议最好是将诊断、方案及落地效果三者整体打包作为一个变革项目开展，只有这样才能真正将流程变革项目推行成功。

第二种模式：按照 PDCA 原则渐进式推进流程管理

（1）适用场景

①效仿其他优秀企业也想通过流程管理提升公司的运营效率。

②缺乏彻底的流程变革勇气，想通过循序渐进的流程管理方式实现企业的渐变转型。

（2）发展路径

第一步，认识到原有管理体系的不足，搭建公司新的流程体系架构，形成公司总的流程架构和业务流程清单。

第二步，根据流程架构和清单逐步落实梳理完成低阶流程的设计与推行。

第三步，对设计完成的流程体系开展日常流程的检查与绩效监控机制，根据检查及监控的问题开展持续的流程优化。

（3）代表企业

目前在中国美的和海尔算是流程管理渐变比较好的企业，尤其是美的的分权模式在行业关注度比较高。

（4）优劣势分析

①优势：按照渐进式流程管理模式推进，颠覆面没有那么大，容易被多数企业接受；从流程规划与体系搭建、流程设计与执行、流程监控与测评，到流程改善优化，系统性比较强，涉及范围也较广。

②劣势：整体体系搭建铺的摊子较大，短期内只能聚焦某一流程管理领域；效果短期见效不明显，需投入巨大精力推进维护，容易半途夭折。

（5）建议

多数中国企业都会采取渐进式的流程管理方式，避免企业陷入不稳定状态。

①开展过程中一定要做好持续的时间投入准备，不可急功近利，流程管理效果的显现是一个长期的过程，遵循循序渐进式的推进。

②流程管理的系统搭建不可以做成面子工程，作为向领导邀功的筹码，而应该实实在在落到实处，真正能为企业产生价值。

伴随人工智能、大数据、5G等的出现，企业的流程发展也将可能探索演变出更多的运作模式。通过借助新技术为企业提升效率、降低成本、解决问题，未来可期，我们也会在流程管理发展路径的探索上不断前行。

2. 流程与其他组织的“联姻”

流程管理部门在企业内的组织设置也可谓五彩缤纷，从每个公司的组织架构中也大体可以看出对流程部门的策略与定位。

据不完全统计，流程管理部门在中国企业中常见的存在形式主要有六种形态，即流程与IT联姻、流程与体系联姻、流程与总裁办联姻、流程与运营联姻、流程与变改办联姻、流程独立发展。每种形态的出现都受公司现状及自身主客观因素的影响，同时也可以看出流程管理部门在企业中未来的发展方向。

下面我们通过分析不同的形态，洞察每个公司对流程管理的不同策略和定位。

- **流程与IT联姻**

企业为实现业务与IT的融合，将流程并入IT，成立了“流程与信息化部”。流程人员承担的很大一部分工作便是站在IT的前端，梳理清楚业务流程的现状、问题及制订未来的解决方案。

很多人一直认为提高业务效率的有效途径，就是将线下业务实现IT化，但实际却发现效率变低了。究其原因便是在上系统前，根本没有想明白业务流程，业务的运行还处于模糊或探索阶段，仅是部分点或线的考量，而没有端到端地全面考虑。

将流程并入IT部门的很大一部分原因便是公司希望全面梳理清楚业务后再实现信息化，真正提升业务的运行效率。流程在此充当了业务与IT的桥梁，用流程思维显性化业务，并协同业务和IT共同提出整体解决方案，防止业务自身考虑不全面造成IT资源的浪费和返工。

- **流程与体系联姻**

通常来说，流程理念是体系思想的进阶，它不仅可以实现对体系的包容，而且可以得到更进一步的升华，达到提升组织效率，承载公司战略的目的。但很多企业的管理体系都是从质量体系延续而来，而且也有一定的认证需求，于是就出现了流程与体系并存的局面。

如果某公司想要实现流程与体系的结合，很大一部分考虑便是想消除公司的多张皮，防止出现“政令多出”问题，降低制度流程的权威性。此时我们考虑的策略应该是公司上下一套标准，既要符合各体系的标准化要求，又要符合流程的核心价值诉求（为客户创造价值）。

- **流程与总裁办联姻**

一提到总裁办总会让人“谈虎色变”，总裁办在每个公司是绝对的权威部门。将流程与总裁办联姻，那公司的意图也是非常明显的，就是希望借用总裁办在公司的特殊地位，推动流程管理工作的扎实落地。

什么事只要跟“总裁”扯上关系，那这事离成功也就不远了，总裁要求推动的事能不重视起来吗？通过借势推进，提前将阻力消失在无形中，可以在较短时间内迅速实现流程管理的目的。

- **流程与运营联姻**

运营比较关注的是企业的收入、成本及利润，每个公司都希望自己的企业在可控的运营范围内实现高速平稳发展。流程管理也是运营的一部分，将流程与运营结合的公司是希望流程在开展过程中，紧紧围绕业务运营这个中心，找出并分析运营工作中出现的问题，解决影响企业价值实现的问题，实现企业的既定目标。

在大运营的概念下，流程此时可以联合精益生产、工业工程等模块共同组建持续改善部门，将类似人效提升、产能改善、设备转动率、提案、精益项目、流程优化等，对运营改善有密切相关的模块一同收编，为公司整体的业务运营提效发挥 1 +1 >2 的联动效应。

- **流程与变改办联姻**

变改办，顾名思义就是一个公司的变革与改善办公室，主要承接公司的重大战略转型与变革项目，并负责在全公司的推动落地。变革的三要素通常包含组织、流程与 IT，如果将流程管理工作放在变改办，那就意味着公司已经意识到流程是变革的一项重要抓手。

如果企业市场环境及客户比较稳定，且企业的经营者也有足够的勇气和决心，如华为，可以尝试开展某业务领域的流程变革；反之，循序渐进地按照 PDCA 方式推进流程管理则是相对稳妥的策略。

- **流程独立发展**

从中国目前流程管理部门的设置来看，相当大比例的流程部门是作为独立一级组织进行运营的。

主要有两个方面的考虑，一方面可能是看见其他企业有类似部门，并产生了一定的积极促进作用，希望在自己企业也可以培养发育，于是先设立独立的流程管理部门慢慢孵化；另一方面可能是想与其他管理要素部门放在同等重要的位置，相辅相成，共同促进企业的管理能力提升。

不管出于什么原因或目的，将流程管理部门作为企业独立组织运营之前，一定要想清楚设立流程部门的目的，对流程管理部门的定位及期望是什么，是作为一项管理思想持续推进，还是作为一项运动一带而过，不要“人云亦云”，摒弃“人家有我也设”的盲从心理，要从企业实际出发进行流程管理部门的定位与设置。

实际上，国内企业流程部门存在的状态远不只这些，有的甚至是两个以上部门的组合体，如，为提升公司整体的变革能力，将变革铁三角的组织、流程与 IT 三者放在了一个部门。

之所以出现各种形态与组合，这跟每个企业流程的定位、流程审理发展阶段及实施的流程策略等都密切相关。

（1）流程的定位。公司对流程的定位决定了流程组织的设置形式，如果企业想解决目前多张皮的困境，就与体系进行联姻；如果想尽快打通公司前后业务运营的畅通，就跟运营联姻；如果想高层重视全力推进流程管理，就与总裁办联姻等。对流程的不同定位，决定了不同的组织搭建方式。

（2）流程管理发展阶段。公司不同的市场环境及发展阶段也决定了流程的组织结构。初期由于对流程管理的定位不清晰，可以暂时跟其他部门联合办公，促进其逐渐发育成长；通过运行一段时间，发育健全后，可以全面铺开流程管理的相关工作，此时也可以独立运营；等到发育成熟后，就可以根据企业的需要进行灵活调整或与其他职能部门搭配，利用不同的工具方法综合解决企业发展阶段的问题。

（3）实施的流程策略。目前在中国推行流程管理主要有两种形式，一种是类似华为式的流程变革。此模式需要一把手的大力支持，及持续的资金和人员投入，当然失败的风险也是极高，可选择与总裁办或变改办结合，地位高，推劲足；另一种是类似海尔及美的的渐进式流程改良，一点一滴，由点及面，持续改善。它也是需要企业进行长久的投入，其流程可以与运营或 IT 联姻，深入业务，与业务深度融合，最终起到一种“润物细无声”的持续改善效果。

流程部门与不同组织的联姻和策略，就如同人生，选择与不同的人结合就会有不一样的人生轨迹。

3. 通过评价机制激活流程管理积极性

- **背景**

公司引入流程管理理念初期，通常是在总部平台部门试点开展，待基本的流程思想及体系搭建成型后，就开始在全公司推广进行。

流程管理工作的主战场永远是在各业务现场，因此很多公司为了提高内部各组织的流程管理水平，经常在公司范围内营造流程能力提升的赛马氛围。

为了尽快提升公司各组织的流程管理水平，平台流程管理部门计划设计一套评价指标来有效牵引和推动公司整体的流程管理工作。

- **现状与核心问题**

公司内部各层组织的流程管理工作常见问题如下：

（1）缺乏明确方向。虽然总部流程管理部门在未来的流程规划方向上相对清晰，但其他各职能部门及事业部对自身的流程计划不明朗，没有明确的发展路径，缺失方向感。

（2）主动性不强。为了提升公司整体的流程管理水平，总部近两年开展了一系列流程管理活动，如理念培训赋能、厂报文化宣传、流程执行力检查、流程优化项目等各种公司范围的流程活动，但各职能部门及事业部目前只是被动地按照总部计划牵着走，未独立主动开展相关流程业务，积极性不高。

（3）整体把控不足。由于公司总部流程管理部门未深入业务现场，对各职能部门及事业部的日常流程工作缺乏了解，无法从全局角度进行通盘考虑，也无法具体指导各级流程组织日常工作的开展。

- **优化思路与方案**

（1）优化思路

管理学上有个理论是，“你考核什么将得到什么”。因此，为激发各事业部及职能部门流程管理的潜能，发挥全公司各部门流程管理对业务价值的创造及推进作用，总部流程管理部门借用绩效指标考评的方式加强对各层级流程组织的管理及能力提升。

（2）优化方案

①评价范围：此次评价范围仅限于公司已设置二级流程专业部门的BU，及具有专职流程人员的平台职能部门。

②评价对象：各 BU 及平台职能部门流程业务负责人。

③评价周期：季度评价，并于次季度 5 日前公布结果排名。

④评价原则：为进一步落实公司目前正在推进的相关流程工作，评价指标涵盖了公司已开展的相关流程业务，坚持客观评价不扣帽子，简单有效共同促进原则，每季度各部门评价指标也将纳入年终绩效进行综合考评。

⑤评价指标：根据总部流程管理年度规划及各部门实际业务开展情况，流程管理绩效评价指标主要从流程文件审核质量、签批流程绩效水平、流程培训赋能、流程活动策划、流程优化项目开展五个维度进行设计，如表 7－1 所示：

表7－1　流程管理绩效评价指标

序号	评价内容	评价标准	评价依据
1	流程文件审核质量（15分）	流程文件在系统中的一次通过率为100%，退回一次扣1分	BPM系统数据
2	签批流程绩效水平（15分）	各部门流程单节点在系统中的平均签批时间须≤24小时，低一个小时扣1分	BPM绩效数据
3	流程培训赋能（10分）	每季度在部门范围内至少开展一次流程培训，时间不低于2个小时，否则不得分	培训记录
4	流程活动策划（20分）	每季度组织一次部门范围内的流程活动，如知识竞赛、优化案例分享会、业务比拼等，否则不得分	实施方案及活动照片
5	流程优化项目（40分）	主导开展一次流程优化项目得20分	优化案例提报表
		参与一次流程优化项目得10分	

总部流程管理部门会将各部门考评结果作为各业务流程负责人年终考评发放奖金的依据。同时，会对业务部门负责人在后续的职位晋升中给出评价，作为个人对公司价值贡献的参考进行优先提拔。

- 优化效果

（1）提高了流程工作积极性。通过搭建流程管理各级组织的绩效评价指标，提高了各部门对流程工作的重视程度，形成了公司各部门流程管理评比的赛马氛围。

（2）承接了公司流程管理年度规划。“考评什么即得到什么”，通过对各部门流程管理绩效指标的评价，也从另一角度将公司的流程管理工作进行了分解落地。

（3）找准了后续优化的重点。通过各部门流程工作的评价结果，能够为总部流程管理部门评价各部门的流程管理水平提供依据，从而针对薄弱部门的薄弱环节进行有重点的优化改善。

通过引用流程指标评价机制，有效提升了公司各级流程组织的活力，为各部门主动开展流程相关工作提供了可能。评价只是我们激活各级流程组织动力的手段之一，而最终目的还得依靠各级流程责任人及业务专家主动运用流程思维改善业务问题。

4. 搭建流程组织间的沟通交流机制

- **背景**

为持续推进流程管理工作，在公司内部形成流程管理的长效运作机制，很多公司会在各级部门设置相应的流程组织来承接总部流程管理的相关要求。按照公司的组织架构，通过搭建各级流程组织的沟通交流平台，使各部门相互学习，共同成长，并能够确保公司各级组织沿着正确的方向前进。

- **目的及形式**

（1）目的：搭建一种各层级流程管理组织的沟通交流机制，打通公司内部各级组织间的壁垒，为上下组织之间架起一座隐形的交流与学习桥梁，促使大家不断沟通碰撞与相互借鉴。

（2）主要内容：

①参与范围：公司总部流程管理部人员＋各级 BU 流程组织接口人及负责人＋职能部门流程接口人及负责人。

②组织形式：公司流程管理专业线季度会。

③开展周期：每季度一次，一般为次季度 1～5 日。

- **具体措施**

（1）流程组织标准化。为确保公司平台对各级流程组织管理的一致性，流程管理部门联合人力资源部统一将各 BU 的流程部门名称进行标准统一化，如统一设置为流程管理部。

（2）定期统一策划。每季度各级流程专业线会议统一由总部牵头负责组织，每季度都需明确主题、分享内容及需要达到的目的等。

（3）汇报分享。根据公司每个季度的工作重点及主题，对某领域表现优秀的部门可进行汇报分享，让其他部门借鉴其成功经验及做法。例如曾经某个事业部的流程签批效率特别快，通过在季度会议上分享本事业部的一些做法，其他事业部纷纷效仿，结果下个季度全公司的流程审批效率都上了一个台阶。分享的内容可灵活调整，不局限于此，如好的流程优化项目、团队培养方式、标杆经验、问题解决等都可以提出或分享，形式多样化。

（4）点评与总结。在对各部门的汇报分享给予积极评价与鼓励的同时，对于部分流程管理工作明显偏离年度规划的部门进行及时纠偏，拉回到公司流程管理整体规划的主航道上来，确保各部门的流程工作重点与公司当年的计划保持一致。

- **实施效果**

（1）统筹公司各级流程管理工作。通过搭建各级流程组织的季度沟通平台，能够使总部及时了解各部门流程工作的开展情况，便于及时纠偏，按照年度计划实施。

（2）营造内部赛马氛围。通过各部门的分享汇报，使流程工作较差的部门能够多学习先进部门的优秀经验，从而运用到自己部门内部开展实施，形成各部门间相互促进的竞争氛围。

（3）组织/岗位统一标准化管理。将各级流程组织统一调整至相同部门，并对部门及岗位名称进行统一命名，有利于公司对流程组织的统一定位与组织架构的标准化管理。

对其他企业的启发点/亮点：

（1）通过定期组织各级流程组织的沟通交流会，有效推动了各组织的互相学习与沟通交流。

（2）各级流程组织的统一化和标准化设计，有利于公司整个组织架构的规范化管理。

5. 一次整体的流程管理成熟度测评

- **背景**

伴随 A 公司流程管理工作的持续深化，从最初的流程体系搭建到深度的流程变革优化，整个流程管理的全生命周期各阶段按节奏有序开展。

为检验过去几年流程管理工作成绩和存在的不足，也为明年的流程规划指明方向，公司高层领导要求流程管理部门开展一次公司范围，较全面的流程管理成熟度测评。

基于流程管理成熟度测评，流程管理部门目前有两种评估模型可供选择：一种是哈默的“流程和企业成熟度模型”（PEMM）；另一种是埃森哲的“业务流程管理能力模型”。

结合企业实际对比分析发现，无论从测评维度还是能力要求，前者都比后者要求高。因此，相比较而言，后者更适合当前公司流程管理开展的现状，最终选择用埃森哲的“业务流程管理能力模型”测评。

- **埃森哲的“业务流程管理能力模型”简介**

“业务流程管理能力模型”整体从纵横两个方面来评估，纵向是参照 10 个管理维度度量，分别是组织、能力、文化、角色/责任、流程管理的流程、内容、应用和基础设施、政策和标准、操作原则、产出等成熟度要素；横向是按照每个维度的成熟度标准水平划分了 5 个高低不同的层级，依次为初始阶段、快速发展阶段、标准化阶段、管理成熟阶段和自我完善阶段。

通过纵横不同维度和层级共同构成了成熟度的评估模型，是一种易于理解、普适性较强的测评工具。

- **实施方法**

（1）制作调研问卷

①确定考量要素。首先制作一个 Excel 表，参照埃森哲成熟度模型 10 个维度，根据企业实际选择需要测评的要素，然后将待测评的要素放在 Excel 表的左边纵向列。

②标定不同阶段。根据模型中的 5 个不同成熟度层级，在企业实际业务基础上做一定的微调整，将其摆放在 Excel 表的上方作为横轴。

③定义成熟度标准。将纵向考评 10 个要素的试题与横向测量成熟度的 5 个阶段进行交叉对应，形成每个要素每个成熟度的详细描述，最终会形成一张涵盖 50 个描述的矩阵型流程测评标准表。

④设计调研问卷。试题的设计需参考每个维度的每个阶段，最终会形成一份完整的流程成熟度调研问卷试题。

（2）发放问卷

①确定发放范围。为保证结果的真实性和全面性，此次采用系统全面调查的方式，涉及所有职能部门及 BU 的一般管理技术人员、经理、部长、副总等不同层级人员。

②跟踪回收。此次调研采用线上调查形式，也便于后续结果的统计，且每个部门设立了流程测评推进管理员，负责部门范围内流程调研问卷的价值宣传和回收工作，尽量做到全面真实。

（3）分析问卷

①计算公式

为方便统计的合理有效，我们做了如下规定：

如果选择 A 选项，则意味着此维度的成熟度处于第一阶段；

如果选择 B 选项，则意味着此维度的成熟度处于第二阶段；

以此类推，每个题目的统计结果=选择A选项的数量/选择（A+B+C+D+E）的选项数量×100%，最终以每个题目选项占比最大的那个选项作为此维度的成熟度阶段。

②结果分析

针对每个测评维度所处的阶段不同，可以判断公司在哪些流程管理维度方面比较薄弱，这也就是我们后续改善的空间所在。

- **测评结果**

根据每个维度测算出的不同阶段水平，最后评估出公司整体流程管理的成熟度水平，以及每个维度的优/劣势，据此可以制订明年及未来的流程管理改善方向和计划。

以上案例只是笔者的一次流程成熟度测评实例，实际工作中，每个公司根据流程管理开展情况不同，可定期组织策划流程管理成熟度调研，一般以半年/年度为周期，时间太短测试的成熟度前后对比效果可能不明显，时间太长则缺乏督促的意义。

开展流程成熟度测评的目的不是为了测评而测评，而是为了更好地指导后续流程管理工作的开展，不断提升业务水平，对明年的流程管理规划及后续优化提供了很好的输入。

另外，建议每年的成熟度测评，按照前后一致的测评维度及方法测试，避免因前后方法及测评维度不统一而导致的对比失真。

6. 从一个养猪故事揭晓流程架构的演变

一提到流程架构，很多人会觉得太高大上，不接地气，但让其说到自己的业务模式，那可是侃侃而谈、头头是道，都能讲出花来。其实，流程架构的本质就是我们业务运作的模式，它是对业务模式的高度概括和凝练总结，是从另一个侧面反映了我们业务之间的逻辑及层次关系。因此，只有想明白、理清楚了自己业务的运作模式，才能设计出符合自身业务领域未来发展的流程架构。

当谈到流程架构时，流程管理人员经常会用国家及省市地图或房子骨架来形象比喻不同架构层级之间的关系，便于我们理解流程架构的内涵。为了让大家更深层次地理解业务模式与流程架构之间的关系，我们用一个小王养猪发家致富的故事，讲述一个伴随企业不同发展阶段及业务模式变化而出现流程架构演变过程的例子。（本故事纯属虚构，如有雷同，纯属巧合）

小王父亲养猪已有十余年，高峰时规模达100多头，父母靠养猪也为其创造了不错的生活条件，这在农村就算是有矿的。大学填报志愿时，小王遵从父母意愿填报了某农业大学的畜牧兽医专业，算是将来让小王子承父业打基础做准备。随着小王父母年龄增大及身体等方面原因，小王毕业后就逐渐接管了家里的养猪场。

刚开始，小王也是延续父亲之前的做法，每天的工作就是监督猪场的伙计们磨猪饲料、喂猪、打扫猪舍、消毒、打疫苗等，对于200多斤的猪需考虑联系中间商协商卖猪，而对于发情期的母猪，则需要考虑配种繁殖。

从接管以来大约运行了两年，除收入略有增长，其他没什么变化，自己的专业特长也没怎么发挥。从业务模式来看，此阶段主要以OTD（从订单到交付）业务流程为主。但是，伴随国家政策对农村的倾斜，近两年的猪价稳步增长，周围几个村的养猪户也开始搞“圈地运动”扩大规模，小王似乎感到了一点危机，担心最后演变成“大鱼吃小鱼”的结局。

考虑到未来猪场的发展，及自身专业优势的发挥，小王琢磨转变目前养猪场只重生产的运营模式，逐步向前端育种及后端销售领域延伸。其中，为提升整体猪的品质，在育种方面小王考察了国内外种猪市场，最终选择了生病少、生长快、肉质鲜的某国外优质种猪品种，并花大价钱购买两头。

同时，小王运用自身畜牧专业知识与新聘的技术研发人员一起，将母猪产仔和存活率提升了50%。市场销售方面则主动联系本省大型肉猪收购厂商前来洽谈，取消了中间商赚差价。

为了满足客户迅速增长的需求，小王利用养猪场做抵押向银行贷款100万元，迅速将猪场规模扩大到1000余头，并注册成立了小王养猪场，当年利润稳赚30万元。随着业务运营模式的转变，此时小王养猪场的流程架构也陆续出现了IPD（集成产品开发）、LTC（从线索到回款）、FI（财务管理）、HR（人力资源）的雏形。

在小王的精心经营下，养猪场经营规模不断扩张，翻了几番，高峰时已达上万头。小王也经常去全国各地学习标杆企业的一些先进做法，参加各种协会磋商交流，这让小王开始从战略角度思索企业未来发展和转型问题。

第一，通过调研发现，养猪的饲料成本占总成本的70%左右，为从源头上降低采购成本，小王与朋友合伙投资了一家牲畜饲料厂，使得饲料供货成本迅速下降。

第二，招聘一些优秀的市场营销人员，不仅可以从全国各地获取最新的市场行情，而且可以在全国范围内寻找更优质的客户资源。

第三，为了提升企业与供应商及客户的效率，小王决定搭建CRM和SRM系统，实现与内部ERP（企业资源计划系统）的无缝衔接。

第四，为了提升员工的待遇和福利，小王决定建造餐厅和宿舍，解决大家的吃住问题。

通过这一系列大刀阔斧的改革，小王养猪场也正式华丽转身升级为King股份有限公司，并成了国内养猪界一家小有名气的民营企业。

其实，小王心里盘算着能在三至五年后在上交所上市，让自己的公司真正成为业界翘楚。截至目前，小王公司的业务模块已经非常成熟，在原有基础上又新增了战略管理、投资管理、营销管理、IT管理、行政管理及未来需要孵化的证券管理等。

通过小王的不懈努力，几年之内让一家作坊式的家庭养猪场迅速发展成为享誉国内的上市公司，这离不开小王对企业定位及业务发展模式的不断思考和变革。

而正是随着业务模式的调整，企业的流程架构在不同发展阶段呈现出不同的特点，也在一定程度上支撑了公司战略目标的实现及业务的发展。所以说业务模式与流程架构是紧密联系在一起的，就像一对孪生兄弟，不能分开独立谈自身发展，而是共生存在，你中有我，我中有你。

7. 如何对流程进行切分

我们在落实公司战略要求时，通常会借用流程架构从上到下目标层层分解，从而实现战略的准确定位和可执行落地。

在搭建公司的高阶流程架构时，一般企业会参照APQC、华为、IBM、埃森哲等标杆企业的优秀实践做法，再结合行业或企业特点搭建。

由于同一行业价值链的相似性，各公司的高阶流程架构（L1 ~ L2

层）普遍带有一定的相似性，如电子制造型企业流程架构中的价值类一级流程有 IPD、MTL、LTC、OTD、ITR 等。但是，当沿着顶层流程架构继续往下分解到低阶流程（操作或执行层，一般为 L3 ~ L5 层）时，每个企业就会因具体业务的不同而出现“百人百姓，千人千面”的情况。

流程 Owner 在搭建各自领域流程体系时，也会因缺乏经验或对流程的不熟悉而出现不知所措，不清楚对低阶流程如何切分才能满足企业未来及现阶段的业务需要。

流程边界切分的方法根据不同的业务特点及场景而会有所差异，在流程前辈及实践总结的基础上，在此我们介绍三种常用的流程切分法，帮助各级流程 Owner 搭建符合公司业务特点的流程架构。

第一种，按过程或阶段切分。常见的有 PDCA 法、生命周期法、事前事中事后法等。假设某业务复杂的集团公司流程架构共四层，对于 ISC（集成供应链）一级流程域—采购二级流程组—采购实施三级流程，如果按照过程或阶段切分，如何继续拆解到第四层的子流程呢？我们可以根据整个过程中的几个关键输出物来识别，如需求申请表、竞价结果、下达订单、验收入库等，将第四层的子流程设为物资采购申请流程、物资采购竞价流程、物资采购执行流程和物资采购验收入库流程。

第二种，按对象类别、地域或重要性切分。对于流程切分对象有不同的业务场景，业务逻辑是并列关系，且流程运行实施存在较多差异时，我们可以考虑按业务的不同场景切分，如人力资源招聘流程可以切分为社会招聘流程、校园招聘流程、作业员招聘流程及内部调岗招聘流程等；客户关系管理流程可以细分为战略客户关系维护流程、关键客户关系维护流程、一般客户关系维护流程等。

第三种，按业务复杂性切分。适用于流程较复杂，整个过程中有较多关键输出物，为便于管理，我们可以对其进行切分为连续的几段。如IT项目实施流程，可能需要几十个活动步骤才能将其描述清楚，如果设计为一个完整流程则不利于使用者的准确定位与查阅。此时我们可以将其切分为IT项目需求提报流程、IT项目立项流程、IT项目开发流程、IT项目测试验证流程、IT项目上线关闭流程等，提高了流程的复用性，防止不同业务间的流程重复设计，流程切分后其他模块就可以直接拿来调用。

实际在流程切分时，我们经常是以上三种方法的混合，因为有时不同业务实际及特点比较复杂，但最终目的还是服务好业务，提高内外部客户流程执行的便利性，不至于在执行过程中产生歧义或混乱。因此，我们在流程切分时还需要坚持以下原则：

第一，流程切分一定要参照MECE（相互独立，完全穷尽）法则，按照业务端到端的视角，待切分的流程既要能涵盖所有的业务场景，又不能有遗漏和重叠。

第二，每个独立的流程都需要有自己的关键输出物，作为支撑流程本身独立的依据。

第三，对于业务复杂、流程活动较多的建议进行切分，确保流程大小适中，能清晰地展示在一张A4纸上。但对于重复度较高的业务流程建议进行合并，防止拆的太散，不利于整体流程体系的管理。

流程的切分看似是一件价值不高的工作内容，但对后续的流程执行和管理都会产生非常大的影响，如果切分不好可能会让员工在查阅相关流程时非常复杂，容易产生混淆，找不到自己需要使用的流程，甚至可能对流程管理的理念产生怀疑。所以，我们需要认真对待流程管理工作中的每一个细节，不放过任何一个“不良品”，只有具备这种“零缺陷”精神产生的交付物才是我们业务部门需要的，也是流程管理人员的价值所在。

8. OTD 与 ISC 流程的边界纷争

- **背景**

A 企业是一家国内大型制造企业，生产制造历来是公司盈利的核心价值领域，当然也是公司内部关注的重点。因此，在三年前流程架构搭建梳理时，将 OTD（从订单到交付）业务设置为价值类一级流程域（也是众望所归），并将其二级流程分解为订单需求管理、计划管理、制造执行和物流管理四个流程组。

同时，将与 OTD 业务联系紧密，对其起支撑作用的采购业务归类为职能类中的一级流程域，主要包含综合采购和物料采购两个二级流程组。其中，综合采购业务纳入公司平台统一管理，而与生产密切相关的物料采购业务，则由各事业部分别设置采购部门自行管理。

近两年各事业部在采购及生产领域发展良莠不齐，公司也认识到一些共性的问题需要在平台层面才能统一拉通解决，于是今年对此部分业务模式进行了调整。在公司总部新成立供应链管理部，主要负责将各事业部共性问题，且能统一管理的业务纳入平台统筹规划，行政管辖范围主要由综合采购部、物料采购部、物流管理部三块业务组成。

- **问题及原因**

伴随公司业务模式及组织架构的调整必然导致业务流程架构的变更，在现有流程架构基础上，将采购业务调整纳入 ISC（集成供应链）一级流程域下，下沉为一个二级流程组。但继续审视流程架构后发现，原有的 OTD 流程和现有的 ISC 流程在行政管辖及流程架构中存在部分不合理之处，主要表现为以下两点：

（1）原物流业务在流程架构上归属OTD一级流程域，而行政管辖却隶属ISC部门的二级部门，不利于ISC流程Owner和行政的管理。

（2）订单需求管理属于各事业部共性业务，运转模式也较为类似，表现的问题也是最多的，但目前处于分散状态，尚未纳入ISC部门统一管理。

- **解决方案**

经过各相关部门多轮的沟通评审和讨论，计划将OTD和ISC一级流程做如下切分处理：

第一，将原有采购一级流程纳入ISC流程下，使ISC成为使能流程的一级流程域。同时，为便于ISC流程Owner的行政及业务管辖，将OTD流程中的物流业务调整至ISC一级流程作为其中一个二级流程组，与采购业务并列，加强平台的统一管理。

第二，尽管各事业部的订单需求管理业务较为类似，但限于ISC部门的初步孵化，管控能力不成熟，将订单需求管理业务的流程架构及行政管辖依然放在OTD领域，由各事业部的OTD流程Owner进行领域管理。

第三，对ISC一级流程架构进行了重新分层和梳理，暂时由采购业务和物流业务两块二级流程组组成，但预留订单需求管理二级流程组，为将来整合做准备。同时，对采购业务二级流程组继续划分为战略采购、综合采购执行、物料采购执行、供应商管理四个三级流程。

第四，因物流业务由OTD调整为ISC，导致OTD一级流程从整体性上看没有实现交付的端到端闭环，故在OTD的二级流程组中增加交付管理模块，主要包含物流运输、仓储管理、跟进客户使用及产品退换货管理四个三级流程，其中与ISC及ITR（从问题到解决）一级流程交叉的业务实行虚线调用管理，实体业务仍保留在原流程架构中。

尽管公司的高阶流程架构相对稳定，不能随意调整，但当业务模式或变革项目等原因使业务及职责发生变化时，就需要流程管理部门重新审视我们的流程架构与现状的适配性与合理性，做出及时的变更调整。

甚至基于未来业务发展的考虑，可预先储备部分模块，待发育成熟后再做相应调整，搭建一个既契合实际又有未来规划的公司整体流程架构。

9. 流程 Owner 缺位与缺席的影响

案例一：流程 Owner 的缺位导致流程无人负责

响应公司提高运营效率，简化流程签批的号召，近期流程管理部门联合财务部及行政采购部等对费控系统中的相关流程进行系统全面梳理。

在优化《低值品物资申请流程》时，行政采购部首先发言："我们建议对目前审批流程的节点进行简化，将责任回归业务，取消平台部门的无效签批，改为三层签批即可，提高当前流程审批效率。"此建议一出，立刻得到了流程管理部门的认可和支持。

但是，财务部代表补充说："此流程不只是行政采购部一个部门在用，另外的 IT 部、行政部、动力部等都在使用此流程，所以不能随便改动，以免影响其他部门的使用。如果要调整的话，需要拉通所有涉及部门进行评审，并达成一致。"

流程管理部门："那这个《低值品物资申请流程》的流程 Owner 是谁？可以由流程 Owner 进行统一拉通和做最终优化方案的确认。"

大家你看看我，我看看你。没有人再发言……

案例二：流程 Owner 的缺席导致流程评审没有定论

某事业部业务反馈公司人力资源部制定的《招聘录用审批流程》

在系统审批中存在缺陷。因这个事业部有两个副BU长，当此流程在经过本事业部副BU长角色审核时，未能准确识别分管副BU长，导致另外一个不具备分管权限的副BU长签批了该流程，而实际分管的副BU长反而不知情，遭到了BG长的批评。

为解决落实BG/BU长的困惑，业务部门拉通事业部HRBP、IT系统开发人员、流程人员，共同解决IT系统准确抓取角色的问题。

经过大家激烈讨论一个小时后，最终得出的结论是：在审核环节同时增加两个副BU长，实行抢办模式，谁的业务部门发起谁审核办理。前提是需提前识别划分好两个副BU长的分管领域及管辖范围，防止出现边界交叉和灰色地带。

最后，大家达成一致。IT人员主动说："谁负责修订这个流程文件，我们IT人员按照修订的文件进行系统配置。"此时大家环顾一周才发现，原来流程的Owner（公司HR招聘负责人）没有到场，大家讨论的结果也就悬而未决，只能事后再拉通流程Owner及相关部门人员二次评审，白白浪费所有人一个小时的时间。

通过这两个业务案例场景可以看出，我们在日常的流程梳理和优化过程中，如果因为流程Owner的缺位与缺席，将直接导致流程的无人担责和推动落实难的困境。

假设案例一中我们将《低值品物资申请流程》的流程Owner授权给财务部门资产业务负责人，那么我们在梳理优化这个流程时，财务的资产业务负责人就是这个流程的第一责任人。他有责任和义务拉通此流程的相关部门进行评审，最终确定流程的签批方案和路径，并对流程的执行效率和效果负责。

假设案例二中业务人员拉通了流程Owner一起参与讨论，整体效率肯定会更高。而且他也会站在公司层面，平衡各BG或BU的现状和问题，从而给出一个全局最优的解决方案，而不至于浪费各非流程 Owner 部门人员的时间。

所以说，流程 Owner 的设置不是“花瓶”，而是具有实际意义，是流程的第一负责人，对流程的设计、执行监控和优化等都具有不可推卸的责任。

10. 如何让流程 Owner 主动作为

最后我们来谈谈流程责任人这个话题。

可能很多朋友对流程责任人这个说法比较陌生，经常与业务负责人的角色纠缠混淆在一起。流程责任人一般出现在以流程为主线搭建的管理体系，或朝这个方向迈进的企业中，而在通常的职能型组织中则很少提及。其概念最早由哈默（流程管理鼻祖）提出，后来被华为等几家优秀的公司引入国内加以实践应用，取得了不错的效果，成为国内众多企业纷纷效仿的对象。

最初流程责任人是基于拉通端到端业务、提升效率、实现跨部门资源整合、解决跨部门问题等方面设置的，经常与业务负责人为同一个人，但在职责上又不同于业务负责人。

我们在看待流程责任人时不能从部门角度透析，而应该从整个企业问题解决和目标实现的整体目标上考量。如果用一句话来概括流程责任人，那就是“为解决某一领域问题或目标，将企业中不同部门间的相关资源进行有效整合、拉通和协同推进，实现单一部门或角色难以完成的任务，且当内部角色意见不一致或冲突时，做最终决策的那个人。”

有人可能会说：“业务负责人本身就够忙的，再给予任命相关领域的流程责任人，会不会给他们增加额外的负担?”具有这种想法的人说明对流程责任人的角色是存在误解的，没有深刻理解“业务即流程”的含义。相反，我们任命流程责任人并不是给业务负责人增加负担，而是在帮助、引导他们用流程的理念和工具方法提升业绩，实现业务的持续改进和达成，两者的本质目的是一致的，且相互促进共同成长，所以也就不存在增加负担之说。

那流程责任人到底做什么呢?我们对流程责任人的职责定位是负责领域内从流程架构及体系搭建，到流程设计及执行绩效监控，再到持续优化提升的全生命周期管理。这个职责看似简单、清晰，但实际上包含的内容和需要做得事情很多。

笔者曾经碰到，某企业把流程责任人及职责在公司范围任命下发后就万事大吉，坐等流程责任人尽情主动发挥作用了。殊不知，此时的流程责任人们却“一脸懵”，不知道干什么，这样的做法显然是没有达到我们预期效果的。我们做流程管理的不能想当然以为所有人都跟我们一样“专”，何况流程的专业性也不需要每个业务负责人都精通，这恰恰需要流程管理人员不断地与他们进行沟通、引导和赋能，甚至是明确地告诉他们在什么时候或阶段需要做什么，让他们在每年初就能涵盖整个一年的业务流程计划，而不至于“丈二和尚摸不着头脑”，乱干，瞎干。

怎样才能让流程责任人履行职责，让他们在实际业务中运用流程解决问题与提升业绩呢?套用邓小平的一句话，“实践是检验真理的唯一标准”。因此，发挥流程责任人运行机制最好的方法就是让他们参与到业务流程的实践中去，主动开展业务流程的架构搭建及业务模式研讨、流程设计KCP评审、流程执行与绩效监控、流程优化改善等。在业务实践中充分发挥他们的主动性和主观能动性，是履行流程责任人职责最好的“良药”。

但是，人都是有惰性的，如果我们只单纯依靠流程责任人的自觉性来发挥作用，一来他们忙于业务容易忽视，二来感觉自身不专业投入的资源也会相对较少，最后的效果可能会打折扣。因此，流程管理人员需要综合运用一些其他管理要素来共同促使流程责任人机制的运转。

比如我们当年流程管理工作重视什么，就可以在流程责任人的个人PBC中添加部分流程指标，形成对流程责任人工作重心的牵引，并将达成情况作为衡量年终奖金发放的标准之一；在部门的关键KPI中同样可以设定一定比例的流程考核维度，提升整个部门对流程管理工作的重视；定期EMT或部门经营会议上将流程作为固定议题进行经验分享与汇报；半年度对流程责任人进行流程理念及参与度的考核，促使他们加强自身的业务流程学习；流程遵从度和执行力检查结果纳入内控检查的重点。

总之，流程责任人机制的有效运转不仅需要自身在业务实践中不断尝试和运用，而且也需要辅之企业其他管理要素“添油加醋”共同发生化学反应，最终依靠各级流程责任人及流程专业人员的双轮驱动，促进企业经营目标的达成和绩效的持续改善。

老板·创业			
一、经理人			
书名	内容	书名	内容
老总有想法，高层有干法 王清华　著	企业将、帅之间的定位问题、角色问题、方法问题、思维问题、管理问题等	**历史深处的管理智慧1：组织建设与用人之道** 刘文瑞　著	通过历史鉴照当今企业选人用人、二代接班人、创业团队管理等问题
历史深处的管理智慧2：战略决策与经营运作 刘文瑞　著	通过历史鉴照当今企业决策、战略规划、战略冒进、决策监督等问题	**历史深处的管理智慧3：领导修炼与文化素养** 刘文瑞　著	通过历史鉴照当今企业的领导修养、用权、管理风格等问题
老板经理人双赢之道 陈　明　著	经理人怎养选平台、怎么开局，老板怎样选/育/用/留		
二、用人			
用好骨干员工 王　敏　著	系统化分享关键人才打造与激励方法	**领导这样点燃你的下属** 孟广桥　著	领导者如何才能让员工积极主动地工作
让用人回归简单 宋新宇　著	帮助管理者抓住用人的要害，让用人变得简单		
三、转型·创业			
创业要过哪些坎 董　坤　著	15年创业咨询经验总结的创业遇到的问题及办法	**高潜牛人** 董　坤　著	创业和事业发展中如何找到牛人
成为下一个SaaS独角兽 崔牛会　主编	19位SaaS领专家，7个不同的视角总结SaaS行业实践	**创模式：23个行业创新案例** 段传敏　著	CEO社群23位企业家的思考与实践分享。
重生——中国企业的战略转型 施　炜　著	本书对中国企业战略转型的方向、路径及策略性举措提出了建议和意见。	**7个转变，让公司3年胜出** 李　蓓　著	企业估值、业务模式、营销、生产制造、客户服务、用户黏性到组织管理7个转变
企业二次创业成功路线图 夏惊鸣　著	五步骤给出了一幅企业二次创业经营突破、管理提升的成功路线图	**跟老板“偷师”学创业** 吴江萍　余晓雷　著	如何通过“偷师”学习与积累当老板的阅历
公司由小到大要过哪些坎 卢　强　著	企业成长路线图，现在我在哪，未来还要走哪些路，都清楚了	**跳出同质思维，从跟随到领先** 郭　剑　著	66个精彩案例剖析，帮助老板突破行业长期思维惯性
企业经营			
经营打造你的盈利系统 高可为　著	选择最有效的经营策略，打造属于自己的商业模式	**中国企业的觉醒** 王　涛　著	企业告别自私、野蛮，转向善良、爱，才会赢得消费者
成为敏感而体贴的公司 王　涛　著	未来有竞争力的企业，一定是那些敏感而体贴的公司！	**有意识的思考** 王　涛　著	对头脑中固有观念保持觉察，从而超越它们的局限
简单思考 孔祥云　著	著名咨询公司（AMT）CEO创业历程中的经验与思考	**写给企业家的公司与家庭财务规划** 周荣辉　著	以企业的发展周期为主线，写各阶段企业与企业主家庭的财务规划

续表

书名	内容	书名	内容
从10亿到100亿的企业顶层设计 刘建兆　著	重新定义企业成长方式，有效益、有效率、有效能、有效果、有品质的良性成长。	活系统：跟任正非学当老板 孙行健　尹　贤　著	造活系统，使系统活，靠系统活，活得系统。
宗：一位制造业企业家的思考 刘建兆　著	发展20年营业额近亿元制造业企业家的思考与心得	使命：驱动企业成长 高可为　著	用大企业发展轨迹及企业家的心路历程，揭示企业成长的基因，做事的逻辑
让经营回归简单 宋新宇　著	战略、客户、产品、员工、成长、经营者的经营法则	边干边学做老板 黄中强　著	86个案例讲述中小公司成长过程遇到的问题和方法
盈利原本就这么简单 高可为　著	跨越业务与财务边界，为企业提高盈利水平提供方法。		
综合管理			
一、企业管理			
让管理回归简单 宋新宇　著	从目标、组织、决策、授权、人才、老板自己等提供方案	管理的尺度 刘文瑞　著	西医式的体检化验，又要施加中医式的望闻问切
管理：以规则驾驭人性 王春强　著	人性驾驭角度权度运筹安排的可兑现性，管理有效性	看电影，学管理 刘文瑞　著	十六部电影的解读，揭示电影内含的管理之道
好管理　靠修行 曾　伟　著	从佛法、道法思想中寻找管理智慧	公司大了，怎么管 金国华　著	成长型企业发展中的共性问题，通过案例实录解开
低效会议怎么改 王玉荣　葛新红　著	从梳理公司会议体系的层面改变低效会议的现状	年初订计划年尾有结果 郭　晓　著	总结七步落地方案让战略计划切实落地实现
分股合心 段　磊　周　剑　著	围绕股权激励，详细介绍相关知识和实行方法	员工心理学超级漫画版 邢　磊　著	漫画形式对组织中个体心理的全面介绍和深入探讨
让投诉客户满意离开 孟广桥　著	投诉法律法规，应对各种投诉技巧等提升客诉能力		
二、管理思想			
管理学的奠基者 刘文瑞　著	近代以来的管理思想发展揭示管理思想的演化奥秘	巴纳德组织理论研读 郭　威　著	深度研读巴纳德《经理人员的职能》，帮你理解和看懂
管理学在中国 刘文瑞　著	科学看待管理学流入中国，对继承发展进行深入阐述	德鲁克管理学 张远凤　著	以德鲁克管理思想发展为线展示20世纪管理学发展
德鲁克与他的论敌们 罗　珉　著	德鲁克与马斯洛、戴明等诸多管理大师论战的故事	德鲁克管理思想解读 罗　珉　著	作为德鲁克学生全面解构其思想的精髓与实践价值
治论：中国古代管理思想 张再林　著	深入分析中国古代哲学基本精神的基础上，梳理分析了儒法墨三家的管理思想		

续表

营销·销售			
一、企业销售			
书名	内容	书名	内容
大客户销售这样说这样做 陆和平　著	大客户销售活动的十大模块，68 个典型销售场景	**向高层销售** 贺兵一　著	销售人员与客户高层打交道需要重点掌握的知识、技巧
资深大客户经理 叶敦明　著	将大客户经理必须具备的规划、策略、执行三种能力连通自如	**成为资深的销售经理** 陆和平　著	让销售经理成功把握销售管理 6 个关键点，并提供工具
销售是个专业活 陆和平　著	据客户采购流程拆分销售过程 10 阶段，讲解方法技巧	**学话术　卖产品** 张小虎　著	手机、电动车、家电、食品等消费品的一线销售话术
二、企业营销			
新营销组织力 迪智成　著	适应最新数字化外部环境，系统化协同组织能力建设	**营销按钮** 老　苗　著	讲述存在于人性以及各个营销环节中的“按钮”
精品营销战略 杜建君　著	“精品营销战略”核心逻辑与营销组合策略	**360°谈营销** 王清华　古怀亮　著	营销是立体的，从不同角度观察不同企业的营销精髓
互联网精准营销 蒋　军　著	互联网时代整 3 体策划、包装品牌和产品	**招招见销量的营销常识** 刘文新　著	做好基本的营销动作都可以提高销量、减低成本
用数字解放营销人 黄润霖　著	用数字说话覆盖营销工作的方方面面	**用营销计划锁定胜局** 黄润霖　著	让营销计划落地，营销人员只需解决两个问题：基数与概率
我们的营销真案例 联纵智达研究院　著	五芳斋粽子、诺贝尔瓷砖、利豪家具、保健品、娃哈哈	**中国营销战实录** 联纵智达研究院　著	51 个案例，46 家企业，46 万字，18 年积淀
弱势品牌如何做营销 李政权　著	产品与物流通道、服务通道、促销互动通路提供方法	**解决方案营销实战案例** 刘祖轲　著	十大工业品作者实操案例解码解决方案营销
升级你的营销组织 程绍珊　吴越舟　著	根据企业实际情况建立有机性营销组织	**变局下的营销模式升级** 程绍珊　叶　宁　著	十年大量案例归纳三种核心驱动要素，三种升级方向
老板如何管营销 史贤龙　著	以十六个招式，理论与案例相结合，高段位营销方法	**孙子兵法营销战** 刘文新　著	理解《孙子兵法》原意的同时，还可体悟到营销之用
三、品牌			
中国品牌营销十三战法 朱玉童　著	深度演绎最符合企业品牌营销策划的十三套实战战法	**中小企业如何打造区域强势品牌** 吴　之　著	如何建立强势品牌的角度解析扩张难题
四、营销策划			
这样写文案，就没有卖不动的产品 秦　剑　刘安丽　著	术、法、道三个层面由浅至深培养商业文案创作能力	**洞察人性的营销战术** 沈　坤　著	介绍了 28 个匪夷所思的营销怪招，大部分甚至可以直接运用

续表

书名	内容	书名	内容
双剑破局：沈坤营销策划案例集 沈　坤　著	双剑公司8年来的实操案例，每个项目诞生过程、策划角度和方法		
企业案例			
鲁花：一粒花生撬动的粮油帝国 余　盛　著	鲁花如何成长为优秀的带动农业产业发展的品牌，鲁花你一定学得会	金龙鱼背后的粮油帝国 余　盛　著	以金龙鱼为脉的一部中国粮油行业的史诗
你不知道的加多宝 曲宗恺　牛玮娜　著	以时间为轴线，详细叙述了加多宝品牌的发展历程	静水流深 黄治国　著	作者在美的十五年对何享健近内部讲话资料的整理
娃哈哈区域标杆 罗宏文　快车君 赵晓萌　寇尚伟	讲娃哈哈豫北市场如何成为娃哈哈全国第一大市场、全国增量第一的市场	借力咨询：德邦成长背后的秘密 官同良　王祥伍　著	德邦将自己积累的与咨询公司发展共赢的合作逻辑和盘托出
六个核桃凭什么从0过100亿 张学军　著	全视角深度解读养元企业的裂变成长，复盘十年蜕变轨迹	像六个核桃一样 王　超　著	六个核桃为什么卖得这么好，产品畅销的6大要义36条简明法则
中国首家未来超市 IBMG集团　著	对乐城超市的掌门人及内部员工的采访详细阐释了乐城的经验	三四线城市超市如何快速成长：解密甘雨亭 IBMG集团　著	甘雨亭的许多关键经营指标均高于行业标准，学习其成功的方法
集团化企业阿米巴实战案例 初勇钢　著	作者在某酒厂推行阿米巴经营模式的心得		
经销商			
新经销：新零售时代教你做大商 黄润霖　著	探访近100位经销商在传统营销手法上的创新，传统营销微创新和新营销本地化	商用车经销商运营实战 杜建君　王朝阳 章晓青　著	对商用车经销商的经营与管理、4S店运营做了全方面的系统总结
跟行业老手学经销商开发与管理 黄润霖　著	从管理耐用消费品经销商角度提炼了48个代表性问题并给出解决办法	快消品经销商如何快速做大 黄润霖　著	经销商如何通过经营实现规模，通过管理实现规模效益
建材家居经销商实战42章经 王庆云　著	经营管理的心法和战法，帮助经销商成为“业务妙手”和“管理能手”	成为最赚钱的家具建材经销商 李治江　著	针对建材家居行业的经销商，从销售模式、产品、门店、市场等方面给出方法
白酒经销商的第一本书 唐江华　著	经销商如何选择厂家、合作、运营品牌等问题给建议	快消品招商的第一本书 刘　雷　著	从招商理论到招商动作进行系列化分解，化繁为简
中小企业			
中小企业如何打造区域强势品牌 吴　之　著	如何建立强势品牌的角度解析扩张难题	用流程解放管理者 张国祥　著	8个板块构成，共66篇文章，14幅流程管理图
用流程解放管理者2 张国祥　著	对中小企业规范化流程管理进行系统的阐述	弱势品牌如何做营销 李政权　著	产品与物流通道、服务通道、促销互动通路提供方法

续表

书名	内容	书名	内容
本土化人力资源管理8大思维 周　剑　著	用最贴近中国中小企业现实管理情境的案例去讲述周围人的“家事”	中小农业企业品牌战法 韩　旭　著	农业企业需要全产业链视野，更需要品牌实战方法
门店销售冠军复制系统 王吉坤　著	门店型企业如何打造可复制的销售冠军系统，凡是门店型企业都可以使用	新零售动作分解与实操：建材·家居·家具 盛斌子　著	对泛家居行业趋势、店面管理、团队管理、促销推广、五感营销等提供策略
家具建材促销与引流 薛　亮　李永锋　著	对泛家居营销执行模式和工具、关键环节等进行汇总	建材家居门店6力爆破 贾同领　著	产品力、导购力、形象力、推广力、服务力、组织力
家具行业操盘手 王献永　著	总结家具终端门店发展的现状及问题并给出策略	手把手教你做专业督导 熊亚柱　著	系统梳理督导的核心技能，岗位职责、工作流程及技能
手把手帮建材家居导购业绩倍增 熊亚柱　著	针对建材家居门店的业务人员，案例故事还原场景教你成为好导购	10步成为最棒的建材家居门店店长 徐伟泽　著	梳理店长管理的核心工作职责，店面管理规范和帮助销售人员成长
建材家居门店销量提升 贾同领　著	9个板块讲述建材门店一个单店如何做到经营的良性循环	总部有多强大，门店就能走多远 IBMG集团　著	五大方向综合阐述连锁零售企业总部如何提升管理能力
赚不赚钱靠店长，从懂管理到会经营 孙彩军　著	注重专卖店的经营思路拓展，门店管理细节方面能力提升	新医改了，药店就要这样开 尚　锋　著	从药店定位的思考，内部和会员管理等几个方面探讨中小型药店发展方向
门店管理			
电商来了，实体药店如何突围 尚　锋　著	新时代药店经营三驾马车：药学专业服务、会员贴心服务和精准定向促销	引爆药店成交率1：店员导购实战 范月明　著	药店人的零售工作怎样接待顾客，完善销售技巧
引爆药店成交率2：药店经营实战 范月明　著	从药店经营角度如何建立改善门店现状的实用标准	引爆药店成交率：专业化销售解决方案 范月明　著	从简单的拿药服务到提供多角度的专业解决方案
互联网			
一、互联网转型			
画出公司的互联网进化路线图 李　蓓　著	18个“可以……吗”的问题作为你产品、客户和价值方面的指引牌	7个转变，让公司3年胜出 李　蓓　著	企业估值、业务模式、营销、生产制造、客户服务、用户黏性到组织管理7个转变
重生战略移动互联网和大数据时代的转型法则 沈　拓　著	四个重生战略对应四个法则告知传统企业的转型重生之路	创造增量市场：传统企业互联网转型之道 刘红明　著	为读者提供了寻找这些互联网的切入点和接触点的具体方法，带来增量市场
互联网+变与不变 本土管理实践与创新论坛　著	61篇精华文章，聚焦传统行业如何互联网+时代转型	今后这样做品牌 蒋　军　著	顶层设计、营销创新、产品战略、渠道变革、品牌策略
移动互联新玩法 史贤龙　著	立足现实，剖析新时代背景下的移动互联趋势与热点	互联网时代的成本观 程　翔　著	多维组合成本的互联网精神和大数据特征及应用

续表

书名	内容	书名	内容
正在发生的转型升级实践 本土管理实践与创新论坛　著	100多位本土管理专家当年对最新一年的思考和实践	**1000铁杆女粉丝** 张兵武　著	如何让普通女性成为忠实追随的铁杆粉丝，磁力点、情感结、甜蜜区、信任圈
混沌与秩序Ⅰ：变革时代企业领先之道 彭剑锋　施　炜 苗兆光　王祥伍 孙　波　夏惊鸣	新环境下企业面临变革应如何应对，作为企业家又应当如何坚守并与企业共同成长提出了深度思考	**混沌与秩序Ⅱ：变革时代管理新思维** 彭剑锋　施　炜 苗兆光　王祥伍 孙　波　夏惊鸣	对处于时代变革下的企业管理新机制、人力资源管理新思维，组织与人的新型关系，结合案例提出优化建议
消费升级：实践·研究 本土管理实践与创新论坛　著	从经营、管理、行业三个方面记录消费升级下的实践	**互联网精准营销** 蒋　军　著	互联网时代整体策划、包装品牌和产品
二、抖音、微信微商、电商			
抖音营销系统 刘大贺　著	抖音系统的实战营销知识，上百个从0做大的案例	**金牌微商团队长** 罗晓慧　著	微商团队长创业实操的指导工具书
微商生意经：真实再现33个成功案例操作全程 伏泓霖　罗晓慧　著	精心挑选的33个微商成功案例，阐述具体操作过程	**快速见效的企业微信营销方法** 孙　巍　著	站在微信生态的立体高度系统讲述企业微信快营销方法论
阿里巴巴实战运营：14招玩转诚信通 聂志新　著	产品定位、阿里巴巴排名因素、数据分析，标题优化等如何做好阿里巴巴	**阿里巴巴实战运营2：诚信通热卖技巧** 聂志新　著	打开诚信通运营的金钥匙，10大具体运营技巧
三、行业新营销			
餐饮新营销 杨　勇　程绍珊　著	聚焦餐饮企业转型，系统的餐饮企业营销管理体系	**新零售进化路径** 李政权　著	预先复盘新零售及商业的未来，找到方向
珠宝黄金新营销 崔德乾　著	珠宝业新营销/新品牌/新产品/新零售/新连接/新场景/新服务/新传播/新管理	**新经销：新零售时代教你做大商** 黄润霖　著	探访近100位经销商在传统营销手法上的创新，传统营销微创新和新营销本地化
新零售动作分解与实操：建材·家居·家具 盛斌子　著	对泛家居行业趋势、店面管理、团队管理、促销推广、五感营销等提供策略	**新营销** 刘春雄　著	让品牌商和渠道商掌握获得独立流量的能力，能够与平台商博弈
快速见效的企业网络营销方法　B2B　大宗B2C 张　进　著	数据和案例90%来自作者服务的中小企业，快速全面地学习企业网络营销方法	**移动互联下的超市升级** 联商网专栏　著	超市未来的发展趋势，对社区超市、生鲜、全渠道建设、O2O等提出观点
百货零售全渠道营销策略 陈继展　著	零售行业的竞争重点、行业本质，战略转型、未来趋势、经验和案例	**互联网时代的银行转型** 韩友斌　著	银行业在互联网金融变革浪潮中所做的积极应对和转型布局
触发需求：互联网新营销样本·水产 何足奇　著	通过鲜誉案例解读阐述水产行业如何进行互联网转型	**新农资如何弯道超车** 刘祖轲　著	从农业产业化、互联网转型、行业营销与经营突破四个方面阐述农资企业转型

续表

书名	内容	书名	内容
新零售　新终端 迪智成　著	将新零售系统打法做梳理并落地在新终端建设上		
医药医疗			
一、药店			
新医改了，药店就要这样开 尚　锋　著	从药店定位的思考，内部和会员管理等几个方面探讨中小型药店发展方向	电商来了，实体药店如何突围 尚　锋　著	新时代药店经营三驾马车：药学专业服务、会员贴心服务和精准定向促销
引爆药店成交率1：店员导购实战 范月明　著	药店人的零售工作怎样接待顾客，完善销售技巧	引爆药店成交率2：药店经营实战 范月明　著	从药店经营角度如何建立改善门店现状的实用标准
引爆药店成交率：专业化销售解决方案 范月明　著	从简单的拿药服务到提供多角度的专业解决方案		
二、药品销售			
医药第三终端：从控销到动销　诊所　基层医疗 王祥君　张芳文　著	用大量案例来梳理药企落地动销的策略、方法和技战术	医药营销：诊所开发维护与动销 张江民　著	从六个方面系统阐述基层诊所市场营销攻略
处方药合规推广实战宝典 赵佳震　著	对处方药推广体系搭建、推广人员岗位内容等六个方面进行阐述	医药代理商经营全指导 戴文杰　著	从产品选择、价格体系设计、路径管理等维度描述代理商产品操作的基本策略
处方药零售这样做 田　军　著	处方药零售的重要性及做市场的具体措施和方法	OTC医药代表药店开发与维护 鄢圣安　著	一位从初级OTC医药销售代表成长起来的销售经理的经验分享
OTC医药代表药店销售36计 鄢圣安　著	以《三十六计》为线，写OTC医药代表向药店销售的一些技巧与策略		
三、药企转型			
药企战略·运营与医药产业重构 杜　臣　著	对医药产业的深度认知与发展趋势结合，战略思考与经营操作相统一	医药行业大洗牌与药企创新 林延君　沈　斌　著	围绕着创新介绍医药行业，介绍近百家医药企业创新实践案例
医药新营销 史立臣　著	从药企最关心的八个方面阐述制药企业、医药商业企业营销模式转型	医药企业转型升级战略 史立臣　著	商业模式转型、管理转型、定位转型、运营模式转型和跨界转型五方面阐述转型
新医改下的医药营销与团队管理 史立臣　著	立足新医改相关政策的解读，为中小医药企业出谋划策	在中国，医药营销这样做 段继东　著	时代方略在医药营销领域思想、方法文章的精选合集
四、新医疗			
成为医疗器械领军者 王　强　著	中小型医疗器械生产企业和代理商怎样转型	新型诊所经营与创新 动脉网　著	对新型诊所从标准化管理、经营方式、团队建设、连锁模式四个方面进行解读

续表

书名	内容	书名	内容
医美新风口：颜值经济下的亿万市场 动脉网　著	详细介绍中国医疗美容行业的发展趋势，现状以及医美产业链等	互联网医院：正在发生的医疗新变革 动脉网　著	介绍互联网医院的建设与运营、管理，发展模式和市场布局，以及发展规律
快消品			
一、快消案例			
中国快消品营销这些年 史贤龙　著	一本书浓缩快消品营销15年的实战历程与前沿思考	这样打造大单品 迪智成　著	通过13个大案例帮助企业梳理打造大单品的路径
你不知道的加多宝 曲宗恺　牛玮娜　著	以时间为轴线，详细叙述了加多宝品牌的发展历程	娃哈哈区域标杆 罗宏文　快车君 赵晓萌　寇尚伟	讲娃哈哈豫北市场如何成为娃哈哈全国第一大市场、全国增量第一的市场
六个核桃凭什么从0过100亿 张学军　著	全视角深度解读养元企业的裂变成长，复盘十年蜕变轨迹	像六个核桃一样 王　超　著	六个核桃为什么卖得这么好，产品畅销的6大要义36条简明法则
5小时读懂快消品营销 陈海超　著	20年快速消品市场风云洞察解码，丰富的案例解析		
二、快消品区域经理			
快消品营销团队管理 刘　雷　伯建新　著	快消品团队管理相关的20余个工具+20余个案例	这样打造快消品区域标杆 罗宏文　牛玉龙　著	分为两篇解决如何成功打造标杆市场和进行持续增量管理两大问题
成为优秀的快消品区域经理（升级版） 伯建新　著	作为区域经理的“速成催化器”，升级版增加11篇内容	快消老手都在这样做：区域经理操盘锦囊 方　刚　著	一线成长起来的资深快消品营销人“压箱底”绝活亲囊而授
快消品营销人的第一本书 刘雷　伯建新　著	针对一线厂家业务员工作中常遇到的问题给予建议	销售轨迹：一位快消品营销总监的拼搏之路 秦国伟　著	一个普通营销人的故事，16年背井离乡的职场拼搏之路
快消品营销：一位销售经理的工作心得2 蒋　军　著	从市场操作、团队管理、传播推广、营销的具体策略和战略等方面提供方法		
三、快消品动销			
动销：产品是如何畅销起来的 余晓雷　著	怎么被消费者买走和竞争对手是谁这两个原点解决动销问题	动销操盘：节奏掌控与社群时代新战法 朱志明　著	用七个章节阐述关于动销操盘的要诀，节点、节奏、主次、条件匹配性等问题
动销四维：全程辅导与新品上市 高继中　著	从产品、渠道、促销和新品上市四个方面详细讲解提高动销的具体方法		
四、快消品渠道			
深度分销 施　炜　著	流道价值链、模式选择、渠道策略与管理、零售经销商管理、最佳实践、团队建设	通路精耕操作全解周俊 陈小龙　著	对康师傅制胜法宝通路精耕进行系统介绍与说明，图表和完善入微的操作方法

续表

书名	内容	书名	内容
酒水饮料快消品餐饮渠道营销手册 朱伟杰　著	对餐饮渠道深入挖掘，建立适合餐饮渠道发展的服务模式和组织保障措施	**快消品经销商如何快速做大** 杨永华　著	经销商如何通过经营实现规模，通过管理实现规模效益
快消品营销与渠道管理 谭长春　著	解决日常涉及的渠道管理、市场、产品等营销事务	**快消品招商的第一本书** 刘　雷　著	从招商理论到招商动作进行系列化分解，化繁为简
采纳方法：化解渠道冲突 朱玉童　著	21个最新的渠道冲突案例立体地介绍渠道冲突的现象和方法		
五、快消品企业战略			
重构：快消品企业重生之道 杨永华　著	从战略，品牌，市场，产品，营销，系统，管理7个方面进行重构	**变局下的快消品实战策略** 杨永华　著	从5个角度针对快消品企业如何应对行业变局给出答案
新营销 刘春雄　著	让品牌商和渠道商掌握获得独立流量的能力，能够与平台商博弈	**采纳方法：破解本土营销8大难题** 朱玉童　著	破解困扰营销人的八大难题变给出解决方法
白酒营销培训宝典：复制高业绩 刘孝鞅　著	总结白酒营销人员系统运作市场的要点，转化为易学可复制的动作和工具表单	**酒水饮料快消品餐饮渠道营销手册** 朱伟杰　著	对餐饮渠道深入挖掘，建立适合餐饮渠道发展的服务模式和组织保障措施
白酒营销的第一本书 唐江华　著	多角度阐释白酒一线市场操作的最新模式和方法	**白酒经销商的第一本书** 唐江华　著	经销商如何选择厂家、合作、运营品牌等问题给建议
白酒到底如何卖 赵海永　著	多角度地阐释了白酒一线市场操作的最新模式和方法	**白酒到底如何卖2：从市场培育到动销** 赵海永　著	系统化、标准化、模式化的促成动销的实战操作方式和方法
变局下的白酒企业重构 杨永华　著	白酒企业重构期的营销战略与实操策略6大方法	**酒业转型大时代** 微　酒　著	酒水营销、新闻资讯及行业分析、预测的知识宝典
区域型白酒企业营销必胜法则 朱志明　著	以36条法则从战略、营销、推广、产品线、品牌、市场、战术、等方面提供方法	**10步成功运作白酒区域市场** 朱志明　著	从市场攻守、产品攻略、新品上市、占领渠道、促销等十个层面阐述
茶·调味品·油·乳业			
营销中国茶：2小时读懂茶叶营销 史贤龙　著	中国茶营销的“困局”“破局”和“创举”	**中国茶叶营销第一书** 柏　龑　著	纵览中国茶叶市场的全局，并且有针对性地提出问题并阐述解决方法
调味品营销第一书 陈小龙　著	15年监控中国市场50个中外著名调味品品牌市场运作、管理等得到的经验总结	**调味品企业八大必胜法则** 张　戟　著	提炼了调味品企业八大规律性的关键成功要素
食用油营销的第一本书 余　盛　著	从小包装油行业概述到产品的基本知识，从基本执行动作到品牌整体策划等	**鲁花：一粒花生撬动的粮油帝国** 余　盛　著	鲁花如何成长为优秀的带动农业产业发展的品牌，鲁花你一定学得会

续表

书名	内容	书名	内容
金龙鱼背后的粮油帝国 余　盛　著	以金龙鱼为脉的一部中国粮油行业的史诗	乳业营销的第一本书 侯军伟　著	区域型乳品企业如何才能够稳健的发展
工业品			
一、工业品销售			
大客户销售这样说这样做 陆和平　著	大客户销售活动的十大模块，68个典型销售场景	销售是个专业活　B2B 陆和平　著	据客户采购流程拆分销售过程10阶段，讲解方法技巧
成为资深的销售经理：B2B　工业品 陆和平　著	让销售经理成功把握销售管理6个关键点，并提供工具	一切为了订单：订单驱动下的工业品营销实践 唐道明　著	以订单流程的三个环节为主线讲述工业品营销管理新思路
二、工业品营销			
工业品营销管理实务(第4版) 李洪道　著	是信任导向工业品营销体系的深化版、工业品营销管理体系优化咨询升级版	工业品企业如何做品牌 张东利　著	为当下中国制造的品牌化转型提供经过实践证明的理念、方法和体系
工业品市场部实战全指导 杜　忠　著	解决职能不清、市场部五大职能如何运作、职业发展路径等具体问题	解决方案营销实战案例 刘祖轲　著	十大工业品作者实操案例解码解决方案营销
资深大客户经理：策略准　执行狠 叶敦明　著	将大客户经理必须具备的规划、策略、执行三种能力连通自如		
三、工业品企业			
变局下的工业品企业7大机遇 叶敦明　著	探索工业品企业成长的新机会，7大战略与战术性机会	两化融合管理体系贯标流程与方法 戴　勇　著	融合五十多家企业在两化融合贯标过程的经验，总结重点与举措
丁兴良讲工业4.0 丁兴良　著	多角度阐述中国在工业4.0的机遇和挑战		
建材家居			
一、建材家居门店			
家居建材促销与引流 薛　亮　李永锋　著	对泛家居营销执行模式和工具、关键环节等进行汇总	新零售动作分解与实操：建材·家居·家具 盛斌子　著	对泛家居行业趋势、店面管理、团队管理、促销推广、五感营销等提供策略
家具行业操盘手 王献永　著	总结家具终端门店发展的现状及问题并给出策略	手把手教你做专业督导 熊亚柱　著	系统梳理督导的核心技能，岗位职责、工作流程及技能
手把手帮建材家居导购业绩倍增 熊亚柱　著	针对建材家居门店的业务人员，案例故事还原场景教你成为好导购	10步成为最棒的建材家居门店店长 徐伟泽　著	梳理店长管理的核心工作职责，店面管理规范和帮助销售人员成长
建材家居门店销量提升 贾同领　著	9个板块讲述建材一个单店如何做到经营的良性循环	建材家居门店6力爆破 贾同领　著	产品力、导购力、形象力、推广力、服务力、组织力
二、建材家居经销商			
新经销：新零售时代教你做大商 黄润霖　著	探访近100位经销商在传统营销手法上的创新，传统营销微创新和新营销本地化	建材家居经销商42章经 王庆云　著	经营管理的心法和战法，帮助经销商成为“业务妙手”和“管理能手”

续表

书名	内容	书名	内容
成为最赚钱的家具建材经销商 李治江 著	针对建材家居行业的经销商，从销售模式、产品、门店、市场等方面给出方法		
三、建材家居企业			
定制家居黄金十年 韩 锋 翁长华 著	对中国定制家居行业20年发展历程深度、系统、专业的解读	**建材家居营销：除了促销还能做什么** 孙嘉晖 著	探索家居建材行业营销的革命，回顾和思考来发现行业"营销天花板"的突破口
建材家居营销实务：新环境、新战法 程绍珊 杨鸿贵 著	针对建材家居市场特点提出以客户价值为基础的整体营销价值链		
零货·超市·百货			
新零售进化路径 李政权 著	预先复盘新零售及商业的未来，找到方向	**新零售 新终端** 迪智成 著	将新零售系统打法做梳理并落地在新终端建设上
移动互联下的超市升级 联商网 著	超市未来的发展趋势，对社区超市、生鲜、全渠道建设、O2O等提出观点	**百货零售全渠道营销策略** 陈继展 著	零售行业的竞争重点、行业本质，战略转型、未来趋势、经验和案例
超市卖场定价策略与品类管理 IBMG 集团 著	零售企业的市场拓展与商品定位、商品结构与商品陈列、毛利分析与库存分析	**连锁零售企业招聘与培训破解之道** IBMG 集团 著	围绕零售企业组织架构、培训体系建设等内容进行深刻探讨
总部有多强大，门店就能走多元 IBMG 集团 著	五大方向综合阐述连锁零售企业总部如何提升管理能力	**三四线城市超市如何快速成长：解密甘雨亭** IBMG 集团 著	甘雨亭的许多关键经营指标均高于行业标准，学习其成功的方法
中国首家未来超市：解密安徽乐城 IBMG 集团 著	对乐城超市的掌门人及内部员工的采访详细阐释了乐城的经验	**零售：把客流变成购买力** 丁 昀 著	通过大量的实际案例对中国零售业态的升级转型之路提出思考
餐饮·服装·影院			
餐饮新营销 杨 勇 程绍珊 著	聚焦餐饮企业转型，系统的餐饮企业营销管理体系	**电影院的下一个黄金十年** 李保煜 著	介绍了中国电影产业的运作模式以及电影院的开发、设计思路
餐饮企业经营策略第一书 吴 坚 著	阐述餐饮企业产品之道、市场之道、顾客之道及盈利之道	**赚不赚钱靠店长，从懂管理到会经营** 孙彩军 著	注重专卖店的经营思路拓展，门店管理细节方面能力提升
农牧业			
一、农资			
饲料营销有方法 陈石平 著	饲料营销的7大核心命题	**农资营销实战全指导** 张 博 著	深度营销在农资市场行之有效的营销策略和工具
新农资如何弯道超车 刘祖轲 著	从农业产业化、互联网转型、行业营销与经营突破		

续表

书名	内容	书名	内容
二、农牧企业			
中国牧场管理实战 黄剑黎　著	牧场管理标准、管理制度、操作规程做出剖析和指引	**中小农业企业品牌战法** 韩　旭　著	农业企业需要全产业链视野，更需要品牌实战方法
变局下的农牧企业 9 大成长策略 彭志雄　著	为农牧企业量身打造了 9 个立足现在、展望未来的成长策略	**农产品营销实战第一书** 胡浪球　著	针对 33 个农产品营销的核心问题提供具体招数
	地产·汽车		
一、地产			
中国城市群房地产投资策略 吕俊博　刘　宏　著	挖掘主要城市群的现状特征、发展因子、演化趋势、竞争关系等，给出分析建议	**产业园区/产业地产：规划、招商、实战运营** 阎立忠　著	认知、规划、招商、运营四方面系统解读产业园区的建设精要和运营技巧
人文商业地产策划 戴欣明　著	"全球化视野（创意）"+"人文+"思维		
二、汽车			
商用车经销商运营实战 杜建君　著	对商用车经销商的经营与管理、4S 店运营做了全方面的系统总结	**汽车配件这样卖** 俞士耀　著	适合轮胎、机油、维修、快保、美容、洗车等汽车服务业态销售实操办法
润滑油销售：这样说，这样做更有效 张金荣　著	总结润滑油销售面对三大客户常遇到的 200 余个营销问题解决方法		
	投资理财·收购资本		
交易心理分析 马克·道格拉斯 【美】　著	一语道破赢家的思考方式，并提供了具体的训练方法	**财报背后的投资机会** 蒋　豹　著	零基础轻松掌握财务报表的相关知识，快速入门
写给企业家的公司与家庭财务规划 周荣辉　著	以企业的发展周期为主线，写各阶段企业与企业主家庭的财务规划	**分股合心** 段　磊　周　剑　著	围绕股权激励，详细介绍相关知识和实行方法
成功并购 300 问 浩德并购军师联盟　著	系统学习资本运作和企业并购知识的金融工具书	**并购名著阅读指南** 叶兴平　著	全球 5000 多本并购图书中精选 200 本并进行评价
	阿米巴		
阿米巴经营的中国模式 李志华　著	基于阿米巴经典理念提出了适合中国本土的员工自主经营的"1532"模型	**集团化企业阿米巴实战案例** 初勇钢　著	作者在某酒厂推行阿米巴经营模式的心得
中国式阿米巴落地实践之激活组织 胡八一　著	划分原则、裂变与整合、组织管控、重新定位、巴长竞聘和组阁	**中国式阿米巴落地实践之从交付到交易** 胡八一　著	从 6 个方面阐述经营会计，从交付到交易是成功实施阿米巴的标志
中国式阿米巴落地实践之持续盈利 胡八一　著	企业做平台、平台做成阿米巴、阿米巴做成合伙制		

续表

人力资源管理			
一、绩效·薪酬			
书名	内容	书名	内容
回归本源看绩效 孙　波　著	从目的和概念帮助企业梳理绩效管理与经营的关系	**走出薪酬管理误区** 全怀周　著	7个常见薪酬误区入手为企业提供一套系统解决方法
曹子祥教你做绩效管理 曹子祥　著	作者核心授课课程的还原，掌握绩效管理的核心内容	**曹子祥教你做激励性薪酬设计** 曹子祥　著	作者28年咨询经验总结，如何进行科学的薪酬体系设计
二、招聘·面试·培训			
把招聘做到极致 远　鸣　著	多年人力资源资深招聘经理多年工作心得提炼	**把面试做到极致** 孟广桥　著	一套实用的确定岗位招聘标准、提升面试官技能方法
人才评价中心漫画版 邢　雷　著	用漫画形式写成的人才测评专业书籍	**世界500强资深培训经理人教你做培训管理** 陈　锐　著	从构建培训体系、培训组织、培训文化、开发培训资源教你做培训管理
三、HR高管·劳动法			
经营型HRD 黄渊明　著	总结企业HRD如何支撑企业经营成功抓好七件关键事情	**人才供应链：实现高绩效均衡的人才管理模式** 许　锋　著	打造人才供应链的四大支柱，十项修炼的完整体系
新任HR高管如何从0到1 新　海　著	到互联网创业型企业担任HRVP，从0到1建立较完善的HR体系	**人力资源体系与e－HR信息化建设** 刘书生　陈　莹 王美佳　著	6大框架、28个关注点、5大目标、6大优势、166个交付物咨询体系和盘托出
集团化人力资源管理实践 李小勇　著	针对集团型企业人力资源管理急问题，提出科学建议	**我的人力资源管理笔记** 张　伟　著	第三方咨询视角跳出“技术方法”看人力资源管理
人力资源的5分钟劳动法 李皓楠　著	入职管理、在职管理、离职管理中遇到的劳动法问题及应对		
四、HRBP			
HRBP是这样炼成的之菜鸟起飞 黄渊明　著	作者在初步转型HRBP两年时间里摸索实践的亲身经历与总结	**HRBP是这样炼成的之中级修炼** 黄渊明　著	结合作者亲身从事HRBP的工作经历，总结HRBP的作战故事
HRBP高级修炼 黄渊明　著	故事方式，HRD角度深度呈现运用HRBP的思维、方法		
企业文化			
企业文化落地本土实践 王祥伍　著	华夏基石“知信行”模型描绘企业文化落地路线图	**企业文化的逻辑** 王祥伍　著	从文化起源深刻剖析文化、效率、企业、企业文化联系
企业文化定位·落地一本通 王明胤　著	企业文化理念传播和落地聚焦的17种方法，解读了近100个实战案例	**36个拿来就用的企业文化建设工具** 海融心胜　著	汇集整理了36个通用的企业文化实践工具

续表

书名	内容	书名	内容
企业文化激活沟通 宋杼宸　安　琪　**著**	系统阐述沟通与企业文化的关系，给予企业提升沟通效能的企业文化解决方案	**企业文化建设超级漫画版** 邢　雷　**著**	用漫画形式写成的企业文化建设专业书籍，理论体系和29个具体的操作方法
在组织中绽放自我 朱仁建　**著**	个人与组织之间的关系，文化对组织化形成的影响		
流程管理			
营销·研发·供应链业务架构与流程管理 谭勋晖　**著**	对营销、研发、供应链这三大业务流程变革实践经验总结	**打造集成供应链** 王春强　**著**	第一用力在“集成”上，梳理内外部各相关模块及其依赖关系
人人都要懂流程 金国华　余雅丽　**著**	50幅流程管理漫画，内部对流程价值理念的高度共识	**用流程解放管理者** 张国祥　**著**	8个板块构成，共66篇文章，14幅流程管理图
用流程解放管理者2 张国祥　**著**	对中小企业规范化流程管理进行系统的阐述	**跟我们学建流程体系** 陈立云　罗均丽　**著**	在《跟我们做流程管理》基础上丰富了标杆实践案例
16949质量管理体系落地与全套文件汇编 谭洪华　**著**	对IATF16949每个条款讲解采用理解、作用、落地、模板、成功案例四个模块解析	**ISO9001：2015制造业文件模板全集** 贺红喜　**著**	五篇内容组成的完整的质量管理体系工具文件
精益质量管理实战工具 贺小林　**著**	四个方面对精益质量管理进行了全方位介绍和解读，并提供大量方法工具	**五大质量工具详解及运用案例** 谭洪华　**著**	APQP、FMEA、MSA、SPC、PPAP这五大质量工具的具体运用
IATF16949质量管理体系详解与案例文件汇编 谭洪华　**著**	针对IATF16949的标准原文做详细解说，同时提供大量表单案例	**SA8000：2014社会责任体系认证实战** 吕　林　**著**	将SA8000多版本及10多年的体系实战经验汇编成书
ISO9001：2015新版质量管理体系解读与案例文件汇编 谭洪华　**著**	ISO9001：2015新版标准理解和运用操作进行详细解读	**ISO14001：2015新版环境管理体系解读与案例文件汇编** 谭洪华　**著**	ISO14001：2015改版后的差别和操作运用进行详细讲解
精益生产			
一、精益·JIT·IE			
精益思维 刘承元　**著**	作者二十余年企业经营和咨询管理的经验总结	**比日本工厂更高效** 刘承元　**著**	管理提升无极限+超强经营力+精益改善里的成功实践
计划与物流精益改善之道 于晓光　**著**	围绕“计划与物流战略咨询的方法论”进行解析，提供方法论和案例	**300张现场图看懂精益5S** 乐　涛　**著**	通过日本丰田、上市企业案例，用300张现场图系统讲解5S管理
3A顾问精益实践1：IE与效率提升 党新民　苏迎斌 蓝旭日　**著**	系统、全面地介绍IE工厂管理技术，提高效率创造价值	**3A顾问精益实践2：JIT与精益改善** 肖智军　党新民　**著**	系统、全面地介绍JIT生产方式，并加入实践案例
高员工流失率下的精益生产 余伟辉　**著**	从三方面论述推行精益管理时如何应对员工流失		

续表

书名	内容	书名	内容
二、生产管理			
化工企业工艺安全管理实操 黄　娜　著	围绕化工工艺安全14要素来展开分析	手把手教你做专业生产经理 黄　娜　著	生产经理如何在信息流、物流、资金流三大流中开展工作
欧博心法：好工厂　靠管理 曾　伟　著	从管人篇和管事篇帮助读者解决人难管、事难控	欧博工厂案例1：生产计划管控对话录 曾　伟　曾子豪　著	工厂管理生产计划管控模块的8个全景细节大案例
欧博工厂案例2：品质技术改善对话录 曾　伟　曾子豪　著	工厂管理品质、技术、效率管理模块的10个全景细节大案例	欧博工厂案例3：员工执行力提升对话录 曾　伟　曾子豪　著	工厂管理人员管控模块的5个全景细节大案例
工厂管理实战工具 曾　伟　著	中国传统文化指导下的工厂管理工具		
全能型班组：城市能源互联网与电力班组升级 国网天津电力公司　著	从互联网时期的班组转型升级出发，对新型班组组织模式和运行机制进行设想	国网天津电力全能型班组建设实务 国网天津电力公司　著	聚焦天津电力公司在探索全能型班组转型升级时的优秀实践
车间人员管理那些事儿 岑立聪　著	小事入手把基层车间管理者头疼的事务打包解决		
咨询·培训师			
培训师事业长青之道 廖信琳　著	培训师自我管理的“洋葱模型”，十项内容与五个层级	管理咨询师的第一本书 熊亚柱　著	深度剖析初级入行咨询师在工作中会遇到的问题
资深管理咨询顾问工作心得 张国祥　著	使用手册讲述咨询师如何操作项目，老板如何选择咨询师，企业如何自主落地	手把手教你做顶尖企业内训师 熊亚柱　著	从开、控、收、编、制、用的角度去践行培训师的职责
TTT培训师精进三部曲上 廖信林　著	手把手教您“深度改善现场培训效果”的一招一式	TTT培训师精进三部曲中 廖信林　著	建构一整套培训课程设计与开发的认知架构和方法体系
TTT培训师精进三部曲下 廖信林　著	通过“沉淀职业功力的六度模型”，帮助培训师在职业技能上的持续精进		
产品·研发			
研发体系改进之道 靖　爽　陈年根 马鸣明　著	取材数十家企业研发改进的咨询实践，提炼一套实操的改进步骤与工具	新产品开发管理，就用IPD（升级版） 郭富才　著	把产品经营的思想凝结在新产品开发管理机制中，升级版更丰富
产品开发管理：方法·流程·工具 任彭枞　著	结合超过300家企业的实际研发管理方法，总结问题和方法，大量表格	资深项目经理这样做新产品开发管理 秦海林　著	采用过程管理方法，对新产品开发的四大过程进行分析，主要针对小电器产品
产品炼金术Ⅰ：如何打造畅销产品 史贤龙　著	如何打造畅销产品的四个方法	产品炼金术Ⅱ：如何用产品驱动企业成长 史贤龙　著	经营者视角重新认识产品，对产品现状快速诊断
中东历史与现状二十讲 黄民兴　著	对中东几千年的历史和动荡的现状进行了一个白描	非暴力抵抗的诞生 甘　地　著	甘地南非21年为印度侨民争取政治权利的艰苦历程

续表

书名	内容	书名	内容
中国古代政治制度上：皇帝制度与中央政府 刘文瑞　著	探究中国古代政治制度的规则和机制，论证古代皇帝制度的形成和演变历程	中国古代政治制度下：地方体制与官僚制度 刘文瑞　著	探究中国古代政治制度的规则和机制，论证古代地方政府的发展演变过程
两晋南北朝十二讲 李文才　著	分12个专题对两晋南北朝的历史进行阐述	每个中国人身上的春秋基因 史贤龙　著	透过真实的春秋历史，看到人性里的黑暗与光明、卑劣与高尚
二、哲学			
车过麻城·再晤李贽 张再林　著	用游记的方式，展示李贽独到的学术眼力和理论建树	王阳明万物一体论 陈立胜　著	“万物一体”是王阳明思想的基本精神。大人者，能与天地万物为一体
自我与世界：以问题为中心的现象学运动研究 陈立胜　著	对现象学运动之中的“意向性”“自我”“他人”“身体”及“世界”进行深入分析	作为身体哲学的中国古代哲学 张再林　著	对中国古代哲学之性质内容给予一种全新的理论解读
中西哲学的歧义与汇通 张再林　著	揭示中西哲学“你中有我，我中有你”之旨		
三、传统文化			
与老子一起思考·道篇 史贤龙　著	一本将《老子》思想本义、思想价值、思想史地位、文明史意义讲透的著作	与老子一起思考·德篇 史贤龙　著	考、释、译、论四个方面的工作对《老子》进行解读
国富策：读管子知天下财富 翟玉忠　著	《管子》轻重十六篇为核心的轻重术，深刻阐发并从中汲取有益时代的经验教训	说服天下：鬼谷子的中国沟通术 翟玉忠　著	为纵横家正名，对纵横术进行了系统总结
中国商道 翟玉忠　著	对中国先秦和明清时期商业典籍系统整理和诠释	梁涛讲孟子之万章篇 梁　涛　著	对《万章》的讲解通俗、富有新意
中国思想文化十八讲 张茂泽　著	中国宗教文化课程10年基础上撰写而成，介绍中国古代宗教思想	孔门心法，中道而行：史幼波中庸讲记 史幼波　著	史幼波讲的《中庸》提炼出中华传统心性之学的精髓
大学之道，圣学纲目：史幼波大学讲记 史幼波　著	史幼波讲的《大学》帮助我们在自己身上找到一个精神的皈依处	史幼波《周子通书》《太极图说》讲记 史幼波　著	根据史幼波围绕这两篇儒学经典的系列讲座整理而成
四、书法·太极·教育·英语			
跟陈忠建学写名家书法Ⅰ 陈忠建　著	用视频跟陈忠建学名家书法之楷书·行书	跟陈忠建学写名家书法Ⅱ 陈忠建　著	用视频跟陈忠建学名家书法之隶书·楷书·行书
郑子太极拳理拳法 杨竣雄　著	作者14岁入郑子太极之门，用故事性的方式讲述教学	内功太极拳训练教程 王铁仁　著	训练方法及练习，用内气演练过程予以详析，有视频
别让你的执着毁了孩子 廖信林　著	复盘与孩子互动过程中的关键时刻，有效的亲子教育	像美国人一样讲话 马方旭　著	美国最常用的800句习惯用语搭配场景例句，有视频